感谢浙江省自然科学基金项目(项目批准号：17G020008LQ)、浙江省哲学社会科学规划课题重点项目（项目批准号：16NDJC021Z)以及国家自然科学基金(项目批准号：71702161)的资助。

中国私募股权投资：
制度环境、公司治理与盈余质量

王会娟／著

立信会计出版社
LIXIN ACCOUNTING PUBLISHING HOUSE

图书在版编目(CIP)数据

中国私募股权投资：制度环境、公司治理与盈余质量/王会娟著. —上海：立信会计出版社，2018.6
ISBN 978-7-5429-5897-6

Ⅰ.①中… Ⅱ.①王… Ⅲ.①股权—投资基金—研究—中国 Ⅳ.①F832.51

中国版本图书馆 CIP 数据核字(2018)第 174524 号

策划编辑　　张巧玲
责任编辑　　秦思慧
封面设计　　南房间

中国私募股权投资：制度环境、公司治理与盈余质量

出版发行	立信会计出版社			
地　　址	上海市中山西路 2230 号	邮政编码	200235	
电　　话	(021)64411389	传　真	(021)64411325	
网　　址	www. lixinaph. com	电子邮箱	lxaph@sh163. net	
网上书店	www. shlx. net	电　话	(021)64411071	
经　　销	各地新华书店			
印　　刷	江苏凤凰数码印务有限公司			
开　　本	710 毫米×1000 毫米	1/16		
印　　张	16.75	插　页	1	
字　　数	308 千字			
版　　次	2018 年 6 月第 1 版			
印　　次	2018 年 6 月第 1 次			
书　　号	ISBN 978-7-5429-5897-6/F			
定　　价	58.00 元			

如有印订差错，请与本社联系调换

前　言

　　私募股权投资(Private Equity，PE)是 20 世纪以来全球金融领域成功的创新成就之一。随着私募股权投资的快速发展,私募股权投资已经逐渐成为全球资本市场的新兴力量,私募股权投资相关研究也已经成为金融研究的重要领域。

　　与西方成熟资本市场条件下的私募股权投资相比,我国私募股权投资起步较晚,但是发展速度相当可观,随着我国资本市场的完善,尤其是中小板和创业板的推出,为私募股权投资以 IPO 方式退出提供了更加有利的平台,因此私募股权投资的投资规模逐年增加。然而,国内关于私募股权投资的研究还主要停留在私募股权投资运行机制的理论探讨和宏观层面上,缺乏对我国私募股权投资进行独特研究与细致分析。截至目前,我国私募股权投资的背景、投资规模和投资期限等特征都与国外私募股权投资存在较大差异。不同特征的私募股权投资的投资策略有所不同,进而参与管理被投资企业的方式存在显著差异,从而对被投资企业的公司治理水平和会计实践活动产生不同的影响。鉴于此,本书考察了我国私募股权投资对被投资企业的影响,具体议题包括:一是私募股权投资如何影响被投资企业的公司治理?二是私募股权投资如何影响被投资企业的债务契约?三是私募股权投资如何影响股利政策?四是私募股权投资如何影响分析师新股关注?五是私募股权投资如何影响被投资企业的盈余管理?通过研究,本书得到如下结论:

　　(1)私募股权投资与高管薪酬契约。本书研究了私募股权投资对被投资企业高管薪酬契约的影响。研究发现,私募股权投资参与的上市公司其薪酬业绩敏感性普遍高于无私募股权投资参与的上市公司。从股权性质角度考虑,外资背景的私募股权投资较非外资背景的私募股权投资参与的上市公司薪酬业绩敏感度更高;而国有背景的私募股权投资较民营背景的私募股权投资参与的上市公司薪酬业绩敏感度更高。进一步研究显示,私募股权投资持股比例越高、投资期限越长、投资该公司的私募股权数量越多,被投资公司的薪酬业绩敏感度越高。

　　(2)私募股权投资与派驻董事。本书从专业化董事角度检验了私募股权投资对被投资企业公司治理的影响。研究发现,私募股权投资向被投资企业派驻董事不仅受私募股权投资自身特征的影响还受公司股权特征的影响。笔者进一步考察了私募股权投资派驻董事对公司董事会结构的影响，发现有私募股权投资派驻董事的公司相对无私募股权投资派驻董事的公司其董事会规模较大，专业化董事较多且专业化董事比例较高。此外，笔者研究了私募股权投资通过派驻董事影响公司董事会结构产生的经济后果，发现有私募股权投资派驻董事的公司其专业化董事比例和公司业绩之间的敏感程度较高，表明私募股权投资通过影响被投资公司的公司治理机制来进一步影响公司业绩。

（3）私募股权投资与债务契约。本书研究发现，有私募股权投资参与的公司相比于无私募股权投资参与的公司，其获得的银行借款更多，包括总借款增量、长期借款增量和短期借款增量，表明私募股权投资的参与在上市公司债务融资中发挥了积极的信号作用，有助于企业获得银行借款。私募股权投资的参与显著降低了企业的债务融资成本，表明私募股权投资的参与向债权人发出了有关公司质量的积极信号，从而降低了债权人的风险索偿。本书还发现，有私募股权投资参与的公司其长期借款比例显著高于无私募股权投资参与的公司，即私募股权投资的参与有利于提高公司长期借款比例，改善债务期限结构。此外，私募股权投资的特征也对被投资公司的债务契约产生重要影响。

（4）私募股权投资与股利政策。本书研究发现，有私募股权投资参与的公司更倾向于分配现金股利，且现金股利支付率较高，表明私募股权投资不仅影响公司现金股利的分配倾向，还影响现金股利的分配力度。私募股权投资的特征同样影响公司的现金股利政策，具体来说，有外资背景、投资规模越大、投资期限越长和联合投资的私募股权投资参与的公司更倾向于分配现金股利且现金股利支付率较高。得出结论：外资背景私募股权投资更能影响公司的股利政策；私募股权投资的投资规模越大，投资期限越长，越有动力影响公司管理层的决策，从而提高公司的现金股利支付率。此外，联合投资的私募股权投资对公司的现金股利政策影响更大，这主要是因为多个PE能够共同监督管理层，使其做出有利于他们的决策。

（5）私募股权投资与新股分析师关注。本书研究发现，有私募股权投资支持的企业能够吸引到更多的证券分析师关注，并且证券分析师的预测也更加准确，这与私募股权投资的认证假说和市场能力假说相符。从股权性质角度考虑，相比非外资背景的私募股权投资，外资背景的私募股权投资支持的企业在上市时受到更多的证券分析师关注，并且分析师预测准度也更高。此外，参与上市公司的私募股权投资机构越多，关注该上市公司的证券分析师就越多，但并未发现私募股权投资机构数量对分析师预测准度的显著影响。

（6）私募股权投资与盈余管理。本书研究发现，相对无私募股权投资参与的公司，有私募股权投资参与的公司在 IPO 前两年盈余管理程度较低，而在 IPO 后两年盈余管理程度较高，这表明私募股权投资为了获得更高的退出收益，策略性地影响公司的盈余管理，在公司 IPO 前降低盈余管理，IPO 之后盈余进行反转，并提高 IPO 之后的盈余管理，推高私募股权投资退出时的股价，从而获得较高的退出收益。外资背景的私募股权投资无论是在 IPO 前还是 IPO 后都能够降低公司的盈余管理，说明外资背景的私募股权投资更能发挥监督作用，这支持了代理假说，而非外资背景的私募股权投资支持机会主义假说，在 IPO 后两年提高公司的盈余管理，以获得较高的退出收益。此外，私募股权投资的持股比例越大，越能策略性的影响公司的盈余管理，而私募股权投资的投资期限、联合投资以及是否派驻董事对公司盈余管理策略性影响并不明显。

本书的研究贡献主要体现在以下几个方面：第一，以往文献主要关注私募股权投资对被投资公司董事会的影响，而本书基于新兴资本市场，从高管薪酬激励和 PE 向被投资派驻董事两方面研究私募股权投资对公司治理的影响，丰富了私募股权投资与公司治理领域方面的文献。此外，本书研究了私募股权投资派驻董事的影响因素及其经济后果，丰富了私募股权投资监管方式和监管作用方面的文献。

第二，本书首次从信号理论的角度研究私募股权投资对被投资公司债务契约和新股分析师关注的影响，研究结果表明，私募股权投资的加入能够显著提高被投资公司的债务融资数量、降低债务融资成本、优化债务期限结构。该结论丰富了私募股权投资与债务融资领域方面的文献。另外，PE 机构可以通过发出"好"信号吸引更多的证券分析师，进而获得较高的投资者关注度，丰富了证券分析师行为方面的文献。

第三，本书首次将 PE 和现金股利政策结合在一起，深入挖掘两者之间的联系，填补了国内外关于这个领域研究的空白。有 PE 参与的公司其分配现金股利的倾向和力度都较高，较好地执行了证监会关于鼓励公司分配现金股利的政策，在一定程度上保护了中小投资者的权益。

第四，本书系统研究了有私募股权投资参与的公司在 IPO 过程中的盈余管理问题，加深了对私募股权投资如何影响被投资公司会计实践活动的认识，可以更好地理解了私募股权投资的作用，同时也丰富了私募股权投资与盈余管理方面的文献。此外，相比非外资背景的私募股权投资，外资背景的私募股权投资无论在 IPO

前还是 IPO 之后都能够降低公司的盈余管理，说明外资背景的私募股权投资比国有和民营背景的私募股权投资更能起到监督作用，因此，监管部门应制定合理的政策监管我国的私募股权投资，提高其服务质量，进而提高融资效率和企业价值。

第五，本书考察了私募股权投资特征（背景、投资规模、投资期限、联合投资等）对被投资企业公司治理、债务契约、股利政策、分析师关注以及盈余管理的影响，研究结论可以更好地理解了不同特征的私募股权投资的治理作用和信号作用，加深对私募股权投资作用的认识。同时，本书的结论对公司管理层、私募股权投资机构以及政策制定部门具有重要借鉴意义和参考价值。

目　　录

第一章 引 论

第一节 研究背景与研究意义

  私募股权投资(Private Equity，PE)相对于公开发行股权而言,通常以基金的形式运作,通过非公开方式向特定投资人出售股权筹集资金,然后对非上市公司进行权益性投资,投资后进行管理使其增值,最终通过上市、并购或管理层收购及产权市场股权转让等方式实现退出并获得收益。私募股权投资是 20 世纪以来全球金融领域成功的创新成就之一。随着私募股权投资的快速发展,私募股权投资已经逐渐成为全球资本市场的新兴力量。1990 年,全球的私募股权投资企业投资额仅为 322.5 亿美元,但从 2005 年起,私募股权投资企业的投资额就超过了股票市场的融资规模,2007 年全球私募股权投资企业的投资额为 11 594.3 亿美元,远远超过了当年全球股票市场 IPO(initial public offerings)和 SEO(secondary equity offerings)共 9 023 亿美元的融资规模(曹和平等,2010)。显然,私募股权投资已经成为一种重要的融资方式,近年来,我国越来越多的企业通过私募股权投资进行融资。投中集团发布的《2011 年中国创业投资及私募股权投资市场统计分析报告》显示,我国 2011 年全年披露私募股权投资案例 404 起,投资总额 290.15 亿美元,相比 2009 年,投资总额上升 16.5％,达到历史最高。

  与西方成熟资本市场条件下的私募股权投资相比,我国私募股权投资起步较晚。我国私募股权投资的渊源可以追溯到 1998 年合作成立的对外直接投资基金——中瑞合作基金,而后引入外资私募股权投资,带动了本土私募股权投资的发展。我国私募股权投资真正启动始于 2005 年 11 月,国家发展和改革委员会批复同意设立第一支人民币产业投资基金——渤海产业投资基金(高正平等,2009)。截至目前,我国私募股权投资的背景、投资规模和投资期限等特征都与国外私募股权投资存在较大差异。不同特征的私募股权投资其投资策略和参与管理被投资企业的方式会对被投资企业的公司治理水平和会计实践活动产生不同的影响,这是当前中国制度背景下值得深入探讨的问题。

私募股权投资作为一种重要的融资方式，引起了西方学术界的关注，其范围主要涉及私募股权投资的组织形式、投资策略、退出方式和收益情况等方面，已成为资本市场研究的重要领域。随着我国资本市场的发展，私募股权投资行业也得到了较快的发展。私募股权投资在实务中的运作如火如荼，尤其是近几年更是接连创造历史新高。但是我国关于私募股权投资的研究还主要停留在私募股权投资运行机制的理论探讨和宏观层面上，缺乏对我国私募股权投资的细致分析与独特研究。因此，结合我国独特的制度环境，深入研究我国私募股权投资已经成为实践发展的迫切需要。

本书基于我国资本市场的制度环境，收集、构建了我国私募股权投资数据库，试图在我国制度环境下，研究私募股权投资对公司治理、企业融资行为、企业利润分配行为和会计实践活动的影响。在此基础上，本书结合我国私募股权的特征（包括私募股权投资股权背景、进入时间、持股比例及是否联合投资等），考察上述几个方面的问题。在我国资本市场环境下研究这些问题，不仅能深化私募股权投资参与管理所投资企业过程中所发挥作用的认识，而且能为私募股权投资在新兴资本市场上与所投资企业公司治理、企业融资行为、企业利润分配行为以及会计实践活动之间的关系提供新的经验证据。总而言之，本书的研究具有较强的理论意义和实践意义。

本书的理论意义主要体现在以下几个方面：

第一，丰富了股权融资理论，并拓宽了公司融资渠道的研究视野。私募融资具有公募融资所不具备的优势，例如，私募融资不用通过层层审批，手续简单，因而私募融资效率较高，融资成本也相对较低。另外，我国中小企业由于信用程度和风险程度的原因，在公募融资上存在较大的困难，所以私募股权融资为中小企业的扩张带来了所需要的资金，私募股权投资成为国内企业，尤其是民营企业和中小企业的重要融资渠道。然而，限于我国特殊的经济制度及资本市场的发达程度，不同背景的私募股权投资对所投资企业的影响有所差异。因此，本书将采用比较研究法，深入分析私募股权投资的不同特征以及这些特征对企业的影响，利用来自中国资本市场的样本数据深入研究我国私募股权投资的运行机制，拓宽公司融资渠道的研究视野，丰富股权融资理论。

第二，探索私募股权投资对企业融资行为和企业利润分配行为的影响，对相关理论做出补充。已有文献多从代理理论入手研究私募股权投资对公司的影响（Cotter 和 Peck，2001；Katz，2009），较少依托信号理论去研究私募股权投资对公司的影响。理论上私募股权投资能够提高公司的治理水平和会计信息质量，当有私募股权投资参与公司管理时,表明此公司治理水平和会计信息质量较高,因而银行放松对公司贷款和债务契约的设定,这说明私募股权投资具有信号传递的作用。针对这种现象,本书基于信号理论,研究私募股权投资对所投资公司融资行为和利润分配行为的作用机理,研究结果将对相关理论做出补充。

第三,丰富了有关私募股权投资研究的经验证据。以往有关私募股权投资治理的文献,主要从私募股权投资对所投资公司董事会中内外部董事影响的角度考察其对公司治理的影响,而本书从专业化董事角度考察私募股权投资对公司治理的影响,为研究私募股权投资的治理作用提供了新的研究视角。另外,本书还首次考察了私募股权投资向所投资公司派驻董事的影响因素及其产生的经济后果,为私募股权投资的治理作用提供了新的研究证据。此外,结合我国特殊的制度背景,研究了私募股权投资对公司会计实践活动的影响。

本书的实践意义主要体现在以下几个方面:

第一,为公司制定合理的私募融资方案、提高融资效率和公司治理提供指导。通过对比私募股权投资的不同特征对公司的债务融资以及会计实践活动的影响,以发掘私募股权投资特征的作用,为公司如何选择私募股权投资来参与公司管理提供指导。通过考察不同特征的私募股权投资对所投资企业公司治理的影响,进而发掘私募股权投资背景、进入时间和投资规模对所投资企业公司治理的影响,为公司适时、适度地引入私募股权投资提供依据,以期通过引入私募股权投资来改善公司治理结构,从而降低委托代理成本,提升公司价值。

第二,为银行和中小投资者准确发现公司的内在价值、选取合适的投资对象提供决策依据。私募股权投资作为专业化的融资中介,具有价值发现功能,他们将资金投向其认为具有发展潜力的企业,合理的配置资金资源。这为银行是否跟随私募股权投资的步伐,给予其所投资公司贷款提供启示。并且,私募股权投资通过上市等退出手段将优质公司推荐给中小投资者,为他们选取合适的投资对象提供可操作的理论依据。

第三,为政策制定部门与证券监管机构进行科学决策、提高监管效率提供参考。结合现存法律法规与私募股权投资的具体实践,本书全面考察私募股权投资的背景、投资规模、进入时间和联合投资等特征,据此分析具有不同特征的私募股权投资的投资策略和其对所投资公司治理和会计实践活动的影响,为政策制定部门完善现有法律提供启示,为证券监管机构实施有针对性的监控提供借鉴,以提高监管效率,进而构建多层次的资本市场,使得私募股权投资的退出渠道多元化。另外,基于中国 IPO 审批制,本书研究了 PE 对 IPO 影响,并从我国特殊的 IPO 制度层面揭示我国 PE 运行机制与国外 PE 的差别，这将为证券监管机构进一步完善 IPO 制度提供实证依据。

第二节 基本概念

一、私募股权投资

私募股权投资兴起于经济和金融发达的美国和欧洲地区，然后逐步拓展到世界各个发达国家和新兴的市场经济国家。目前国内外学术界和实务界对私募股权投资尚未有一个准确的定义，不同的学者从不同的角度对私募股权投资给出了不同的定义。

根据维基百科（Wikipedia）的定义：私募股权投资泛指任何针对非公开市场交易的资产进行的投资。

欧洲私募股权和创业资本协会（EVCA）认为，私募股权投资包括所有非上市交易的权益资本投资，在这里私募股权投资基本等同于风险投资，该协会把风险投资定义为对企业早期（种子期和创业期）和扩展期的专业股权投资。

英国风险投资协会（BCCA）将风险投资看作私募股权投资的代名词，即提供长期的承诺股权资本帮助未上市企业成长的投资。

香港创业与私募投资协会（HKVCPEA）也将创业投资与私募股权投资的含义等同，认为创业投资是对新兴高速发展创业企业的长期投资，又叫做直接投资和私募股权投资。

经济合作和发展组织（OECD）的定义则更为宽泛，即凡是以高科技和知识为基础，生产与经营技术密集型的创新产品或服务的投资都视为风险投资。

美国风险投资协会（NVCA）以及美国研究机构 Venture Economics 与 Venture One 将私募股权投资概念分为广义和狭义两种，广义的定义包括所有的风险投资基金、并购基金、夹层投资基金、基金中的基金和二级投资基金等；狭义的定义则不包括风险投资基金。

近年来，我国学者也对私募股权投资给出了各自的定义，可分为狭义和广义两个概念，广义的私募股权投资是指对种子期、初创期、发展期、扩张期、成熟期、上市前、夹层资本等公司不同发展阶段的投资资本；狭义的私募股权投资主要是针对已经形成一定规模并能够产生稳定现金流的成熟公司所进行的股权投资。

在我国，很多风险投资也介入私募股权投资（狭义）业务，而被认为只做了私募股权投资业务的公司也越来越多地参与了风险投资项目,私募股权投资和风险投资仅仅是概念上的区别,在实际业务操作中两者界限越来越模糊,因此笔者认为,风险投资是私募股权投资的一种特殊表现形式。

综上所述,根据当前私募股权投资的操作实践,笔者对私募股权投资的定义为:相对于公开发行股权而言,通常以基金的形式运作,通过非公开方式向特定投资人出售股权筹集资金,然后对非上市公司进行权益性投资,投资后进行管理使其增值,最终通过上市、并购或管理层收购及产权市场股权转让等方式实现退出并获得收益。本书研究的私募股权投资是指广义的私募股权投资,包括对企业早期的风险投资。

二、私募股权投资相关的概念区分

1. 私募股权投资与风险投资的区别

私募股权投资起源于风险投资,在发展早期主要以中小企业的创业和扩张融资为主,因此风险投资在相当长一段时间内成为私募股权投资的代名词。这一点根据上文中欧洲私募股权和创业资本协会、英国风险投资协会和香港创业与私募投资协会对私募股权投资的定义即可看出。风险投资是广义私募股权投资的一部分,但是风险投资与狭义的私募股权投资又有所区别,主要体现在以下几个方面:一是投资阶段不同,前者投资于创立阶段的早期企业,而后者投资于成熟企业;二是投资规模不同,前者投资规模较小,后者投资规模相对较大,因此常采用较大的财务杠杆;三是投资理念不同,前者更注重企业的成长价值,后者更注重企业的整合价值;四是风险收益不同,前者面临更大的风险,但收益率相对也较高。

2. 私募股权投资与私募证券投资的区别

私募股权投资与私募证券投资虽然都是以私募的方式募集资金,并且募集对象均为富有的机构投资者或个人,但是两者仍有很大区别。私募证券投资主要投资于公开市场上的二级市场,从证券买卖中赚取利润。典型的代表有量子基金和老虎基金等对冲基金,他们利用各种手段进行套头、对冲和套期来获取超额利润。而私募股权投资一般投资未上市企业,国际上著名私募股权投资机构主要有黑石集团、KKR、凯雷集团、摩根士丹利等,国内比较有名的私募股权投资机构主要有深创投、深科招商、九鼎投资和弘毅投资等。

3. 私募股权投资与产业投资基金的区别

产业投资基金是中国特有的一个概念,主要是发展中国家针对其存在的资金缺口所进行的一种私募股权投资,其类型主要包括产业战略投资基金、基础设施型基金和地区发展型基金①。一般认为,产业投资基金是指对企业进行直接投资而取得企业股份,按出资份额享受权益和承担风险,同时还参与企业管理,协助企业制定企业发展的战略,使企业能够保持长足的发展,并在合适的时机通过并购、管理层收购、上市等途径退出所投资企业从而实现资本的增值和收益的一种基金②。可以看出,产业投资基金的募集资金方式、投资对象以及退出途径跟前文提到的私募股权投资并无实质性差异,因此,产业投资基金是私募股权基金的一种表现形式。我国的产业投资基金基本上由政府或政府投资机构组建,带有明显的为政府布局产业方向或者转变产业结构服务的特点。

第三节　研究内容、研究框架与研究方法

一、研究内容

本书的研究主线是私募股权投资对被投资企业的影响,主要研究问题包括私募股权投资对被投资企业公司治理的影响、私募股权投资对企业融资行为的影响以及私募股权投资对公司会计实践活动的影响。围绕上述问题,本书的具体研究内容如下:

(1) 分析和讨论私募股权投资对被投资企业高管薪酬契约的影响。首先分析有无私募股权投资参与对薪酬业绩敏感性的影响,然后考察不同股权性质的私募股权投资参与的上市公司其薪酬业绩敏感性是否存在差异。进一步考察私募股权投资持股比例越高、投资期限越长、投资该公司的私募股权家数对公司的薪酬业绩敏感性的影响。

(2) 从专业化董事角度出发,首先考察私募股权投资向被投资公司派驻董事的影响因素;然后分析和讨论私募股权投资派驻董事对公司董事会结构的影响,尤其是对专业化董事的影响;最后考察私募股权投资派驻董事对专业化董事的影响产生的经济后果。

(3) 分析和讨论私募股权投资对被投资企业债务契约的影响。本书分别考察私募股权投资对被投资企业的债务融资数量、债务融资成本和债务期限结构的影响,并考察私募股权投资特征对债务契约的影响。

---

① 任继军:《中国式私募股权基金》,中国经济出版社 2008 年版:第 109～112 页。
② 赵东升:《私募股权基金法律实务大全》,上海社会科学院出版社 2011 年版:第 18 页。

（4）分析和讨论私募股权投资对被投资企业现金股利政策的影响。本书先考察私募股权投资对被投资企业现金股利分配倾向和分配力度的影响；然后考察不同特征的私募股权投资对现金股利分配倾向和分配力度的影响。

（5）分析和讨论私募股权投资对证券分析师关注的影响。本书先考察私募股权投资参与对分析师关注的影响是否存在显著差异；然后考察不同特征的私募股权投资对分析师关注的影响。

（6）结合我国私募股权投资的特征，分析和讨论私募股权投资对被投资公司上市前和上市后盈余管理的影响，进而对比不同特征的私募股权投资对公司盈余管理影响的差异。

二、研究框架

本书的总体研究框架如图 1-1 所示。第一章是引论部分，是对本书的概述。第二章简要介绍了国内外私募股权投资的发展历程和现状。第三章对私募股权投资对公司治理、融资行为、利润分配行为和会计实践活动影响的相关文献进行了回顾与评述。第四、第五、第六、第七、第八和第九章为实证研究部分，分析了私募股权投资对被高管薪酬契约、派驻董事、债务契约、股利政策、分析师关注和盈余管理的影响。第十章是研究结论与政策建议。

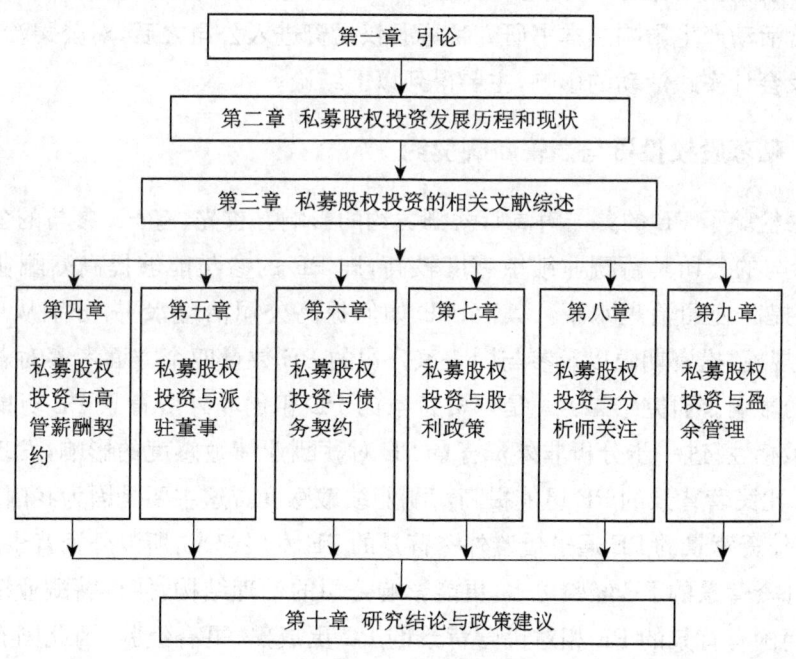

图 1-1 研究框架

三、研究方法

本书采用规范研究与实证研究相结合、定性分析与定量分析相结合的研究方法。采用的规范研究方法包括归纳演绎、比较研究、文献研究等，采用的实证研究方法则包括描述性统计分析、多元回归分析等。

本书针对每个部分不同的特点采取了不同的研究方法，各章节采用的研究方法如下：第二章采用归纳演绎、比较研究和描述性统计等方法，分析了私募股权投资的发展历程和现状；第三章通过分析大量的文献资料，对以私募股权投资与公司治理、融资行为和会计信息质量为主题的文献进行观点提炼和总结，并在此基础上分析本书可能的研究方向；第四章至第九章是本书的实证部分，采用计量分析手段，选择合适的样本，构建回归模型进行统计分析。所涉及的统计方法包括描述性统计分析、Logistic 回归、OLS 回归、配对样本分析和 Heckman(1979)二步法对内生性的处理等。

第四节　主　要　结　论

私募股权投资作为一种重要的融资方式，不仅为被投资公司提供资金，还对公司的经营活动产生影响。本书研究私募股权投资进入公司之后，对公司治理、债务契约以及会计实践活动的影响，主要得到以下结论。

一、私募股权投资与高管薪酬契约

本书检验了 PE 的参与对高管薪酬契约的影响。首先，有 PE 参与的公司相对无 PE 参与的公司其薪酬业绩敏感度较高，即 PE 的参与能够提高薪酬业绩敏感度，进而提高公司治理水平。其次，PE 如何提高公司治理水平，分别从 PE 的背景、投资规模、投资期限以及参与同一家公司的 PE 数量四个方面考察对薪酬业绩敏感性的影响。研究结果：一是外资背景的 PE 相比非外资背景 PE 更能提高薪酬业绩敏感性；进一步分析非外资背景 PE 对薪酬业绩敏感度的影响，发现国有背景的 PE 比民营背景的 PE 更能提高薪酬业绩敏感度。这主要是因为我国 PE 起步较晚，非外资背景的 PE 通过借鉴外资背景的 PE 发展起来，所以外资背景的 PE 相对于非外资背景的 PE 经验更多，更能影响公司的治理结构，使得薪酬业绩敏感度提高。而国有背景的 PE 相对民营背景的 PE 更成熟，更有经验，因此国有背景的 PE 相对于民营背景的 PE 更能提高薪酬业绩敏感度。二是 PE 的投资规模越大，薪酬业绩敏感度越大。三是 PE 的投资期限越长,薪酬敏感度越大。四是参与公司的 PE 数量越多,薪酬业绩敏感度越大。这主要是因为 PE 规模越大、投资期限越长、参与的数量越多,对公司的影响力越大,能够更好地激励管理层,提高公司业绩,减少委托代理成本,所以薪酬业绩敏感度随之提高,公司治理水平也得到了提高。

二、私募股权投资与派驻董事

本书从专业化董事角度检验了私募股权投资对被投资公司治理的影响。研究发现:一是私募股权投资自身的特征,包括私募股权投资背景,投资规模、投资期限以及联合投资都能够影响私募股权投资是否向被投资企业派驻董事。此外,公司的股权特征,包括第一大股权持股比例以及 CEO 持股比例也都能影响私募股权投资派驻董事的概率。这表明私募股权投资向被投资公司派驻董事不仅受到私募股权自身特征的影响还受到公司特征的影响。二是有私募股权投资派驻董事的公司相对无私募股权投资派驻董事的公司其董事会规模较大,专业化董事较多且专业化董事比例较高,这表明私募股权投资影响被投资公司董事会的途径是通过向公司派驻董事以增加董事会中专业化董事比例。三是相比无私募股权投资派驻董事的公司,有私募股权投资派驻董事的公司其专业化董事比例和公司业绩之间的敏感程度较高,表明私募股权投资通过影响被投资公司董事会结构,完善公司治理机制来进一步提高公司业绩。

三、私募股权投资与债务契约

本书从信号理论出发,检验了私募股权投资的参与在上市公司债券融资过程中所发挥的信号作用,即私募股权投资是否能够影响被投资企业的债务契约,研究结果主要包括:一是有私募股权投资参与的公司相比于无私募股权投资参与的公司,其获得的银行借款更多,包括总借款增量、长期借款增量和短期借款增量,这表明私募股权投资的参与在上市公司债务融资中发挥了积极的信号作用,有助于企业获得银行借款。二是有私募股权投资参与的公司相比于无私募股权投资参与的公司,债务融资成本更低,表明私募股权投资的参与向债权人发出了有关公司质量的积极信号,从而降低了债权人的风险索偿概率。三是有私募股权投资参与的公司,其长期借款比例显著高于无私募股权投资参与的公司,即私募股权投资的参与有利于提高长期借款比例,改善债务期限结构。四是国有背景、私募股权投资持股比例、参与的私募股权投资家数和投资期限等特征能显著影响被投资公司的债务融资数量、债务融资成本和债务期限结构。

四、私募股权投资与股利政策

本书研究了 PE 和被投资公司现金股利政策之间的关系。PE 能够影响被投资公司的现金股利政策，不仅影响现金股利的分配倾向还影响分配力度。相比无 PE 参与的公司，有 PE 参与的公司更倾向于分配现金股利，并且现金股利支付率较高。这表明 PE 通过影响被投资公司的现金股利政策来降低代理成本，并完善被投资公司的治理机制。PE 的特征同样影响被投资公司的现金股利政策。具体来说：一是外资背景的 PE 参与的公司更倾向于分配现金股利且现金股利支付率较高，表明外资背景的 PE 通过提高公司的现金股利支付率来降低代理成本。二是 PE 投资规模越大、投资期限越长，所投资的公司越倾向于分配现金股利，且现金股利支付率较高。因为这类 PE 对公司的影响较大，他们有动机引导公司管理层做出对 PE 自身有利的决策。三是联合投资的 PE 参与的公司越倾向于分配现金股利且现金股利支付率较高，这主要是因为多个 PE 能够共同监督管理层，使其做出合理的决策。

五、私募股权投资与分析师关注

本书研究了 PE 参与对证券分析师关注程度的影响，结果发现：一是存在 PE 支持的公司在 IPO 时确实能吸引到更多的证券分析师跟踪，并且证券分析师对该类公司的新股定价预测准度也更高。二是从股权角度考虑，相对于非外资背景的 PE 参与的公司，外资背景的 PE 参与的公司能够获得更多的证券分析师跟踪，证券分析师的新股定价准度也越高。三是进一步的研究发现，联合投资的 PE 参与的公司能够受到更多的证券分析师跟踪，但没有发现 PE 参与对证券分析师新股定价预测准确度的显著影响。

六、私募股权投资与盈余管理

本书对私募股权投资参与的公司在新股发行过程中的盈余管理问题进行了研究。研究发现：一是相对无私募股权投资参与的公司，有私募股权投资参与的公司在 IPO 前两年盈余管理程度较低，而在 IPO 后两年盈余管理程度较高，这表明私募股权投资为了获得更高的退出收益，策略性地影响公司的盈余管理，在公司 IPO 前降低盈余管理，IPO 之后盈余进行反转，并提高 IPO 之后的盈余管理，推高私募股权投资退出时的股价，从而获得较高的退出收益。二是外资背景的私募股权投资无论是在 IPO 前还是 IPO 后都能够降低公司的盈余管理，说明外资背景的私募股权投资更能发挥监督作用，这支持了代理假说，而非外资背景的私募股权投资支持机会主义假说,在 IPO 后两年提高公司的盈余管理,以获得较高的退出收益。三是私募股权投资的投资规模越大,越能策略性地影响公司的盈余管理。另外,私募股权投资的投资期限、联合投资以及是否派驻董事对公司盈余管理策略性影响并不明显。总之,我国私募股权投资的行为支持了机会主义假说,而外资背景的私募股权投资支持代理假说。

第五节 研究贡献与创新

本书研究贡献与创新主要表现在以下几个方面。

一、私募股权投资与高管薪酬契约

本书基于新兴资本市场从公司治理角度研究 PE 与高管薪酬契约,研究结果表明,我国 PE 能够提高企业的薪酬业绩敏感度,从而提高被投资企业的公司治理水平。以往文献多从向被投资企业派驻董事等监督机制考察 PE 的公司治理作用(Gompers,1995;Cotter 和 Peck,2001;Renneboog 和 Simons,2005),而本书从薪酬契约激励机制考察 PE 的治理作用,丰富了私募股权投资与公司治理领域的文献。另外,PE 的背景、投资期限、投资规模以及参与企业的 PE 数量都会影响薪酬业绩敏感度。这些结果帮助读者更好地理解了 PE 特征如何影响被投资公司的治理水平,从而加深对 PE 治理作用的认识。本书的结论对公司管理层、PE 机构和政策制定者具有重要参考价值。笔者认为,PE 通过影响薪酬契约,进而提高公司治理水平。因此,公司管理者可以根据公司具体情况适时和适度地引入 PE 来改善公司治理结构;PE 机构可以通过影响薪酬契约的设置来激励管理者努力工作,实现公司和股东价值最大化,进而获得较高的退出收益。结论显示,外资背景的 PE 相比内资背景的 PE 治理效应更好,因此应提高我国 PE 自身团队的建设,同时相关部门应制定制度规范 PE 的内部管理,从而提高其服务质量,进而提高融资效率和企业价值。

二、私募股权投资与派驻董事

本书基于新兴资本市场从专业化董事角度研究私募股权投资与公司治理,研究结果表明,我国私募股权投资通过对被投资公司派驻董事,提高董事会中专业化董事的比例,从而提高公司治理水平。以往的文献大多考察私募股权投资对被投资公司董事会中内外部董事的影响,而本书从专业化董事角度直接考察私募股权投资的治理作用,丰富了私募股权投资与公司治理领域的文献。同时,笔者研究了私募股权投资对被投资公司派驻董事的影响因素,发现私募股权投资向被投资公司派驻董事不仅受私募股权投资自身特征的影响,还受公司特征的影响,并且有私募股权投资派驻董事的公司业绩较好,这丰富了私募股权投资监管方式和监管作用方面的文献。本书的结论对公司管理层具有一定的参考价值,结论表明,私募股权投资通过向被投资公司派驻董事,影响公司董事会的专业化董事比例,进而提高公司业绩,这表明私募股权投资能够提高公司治理水平,因此,公司管理者可以根据公司具体情况适时和适度地引入私募股权投资来改善公司治理结构。

三、私募股权投资与债务契约

本书从信号理论的角度研究了私募股权投资对被投资公司债务契约的影响,研究结果表明,私募股权投资的加入能够显著提高被投资公司的债务融资数量、降低债务融资成本、优化债务期限结构。该结论丰富了私募股权投资与债务融资领域的文献。此外,私募股权投资的背景、投资期限和投资规模会显著影响被投资公司的债务契约,这表明不同特征的私募股权投资对债务契约的影响不同。这些结果有助于读者更好地理解私募股权投资特征如何影响被投资公司的债务融资,从而加深对私募股权投资信号作用的认识。本书的结论对公司管理层和私募股权投资机构具有重要参考价值,主要表现在:公司管理者可以根据公司具体情况适时和适度地引入私募股权投资来优化公司债务契约;私募股权投资机构不仅可以直接为被投资公司提供资金支持,还可以通过信号作用帮助被投资公司吸引外部债务融资,实现公司和股东价值最大化,进而获得较高的退出收益。

四、私募股权投资与股利政策

首先,本书将 PE 和现金股利政策结合在一起,深入挖掘两者之间的联系,填补了国内外研究的空白。其次,发现 PE 的背景、投资规模、投资期限和联合投资方式都会影响公司股利政策的制定。最后,本书的结论表明,有 PE 参与的公司其分配现金股利的倾向和力度都较高,较好地执行了证监会关于鼓励公司分配现金股利的政策,在一定程度上保护了中小投资者的权益,本结论对于相关部门完善上市公司的现金股利政策和保护中小股东权益有一定的启示。

五、私募股权投资与分析师关注

本书对 PE 参与的上市公司如何影响资本市场重要参与者——证券分析师的行为进行了研究,弥补了以往的研究空白,同时也丰富了证券分析师行为的相关文献。本书的结论对 PE 机构和证券分析师具有重要参考价值。结论表明,PE 机构对被投资企业的挑选,以及与证券分析师之间建立的良好合作关系能够吸引更多的证券分析师关注,并且证券分析师的新股定价预测能力也更准确。因此,公司管理者可以根据公司具体情况适时和适度地引入 PE 来改善公司的信息环境;PE 机构可以通过发出"好"信号吸引更多的证券分析师,进而获得较高的投资者关注度。外资背景的 PE 相比内资背景的 PE 能够吸引更多的证券分析师,说明外资背景的 PE 机构与分析师的沟通合作关系更好,因此应提高我国 PE 自身团队的建设,同时相关部门应制定制度规范 PE 的内部管理,从而提高其服务质量和与信息中介的沟通能力,进而提高融资效率和企业价值。

六、私募股权投资与盈余管理

本书基于新兴资本市场,一方面研究了我国私募股权投资参与的公司在 IPO 过程中的盈余管理问题,加深对私募股权投资如何影响被投资公司会计实践活动的认识,更好地理解了私募股权投资的作用,同时也丰富了私募股权投资及盈余管理方面的相关文献;另一方面,相比非外资背景的私募股权投资,外资背景的私募股权投资无论在 IPO 前还是 IPO 之后都能够降低公司的盈余管理,说明外资背景的私募股权投资比国有和民营背景的私募股权投资更能起到监督作用,因此,监管部门应制定合理的政策监管我国的私募股权投资,提高其服务质量,进而提高融资效率和企业价值。此外,本书的研究结论对投资者进行投资决策有一定的参考价值。

第二章 私募股权投资的发展历程和现状

第一节 国际私募股权投资的发展历程

从全球来看,私募股权投资的发展最早可以追溯到工业革命时期,当时,外国的投资者就开始大规模地收购企业,同时也对其他私人持有的公司进行小规模的投资,但那时的投资完全由投资者个人自行决策,没有专门的投资管理机构进行组织和管理。最早的私募股权投资交易发生在 1901 年,摩根耗资 4 800 万美元从安德鲁·卡内基和亨利·菲普手中购买卡内基钢铁公司,这次交易被认为是第一次真正意义上的大规模的股权收购。20 世纪 20 年代至 20 世纪 30 年代,部分富有的个人和家庭开始为一些企业提供创业的资金,促进了一大批企业的发展,例如,施乐和东部航空公司等在创业时都接受了私人投资者的支持,而这些投资行为是私募股权投资的最初活动形式。直到 1945 年才出现了现代意义上的私募股权投资,从 20 世纪 40 年代产生至今,现代私募股权投资的发展历程可以分为以下四个发展阶段。

一、早期风险投资的发展阶段(1946—1954 年)

1946 年时任波士顿联邦储备银行行长拉尔夫·弗兰德斯和美国哈佛大学教授乔治·多里特在波士顿成立美国研究与发展公司(American Research and Development Corporation, ARD),这被称为现代风险投资真正诞生的标志。他们成立公司的重要意义在于能够从富有的个人和家庭中筹集资金,建立专业化的私募股权投资机构。该公司创造了历史上第一个重大的风险投资成功案例,该公司于 1957 年以 7 万美元对数字设备公司(Digital Equipment Corporation, DEC)进行投资,1968 年 DEC 上市成功后,ARD 投资的 7 万美元已增值到 3.55 亿美元,获利达 500 多倍。1958 年美国国会制定了《中小企业投资法案》,这个法案允许美国的小企业管理局为小的商业投资公司办理许可证,以帮助美国中小企业的融资和管理。此后,众多风险投资机构和私募股权投资机构相继成立,推动了美国私募股权资本市场的快速发展。在 20 世纪 60 年代,现代私募股权投资常用的组织形式开始出现,即由私募股权投资公司的有限合伙人持有投资,并聘用投资专家对资产进行管理。这一时期的私募股权投资更多的还是风险投资,主要投资于初创期和成长期的公司,而这些公司主要集中于电子行业、医药行业等新兴行业。

二、早期杠杆并购的发展阶段(1954—1981 年)

最早的杠杆并购为 1955 年 1 月麦克莱恩工业公司(McLean Industries)收购泛大西洋轮船公司(Plan Atlantic Steamship Company)和 1955 年 5 月该公司收购沃特曼轮船公司(Waterman Steamship Corporation)。在这些交易里,麦克莱恩工业公司借款 4 200 万美元,并同时发行了 700 万美元的优先股股票,交易结束时,特曼轮船公司用现金等资产偿还 2 000 万美元的贷款,并购后新成立的董事会立即向麦克莱恩工业公司发放了 2 500 万美元的股利。在 20 世纪 60 年代,类似的杠杆收购开始流行,并成为一种新的投资趋势,而这种投资方式后来被认为是私募股权投资的先驱。直到 1974 年,Thomas H. Lee 成立了一个主要以杠杆收购方式来收购公司的投资公司,而这正是最早从事杠杆收购的私募股权投资公司。

三、私募股权投资的繁荣与衰退(1982—2002 年)

在这一阶段,私募股权投资活动从美国开始快速扩展到世界各地,尤其是在发达国家得到了快速的发展。1980 年美国私募股权投资募集的资本大约为 24 亿美元,而 1989 年这个数值增长到了 219 亿美元。在这个时期历史上规模最大的一次杠杆收购是 1989 年 KKR 对 RJR Nabisco 的杠杆收购,众多投资银行参与其中,例如,摩根士丹利、高盛、所罗门兄弟公司和美林证券等,收购过程非常复杂和激烈,得到了各界人士的关注,《门口的野蛮人》一书对此次并购进行了专门描述。尽管在 20 世纪 80 年代很多交易使用了较高的杠杆而导致交易失败,但是高额的回报率仍然使得越来越多的资金进入私募股权投资行业,因此大量的私募股权投公司在这个时期成立起来,如黑石集团和贝恩资本。

在 20 世纪 80 年代末期,杠杆收购市场已出现了明显的饱和,恶意收购也开始出现,一些公司对恶意收购采取了比较激烈的防御措施,加上为杠杆收购提供债务融资的投资银行解体,使得杠杆收购市场一度陷入低迷。这个时期风险投资的发展也比较缓慢,尽管风险投资公司数量从 20 世纪 80 年代初期的几十个发展到 20 世纪 80 年代末期的 600 多个,但这些公司管理的资本从 280 亿美元增长到 310 亿美元,仅增加了 11%,并且 20 世纪 80 年代中期股票市场的冷淡,也造成风险投资行业的回报率下滑。

然而自 1992 年起，在黑石集团、贝恩资本等私募股权投资机构的影响下，整个私募行业又开始繁荣起来，美国私募股权投资的金额从 1992 年的 208 亿美元增加到 2000 年的 3 057 亿美元。欧洲私募股权投资在 20 世纪 90 年代中期的年度投资额也超过 50 亿欧元，成为仅次于北美的全球第二大私募股权投资市场。但从 2000 年开始，科技创新的减缓以及互联网泡沫的破灭，使很多私募股权投资被迫出售他们的投资，整个私募股权投资行业受到了重创，之后两年私募股权投资的资本规模已经缩减为之前的一半。

四、私募股权投资的全面发展（2003 年至今）

自 2003 年年末开始，随着互联网行业的复苏，私募股权投资行业也随之复苏。在 2003—2007 年发生了 13 起较大的杠杆并购，而历史上最大的杠杆并购案共有 15 起，可见这个时期的私募股权投资行业的繁荣。早在 2000 年之前，私募股权投资行业的二级市场就吸引了很多投资者的关注，尽管那时的二级市场缺乏流动性，但仍促使私募股权投资以低于公允价值的价格成交。随着二级市场效率的提高，流动性的增强，从 2004 年开始，私募股权投资开始以高于公允价值的价格成交，此时积极的资产管理方式也在二级市场上得到了广泛的应用。然而由于 2008 年美国爆发次贷危机，结束了私募股权投资的大型并购时代，私募股权投资行业的资本以及成交量大幅下降。汤森路透的统计数据显示，2008 年全球私募股权投资交易量降至 1887 亿美元，较 2007 年减少了 72％，这样的形势持续了两年。自 2010 年开始，全球私募股权投资复苏，重新进入上升期。数据显示，2010 年全球私募股权投资案例超过了 2 000 笔，总投资金额达到了 2 360 亿美元。全球私募股权投资退出案例共计 811 笔，退出总金额超过了 2 030 亿美元，并且单笔交易价格、交易总额和退出回报均呈现出快速增长态势。

第二节　中国私募股权投资的发展历程

与国外相比，我国私募股权投资的发展历史较短，在 2005 年以前我国并没有私募股权投资的概念，因此，在相当长的一段时间内，我国私募股权投资的发展主要是以风险投资为主的发展历程。虽然我国私募股权投资起步较晚，但目前我国已成为全球私募股权投资发展最快的地区，我国私募股权投资的发展历程可以大致分为三个阶段。

一、风险投资的起步阶段（1985—1991 年）

我国私募股权投资的发展伴随着我国科技体制的改革而发展,在 1985 年之前,我国的科技发展体系存在很多弊病,比如国家行政手段干预过多、不鼓励科技创新等。1985 年 3 月,《中共中央关于科学技术体制改革的决定》规定:"对于变化迅速、风险较大的高技术开发工作,可以设立创业投资给予支持。"这是我国首次从政策上提出了以风险投资的方式支持高科技产业的开发,为我国的风险投资行业的发展提供了政策依据。1985 年 9 月,国家科学技术委员会(现科技部)和财政部主导,依托中国人民银行成立了我国第一家风险投资公司——中国新技术创业投资公司,该公司的注册资本金为 2 700 万元。1986 年颁布的《金融信托投资机构管理暂行规定》以及 1987 年颁布的《中国人民银行关于审批金融机构若干问题的通知》中规定:"全国性的投资公司的设立由中国人民银行总行审核,报国务院审批;省级风险投资公司的设立由中国人民银行省级分行和审核,报人民银行总行批准。"1986 年,国家科委在《科学技术白皮书》中首次提出了发展我国创业风险投资事业的战略方针,之后我国成立了很多风险投资公司,1987 年各地陆续设立了高新技术企业"孵化器"——创业中心。1988 年 5 月,我国第一个高新技术产业开发区诞生,同年 8 月,我国开始实施"火炬计划",而创办高新技术产业开发区和高新技术创业服务中心被列为"火炬计划"的重要内容。在"火炬计划"的推动下,全国各地纷纷创办高新技术产业开发区。1989 年 6 月,经国务院、外经贸部批准,由香港招商局集团、国家科委和国防科工委联合发起成立"中国科招高技术有限公司",主要负责国家高技术计划成果的产业化投资。1991 年国务院颁发的《国家高新技术开发区若干政策的暂行规定》中指出:"有关部门可以在高新技术开发区建立风险投资基金,用于风险较大的高新技术产业开发,条件成熟的高新技术开发区可创办风险投资公司。"这表明我国政府对风险投资高度重视,在这一时期成立了不少基金公司,但是由于观念及体制上的障碍,加上经验缺乏以及资本市场的不健全等原因,这一时期我国的风险投资发展总体较为缓慢。

二、境外私募股权投资进入中国阶段（1992—2006 年）

自 1992 年邓小平南行讲话开始,我国私募股权投资发展进入了第二个发展阶段。1992 年,美国国际数据集团(IDG)投资在我国设立第一个风险投资基金——美国太平洋风险投资基金,自此国际创业资本开始进入我国创业风险投资市场。1994 年,国际风险投资集团华登国际投资集团(WIIG)在我国设立了华登(中国)创业投资管理公司,该公司对我国国内一系列公司进行了投资,如四通利方、科龙电器、小天鹅和友讯科技等。1995年,国务院授权中国人民银行颁布的《设立境外中国产业基金管理方法》中明确鼓励国外风险投资公司对我国企业进行风险投资,并对境外投资基金的发起人资本额、基金发行总额、基金类别和募资用途做出了详细的规定,这个法规对国外风险投资公司进入我国资本市场起到了明显的促进作用。在这一时期,除了前面提到的美国太平洋风险投资和华登中国外,进入中国的境外风险投资还有红杉资本、华平投资、新桥资本、凯雷集团和日本软银集团等。这些境外私募股权投资在我国国内进行了一系列的投资,截至2006年,35个可投资于中国内地的亚洲基金成功募集,募集资金达到121.61亿美元,共在我国投资了111个企业,参与投资的机构数量达到68家,投资规模达117.73亿美元,使得我国成为仅次于日本的亚洲第二大私募股权投资市场。这些境外的私募股权投资不仅为缺少资金的国内高新技术企业提供了资金,还带来了专业化的创业风险投资的管理经验,促进了我国创业风险投资业与世界接轨。

三、中国私募股权投资快速发展阶段(2006年至今)

在这一阶段,我国先后颁布和实施了一系列有关私募股权投资的法律法规,于2005年11月15日颁布,2006年3月1日实施的《创业投资管理暂行办法》中指出对创业投资企业实行备案管理,备案的企业接受管理部门的监管,并可享受政策扶持。2006年2月14日,国务院颁布《关于实施〈国家中长期科学与技术发展规划纲要(2006—2010年)若干配套政策的通知〉》,其中规定:"证券公司在符合法律规定和有关监管规定的前提下开展创业风险投资业务。"这为券商开展创投业务奠定了政策基础。2007年1月初,中金、中信和中银三家券商正式获得首批直接股权投资的试点资格。券商直接股权投资业务的放行,是因为管理层希望借助优质券商的实力弥补我国资本市场投资银行的缺失,是为了完善我国资本市场在公开发行和直接股权投资市场之间的细分环节。于2006年8月27日颁布,2007年6月1日实施的《中华人民共和国合伙企业法(修订)》极大刺激了政府资金、企业资金和民间资本投入私募股权投资的热情,一些合伙制的私募股权基金纷纷成立,使得我国本土私募股权投资进入高速成长期。但由于之后的国际金融危机爆发,全球资本市场出现了大幅波动,我国私募股权投资也出现了一定程度的波动,但总体上仍然处于较快发展阶段。据投中集团发布的《2011年中国创业投资及私募股权投资市场统计分析报告》,2011年我国私募股权投资市场共募资完成(含首轮募资完成)基金503支,募资完成规模为494.06亿美元,披露的投资总额约为379.61亿美元,达到历史最高水平。

第三节　国际和中国私募股权投资的发展状况

一、国际私募股权投资的发展状况

私募股权投资业跟债券和股票同样受宏观经济波动的影响,在过去的几十年里随着经济波动而经历了几次繁荣和衰退,这表明私募股权投资为周期性行业。美国作为最大的私募股权投资市场,其杠杆并购业务在宏观经济波动的影响下呈现出周期性波动状况,正如前文介绍国际私募股权投资发展历程中所述,20 世纪80 年代,由于债券的影响使得杠杆并购从繁荣走向衰退,20 世纪 90 年代由于GDP 的增长使得杠杆并购又繁荣起来,但受通货膨胀的影响,杠杆并购又开始衰退。然后进入 21 世纪后,因资产流动性浪潮的来临促使杠杆并具体如图 2-1 所示。购再次繁荣发展,但受次贷危机的影响,杠杆并购自 2008 年开始重新进入衰退期。

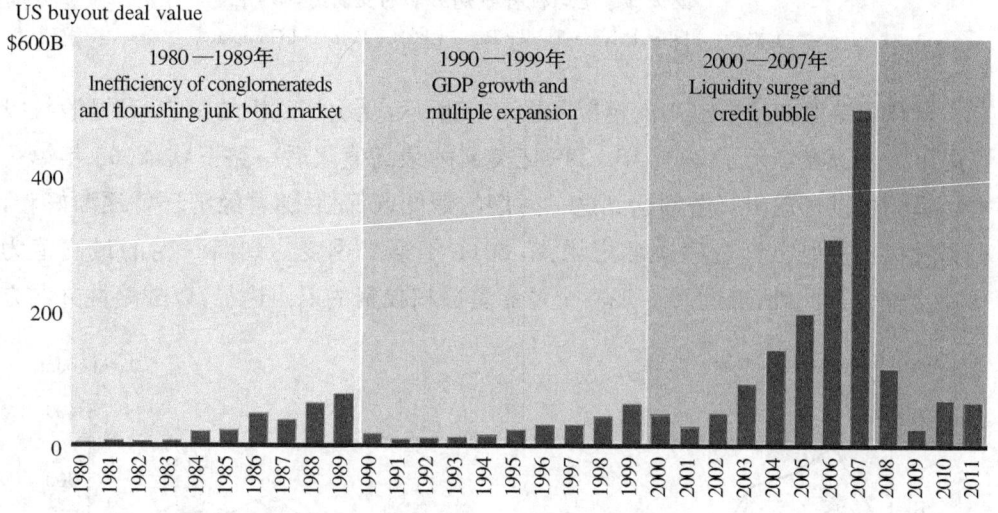

图 2-1　美国杠杆并购的周期性波动

数据来源:Global Private Equity Report 2012, Bain and Company。

如图 2-2 所示,全球杠杆收购活动的交易量同样受世界经济环境的影响呈连续的周期性波动,1999 年达到第一个周期的峰值 1.12 亿美元之后交易量减少,在2006 年杠杆并购交易量达到第二个周期的最高值 6.96 亿美元,2007 年交易量又开始减少,2009 年交易量大规模缩减降至 0.72 亿美元,直到 2010 全球私募股权投资才开始复苏,2011 年交易量升至 1.84 亿美元,相比 2009 年,北美市场杠杆并购交易量增长了 67％,欧洲市场增加了 58％,亚洲市场增加了 41％,但仍远低于 2006 年的历史最高值。

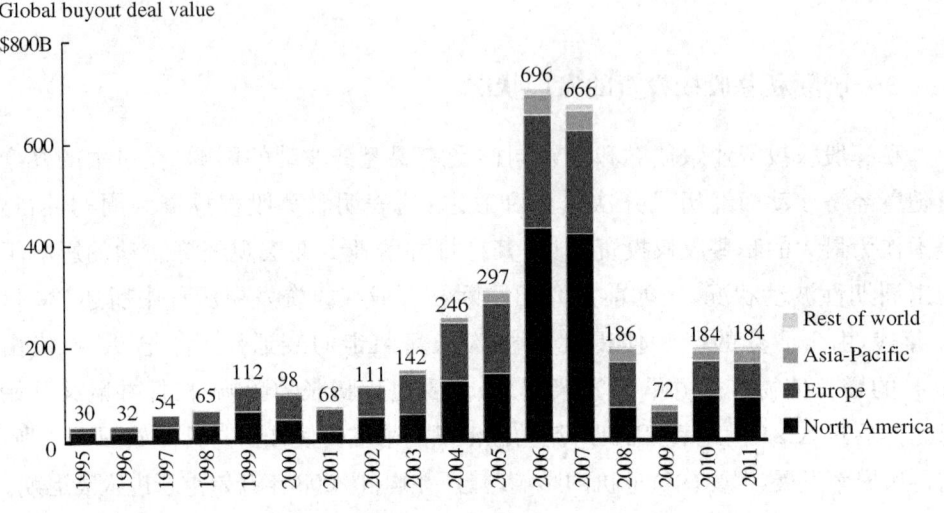

图 2-2　全球杠杆收购活动的交易量

数据来源：Global Private Equity Report 2012, Bain and Company。

　　全球私募股权投资退出的情况如图 2-3 所示,受次贷危机的影响,私募股权投资退出资金额在经历了 2007 年 1.29 亿美元的最高值之后一路下跌,2009 年第一季私募股权投资退出资金额达到这一时期的最低点,而后随着经济环境逐渐好转,私募股权投资退出资金额也随之增加,2011 年第二季度达到新一轮的最高值为 1.13亿美元。此外,从图 2-3 观察全球私募股权投资的退出途径,以战略性并购方

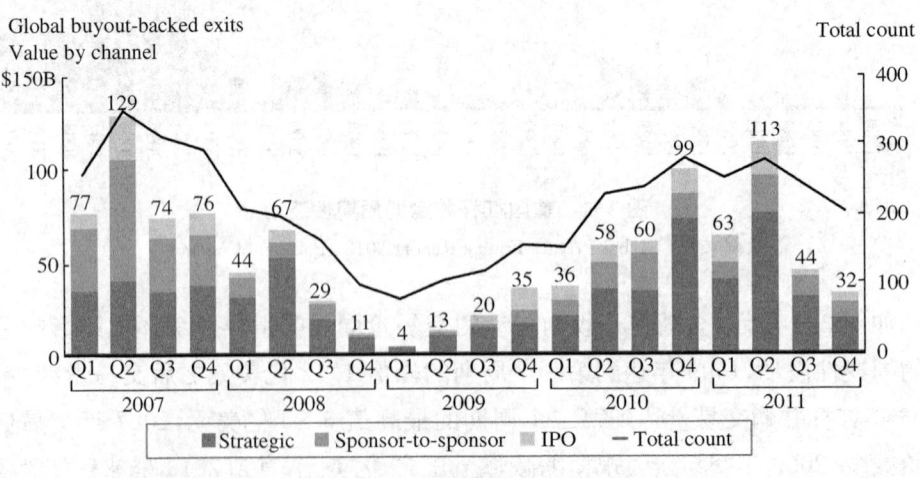

图 2-3　全球私募股权投资退出情况

数据来源：Global Private Equity Report 2012, Bain and Company。

式退出的私募股权投资最多,其次是回购方式,以 IPO 方式退出的私募股权投资数量最少。

图 2-4 显示了亚洲新兴资本市场私募股权投资的退出情况,从图 2-4 可以看出,我国私募股权投资的投资活动大约占亚洲新兴资本市场所有私募股权投资投资活动的一半,私募股权投资退出数量占总退出数量的 80%,并且 90% 是以 IPO 方式退出。这主要源于我国对股权转让和并购方面的制度规范等不够健全,因而导致私募股权投资在我国更倾向于以 IPO 方式退出。此外,我国公司寻找私募股权投资加入,是因为私募股权投资能够以专业投资者的身份帮助公司上市,并且如果是选择声誉较高的私募股权投资加入公司,公司上市的速度能得到提高。相比我国,私募股权投资在印度更多地选择并购的方式退出,而私募股权投资在东南亚主要以回购的方式退出。

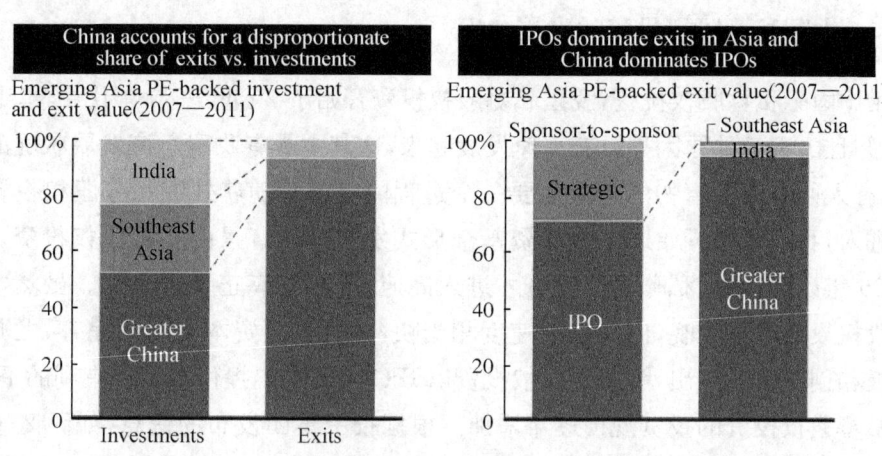

图 2-4 亚洲新兴资本市场私募股权投资的退出情况

数据来源：Global Private Equity Report 2012, Bain and Company。

图 2-5 显示了北美、欧洲和亚洲的私募股权投资回报率情况,可以看出亚洲私募股权投资的回报率最高,其次是欧洲,最低的是北美。而私募股权投资起源于美国,北美有关私募股权投资的各项规章制度都比较健全,因此能维持较为合理的回报率,北美私募股权投资最高的回报率为 10%,平均回报率约为 7%。欧洲私募股权市场规模仅次于北美,但私募股权投资的回报率高于北美市场。亚洲的私募股权投资大部分来自新兴资本市场,对于新兴资本市场来说,有关私募股权投资交易的各项法律法规并不健全,因此使整个亚洲的私募股权投资回报率都处于一个较高的水平,偏离合理的回报率。

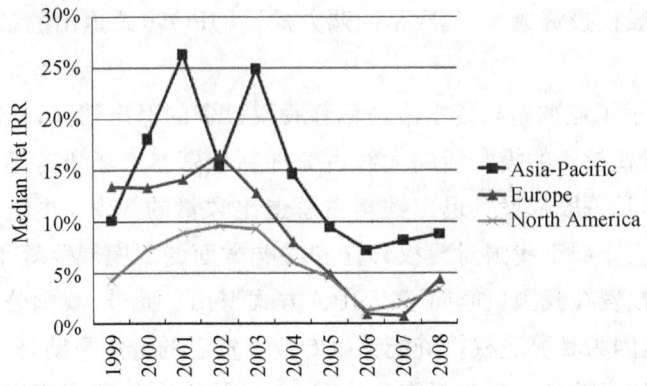

图 2-5　1999—2008 年不同地区私募股权投资回报率比较

数据来源：Private Equity in Asia 2011，Preqin。

二、中国私募股权投资的发展状况

相比国际私募股权投资，我国私募股权投资开始于 20 世纪 80 年代中期，起步较晚，并且由于各种原因并没有快速发展起来，这其中既有我国经济发展状况的制约，也有人们对新生事物的适应需要一个过程的原因。随着外资私募股权投资的大举进入，我国政府开始以产业投资基金形式发展国有背景的私募股权投资。直到 2006 年以后，我国私募股权投资才进入高速发展期（高正平，2009）。虽然本土私募股权投资起步较晚，但是发展速度相当快，随着我国资本市场的完善，尤其是中小板和创业板的推出，为私募股权投资以 IPO 方式退出提供了更加有利的平台，因此私募股权投资的投资规模逐年增加。根据投中集团发布的信息，如图 2-6 所

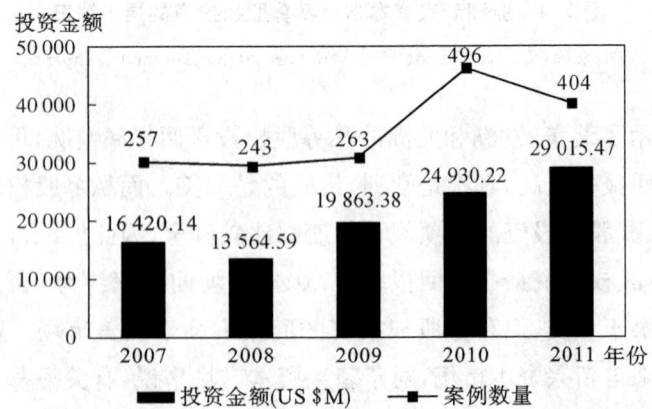

图 2-6　2007—2011 年中国私募股权投资市场投资规模

资料来源：《2011 年中国企业投资及私募股权投资市场统计分析报告》。

示,2007 年全年披露私募股权投资案例 257 起,投资总额 164.20 亿美元,2008 年受全球经济危机、大小非解禁、通货膨胀、汇率飙升等一系列负面因素的影响,投资案例数量相比 2007 年有所下降。但从投资规模来看,自 2008 年起投资金额逐年增加,到 2011 年达到 290.15 亿美元,较 2007 年增长了 77%。

由前文分析可知,我国私募股权投资主要是以 IPO 方式退出,根据投中集团发布的信息,2006 年有 44 家风险投资/私募股权投资背景的公司成功上市,2007 年增加到 106 家,受全球金融危机的影响,2008 年只有 36 家风险投资/私募股权投资背景的公司成功上市,随着经济环境的好转,2010 年达到最高值 220 家。2011 年我国共有 165 家风险投资/私募股权投资背景公司在全球资本市场实现上市,总计融资金额达到 1 796.7 亿元,分别占我国公司全年 IPO 融资总量的 42.7% 与 43.9%,较 2010 年分别下降 25.0% 和 29.0%,这主要是因为 2011 年在多重利空因素的冲击下,我国公司在全球资本市场的活跃度相比 2010 年出现大幅下滑,融资规模减少近半。

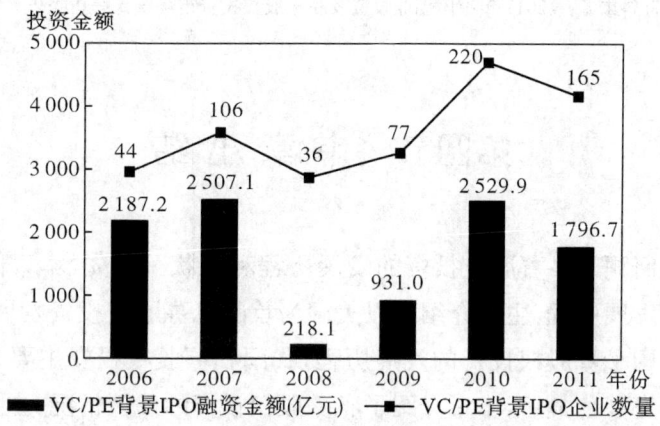

图 2-7 2006—2011 年风险投资/私募股权投资背景中国企业 IPO 数量及融资规模

资料来源:《2011 年中国企业投资及私募股权投资市场统计分析报告》。

图 2-8 显示了我国风险投资/私募股权投资机构以 IPO 方式退出的回报率[①]情况,2006 年风险投资/私募股权投资机构通过 44 家企业 IPO 实现 87 起退出案例,总计获得账面回报 2 025.5 亿元,平均账面回报率为 9.32。受经济环境的影响,2008 年的平均回报率仅为 4.11,2009 年达到最高值为 11.40,之后两年平均回报率有所下降,2011 年风险投资/私募股权投资机构的总账面回报为 1 065.5 亿

---

① IPO 投资回报率=(IPO 之前投资机构持有股票数量×IPO 发行价−总投资金额)÷总投资金额

元,在案例数量及回报金额上相比 2010 年分别下降 18.3％和 28.5％;平均账面回报率为 7.22,较 2010 年下降近 83％。

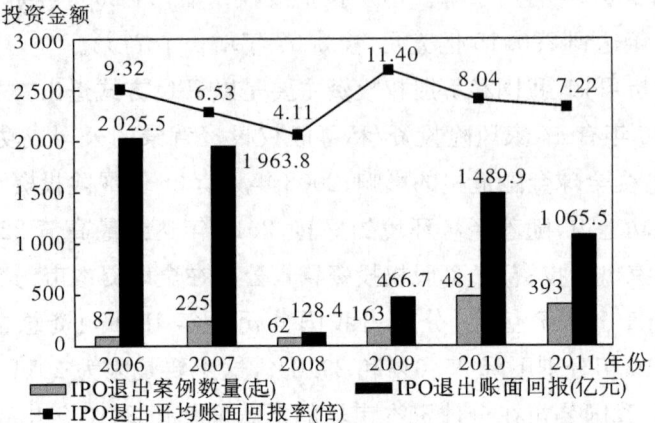

图 2-8　2006—2011 年风险投资/私募股权投资机构 IPO 退出账面回报率情况

资料来源:《2011 年中国创业投资及私募股权投资市场统计分析报告》。

第四节　本 章 小 结

　　本章主要回顾了私募股权投资的发展历程和现状。首先,本章回顾了国际私募股权投资的发展历程,主要介绍了以美国为首的私募股权投资发展历程。其次,本章回顾了我国私募股权投资的发展历程,我国私募股权投资主要是随着国际私募股权投资而发展。最后,本章介绍了私募股权投资的发展情况,主要从私募股权投资规模、退出方式及退出收益几个方面进行阐述,并就不同地区的私募股权投资进行了对比分析,全面介绍了国际私募股权投资和我国私募股权投资的发展。

第三章 私募股权投资相关文献综述

私募股权投资于 20 世纪 80 年代在西方逐渐兴起,由于其在资本市场上显现的重要性,国内外学术界对私募股权投资展开了广泛研究,并涌现出大量的研究成果,研究内容主要包括私募股权投资的组织形式、融资策略、投资策略、退出方式和收益情况等方面,针对私募股权投资的投融资行为及其带来的经济后果,众多学者试图运用不同理论对其进行合理解释,常见的理论假说包括代理假说、信息不对称假说、机会主义行为假说、市场择时假说等。笔者分别从以下方面对相关文献进行简要梳理。

第一节 私募股权投资与公司治理

众所周知,现代企业制度中控制权和所有权的分离,不仅产生代理成本,还会因此降低股东财富(Jensen 和 Meckling, 1976;Fama 和 Jensen, 1983)。Jensen (1989)指出,私募股权投资作为"积极的投资者"参与企业,通过制定必要的监管和激励机制减少代理成本,使得企业价值最大化。因此,私募股权投资已经成为一种越来越重要的调整组织结构的公司治理机制(Wright 等,2000;Cumming 等,2007;Wright 等,2007),而向被投资公司派驻董事是私募股权投资最重要的调整被投资公司治理机制的方式(Garg, 2013),但并不是所有的私募股权投资都能够向被投资公司派驻董事(Kaplan 和 Stromberg, 2003)。

以往一些文献研究表明私募股权投资派驻的董事能够帮助公司获得更多的融资(Guler, 2007;Hallen, 2008;Hsu, 2004),并且使得公司经营更合规(Chen, Hambrick 和 Pollock, 2008;Stuart 等,1999)。还有一些文献主要关注私募股权投资派驻董事的建议功能,即给管理层一些相对合理的建议(Fried 等,1998;Garg 和 Eisenhardt, 2012;Rosenstein 等,1993;Wasserman 和 Boeker, 2010),但并未直接关注他们的监管作用。

由于私募股权投资参与的都是一些未上市并且风险比较高的公司,因此私募股权投资派驻的董事和上市公司的董事的监管作用有所不同,但是私募股权投资派驻的董事和管理层的利益具有一致性，因此能够有效降低委托代理成本。Cotter 和 Peck（2001）发现，私募股权投资作为专业的投资人，在管理技能和公司治理方面有较强的优势。私募股权投资派驻的董事一般都是作为外部董事监管公司的活动，他们会监管公司详细的经营活动（Ehrlich 等，1994）、产品营销活动（Hellmann 和 Puri，2000）以及招聘和解雇雇员（Boeker 和 Wiltbank，2005；Hellmann 和 Puri，2002）等，但也有一些文献研究发现，私募股权投资派驻的董事是私募股权投资的专业投资人，他们监管公司的主要目的是使公司快速成长，然后通过 IPO 方式实现退出。Garg（2013）从理论上分析了私募股权投资派驻的董事和上市公司的董事之间的不同，认为相比上市公司的董事，私募股权投资派驻的董事能够对被投资公司的管理层实施更多的监管，并且监管程度与公司的业绩呈倒 U 型。

一些实证文献发现，私募股权投资通过对所投资企业派驻董事对所投资企业管理层实施积极的监管（Macmillan 等，1985；Gompers，1995；Renneboog 和 Simons，2007），进而减少管理层的盈余管理行为（Xie 等，2003；Cornett 等，2006；Wongsunwai，2008）。Katz（2009）和 Givoly 等（2010）研究发现，相比无私募股权投资参与的公司，有私募股权投资参与的公司对管理层监管更严格，因而，可操纵性较少，会计稳健性较高。此外，Celikyurt 等（2012）研究发现，风险投资通过向被投资公司派驻董事来影响公司的创新活动。他们发现风险投资经常在被投资公司派驻董事，即便被投资公司未能成功 IPO 或 IPO 成功后，风险投资派驻的董事仍然服务于被投资公司。而风险投资派驻的董事不仅能够提高被投资公司的 R&D 水平和创新产出，还能提高经营业绩并获得业绩宣告的正回报。

除了私募股权投资通过派驻董事影响被投资公司治理机制之外，私募股权投资还通过激励机制影响公司治理，国外文献主要集中在风险投资（Venture Capital，VC）对所投资企业高管激励方面。Baker 和 Hall（2004）通过建立理论模型系统研究了企业 CEO 的激励程度问题。研究发现，CEO 的激励程度取决于 CEO 的行动对企业价值的影响。如果只对企业产生一个固定量的增加，那么 CEO 的激励报酬应该是这个增加量的百分比，即 CEO 的报酬等于之前的薪酬加上这个增加量的百分比；而如果 CEO 的行动能够使企业价值成比例的增加，那么 CEO 的激励报酬应该是授予他们一部分股票或期权，而不只是按照增加量的百分比提高他们的报酬。Baker 和 Gompers（1999）研究了 VC 所投资企业 CEO 的薪酬水平和决定因素，研究发现，获得 VC 投资的企业 CEO 的固定薪金水平显著低于无 VC 投资的企业 CEO 的薪金水平，但 CEO 个人财富与股东权益的弹性高于无 VC 投资的企业 CEO 个人财富与股东权益的弹性。Hellmann 和 Puri（2000）通过调查问卷研究发现,有风险投资支持的企业其经理股票期权计划的比例是没有风险投资支持的企业的两倍。Kaplan 和 Stromberg(2000)也发现,有风险投资参与的企业,其高管的权益报酬比例随着企业经营状况的改善而提高。Kaplan 和 Stromberg(2004)对风险投资的契约条款加以研究,发现风险投资的契约内容取决于风险投资家与创业者之间的信息不对称程度,信息不对称程度越高,创业者的薪酬补偿与业绩挂钩得越紧密。

在国内,针对私募股权投资对所投资企业公司治理的实证研究并不多见,现有文献往往重在介绍西方文献中的研究结论或现象,且大多属于规范研究,主要着重于分析私募股权投资管理人与企业管理人之间的委托代理关系,并将委托代理问题产生的根本原因归结为信息不对称,而私募股权投资作为专业的金融机构能够改善所投资企业的公司治理结构,从而降低委托代理成本(吕厚军,2007;叶有明,2008)。

第二节 私募股权投资与企业债务契约

债务契约是债权人与债务人之间确定债务关系而拟定的债务合同,债权人为维护自身利益,会要求债务人提供会计信息等帮助自身了解公司的经营运作,降低信息不对称带来的道德风险问题。会计信息能够较为全面地反映企业财务状况和经营成果,是银行信贷决策的重要依据,也是银行与债务人签订债务契约的重要基础。已有文献表明,会计信息确能对债权人的决策产生影响。Holthausen 和 Leftwich(1983)认为,基于 GAAP 的会计数字拟定的契约可以有效解决代理矛盾,这是因为 GAAP 的选择降低了协商成本和监督成本。Leftwich(1983)认为,会计信息可以为债权人提供更多的监管信息,从而影响债权人的决策。

随着对会计信息影响债务契约研究的深入,学者从会计政策选择的重要性方面对债务契约的影响进行了考察。Watts 和 Zimmerman(1990)指出,在契约拟定过程中,约定会计方法的变更十分重要。债务人事后可通过使用自发的会计方法变更避免债务违约,增加了逆向选择和道德风险成本。Jensen 和 Meckling(1976)假定债权人事前可以预知自发的会计方法变更带来的道德风险和逆向选择成本,会通过在拟定契约时提高贷款利率等手段保护自身利益。Beatty 等(2002)在控制了自我选择偏差和其他影响存贷利差的因素之后,尽管借款成本会增加,企业还是有动机保留会计选择的灵活性以避免债务违约。学者普遍认为盈余管理的行为提高了信息的不确定性,一定程度上影响了会计信息质量,进而会对债务契约产生影响。Watts 和 Zimmerman(1986)的研究指出,在其他条件不变的情况下,企业偏离债务契约条款的程度越大，管理者越可能通过选择会计政策将未来的盈余调节到当期。DeFond 和 Jiambalvo（1994）发现，当公司面临违约或违约已经发生时，管理者为避免违约可能带来的损失，会进行盈余管理。Beneish（1997）研究发现，企业管理者会采用能调高利润的会计方法来避免债务违约，尤其是当企业从事非正常的内部交易时。

另外，一些学者针对会计信息质量对债务契约的影响进行研究，发现会计信息质量会对债务利率成本有影响。Francies 等（2005）对发行在外债务的利率成本进行研究时，发现提供低质量的会计信息的公司与提供高质量的会计信息的公司相比，前者的利率成本显著更高。Bharath 等（2008）研究了借款人的会计信息质量如何影响债务契约的设定。他们发现，会计信息质量会影响借款人对借款市场的选择，提供低质量的会计信息的公司更倾向于私有市场借贷，如向银行借款。进一步对契约条款的拟定进行研究后，他们发现，在私有的借贷市场上，银行和企业之间有更灵活的再协调的能力，因而提供低质量的会计信息的公司不仅需要支付更高的利息，而且在其他契约条款上也会更加严格，如贷款期限等。但在公开发行市场上，低质量的会计信息与更高的利率成本显著相关。

以上文献从会计信息方面对企业的银行融资影响进行了研究和分析，但均未考察私募股权投资对上市公司融资行为的影响机制和作用效果。吴超鹏等（2012）研究了风险投资对企业投融资行为的影响，发现风险投资的加入不仅可以抑制公司对自由现金流的过度投资，而且可以增加公司的短期有息债务融资和外部权益融资。但他们的研究主要聚焦于风险投资的影响。随着现今私募股权投资的较快发展和投资案例的不断增多，私募股权投资对企业的影响越来越大。现有的研究文献发现，私募股权投资可以显著提高受资企业的运营绩效（Kaplan，1989），同时能够改善公司内部的管理能力和治理机制（Cotter 和 Peck，2001；Gertner 和 Kaplan，1996；Cornelli，2008），在一定程度上可以提高公司质量，减少信息的不确定性。基于私募股权投资的监督职能、声誉资源和融资关系网络，在企业具有融资需求时，私募股权投资的支持可以使受资企业更容易得到银行借款，且债务契约条款的设定更加宽松。

第三节 私募股权投资与股利政策

国内外关于现金股利政策的研究主要集中在现金股利政策的影响因素方面。以往的研究发现：公司的盈利能力和现金股利支付率成正比（Allen 和 Michaely，

2003；Baker 等，2001）；公司规模越大越倾向于发放现金股利（Eije 和 Megginson，2006；刘淑莲和胡燕鸿，2003）；而公司的成长能力越强，越不倾向于发放现金股利（Rozeff，1982；魏刚和蒋义宏，2001）；现金流量是公司分配现金股利考虑的一个重要因素（Robert，1999）；负债水平和现金股利支付率负相关（Fama 和 French，2001）。另外，公司的股权结构也是影响现金股利政策的重要因素，鉴于我国上市公司的股权结构和国外上市公司的股权结构有所差别，所以相关研究的结论存在一定的分歧。国外大部分研究认为股权集中度与现金股利支付水平负相关，即股权结构越分散，现金股利支付率越高（Thomsen，2004；Mancinelli 和 Ozkan，2006）；国内研究则认为股权集中度与现金股利支付率正相关（黄娟娟和沈艺峰，2007；党红，2008）。股权性质也是影响现金股利政策的一个因素，Zhang 等（2012）发现，机构投资持股比例与现金股利支付率成正比。朱明秀（2005）和党红（2008）研究发现，流通股比例与现金股利支付率负相关。除此之外，祝继高和王春飞（2013）从宏观角度进行研究，发现金融危机也会对上市公司现金股利政策产生重要影响。

国外关于私募股权投资的研究成果比较丰富，主要集中在 PE 与公司治理（Katz，2009；Givoly 等，2010）、会计信息质量（Wongsunwai W，2008）、企业债务契约（Watts 和 Zimmerman，1990）和首次公开发行（Chemmanur 和 Loutskina，2006）方面的研究。国内有关 PE 的学术研究早期主要从宏观层面对 PE 进行研究，夏斌（2001）考察了 PE 作为新兴的金融产物对于我国资本市场和宏观经济的影响；程凤朝和张炯（2009）研究了适用于我国国情的私募股权投资基金的价值评估方法。近年来，关于 PE 的文献主要是从微观层面进行研究，张学勇和廖理（2011）、陈工孟等（2011）研究风险投资对所投资公司抑价率的影响，发现相对于政府背景风险投资支持的公司，外资和混合型背景风险投资支持的公司抑价率较低，股票市场累计异常回报率较高。

第四节　私募股权投资与会计信息质量

现有文献对私募股权投资与会计信息质量进行了一系列研究，主要从会计信息的真实性与及时性两个维度进行了考察，通常真实性用盈余管理程度衡量，及时性用稳健性衡量。

（1）笔者回顾了研究私募股权投资对公司盈余管理影响的文献，关于这方面的研究结果并没有得到一致的结论。一方面，理论和实证证据表明私募股权投资能够抑制盈余管理行为。原因在于私募股权投资会通过董事会对企业实施有效的监督（Cotter 和 Peck，2001；Gompers，1995；Lerner，1995；Renneboog 和 Simons，2005），严格的监督、复杂的所有权结构和董事会成员预期与较低的盈余管理水平相联系（Cornett 等，2006；Wongsunwai，2008；Xie 等，2003）。另外，经营权和控制权的分离加强了私募股权投资人在企业中的监督角色，因而与没有私募股权投资支持的企业相比，有私募股权投资支持的企业往往进行更少的盈余管理。Morsfield 和 Tan（2006）以美国 1998—2001 年 2630 家 IPO 公司作为样本，发现 VC 参与的公司在 IPO 当年的可操纵性应计较低。Katz（2009）也发现，私募股权投资支持的企业比没有私募股权投资支持的企业进行的盈余管理更少，会计信息质量更高。Hu 等（2012）采用我国 2005—2009 年的上市公司为样本，研究风险投资对被投资公司会计信息质量的影响，发现风险投资在解禁期前能够降低公司的可操纵性应计，而在解禁期之后会提高公司的可操纵性应计。进一步地，由于私募股权投资投资人在 LBO 市场和 IPO 市场中是重复进行投资和退出，如果 LBO 失败或 IPO 失败，都将导致其声誉受损，因而为保证私募股权投资自身声誉，私募股权投资支持的企业也将更少地利用盈余管理手段来调节利润（Cao 和 Lerner，2007；Cotter 和 Peck，2001）。另一方面，理论和实证证据也表明私募股权投资与更高的盈余管理水平相联系，尤其是在企业 IPO 时期。Degeorge 和 Zeckhauser（1993）将私募股权投资支持的企业上市归结于机会主义行为和 IPO 择时。如果私募股权投资支持的企业因为利润无法弥补进行 LBO 后留下的巨额债务时，他们有动机进行向上的盈余管理以获得上市资格。此外，有学者发现管理者也会为达到私募股权投资人定下的盈余目标而进行盈余管理（Cornett 等，2006）。

（2）笔者回顾了研究私募股权投资对会计稳健性影响的文献，以往文献将及时的损失确认作为衡量财务报告质量的重要指标（Ball 和 Shivakumar，2005；Basu，1997；Givoly 等，2007）。Ball 和 Shivakumar（2008）对英国私有企业的研究发现，在上市前的几年时间是企业都倾向于稳健的财务报告，由于私募股权投资人可以更好地预测未来的 IPO 以及确定相应的投资组合（Gompers，1995；Kaplan 和 Stromberg，2003），因此私募股权投资支持的公司对比没有私募股权投资支持的公司在 IPO 前会选择更稳健的报告。还有一种考虑是相比没有私募股权投资支持的公司，私募股权投资支持的公司一般有显著更高的负债水平，债权人一般会要求企业及时进行损失确认（Ball 等，2008）。同样，也有一些理论和实证研究表明私募股权投资支持的公司并不及时确认损失。由于私募股权投资更高的所有权比例，私募股权投资人能通过内部通道轻易解决信息不对称的问题，于是对公开披露的要求变低。因而私募股权投资没有动机及时确认经济损失（Ball 等，2000；

Francis 等，2005）。

第五节 本章小结

本章主要回顾了与本书研究问题紧密相关的三个领域的研究，主要从私募股权投资对公司治理、企业投融资行为和会计信息质量等方面进行了回顾。其中，国外文献主要采用信息不对称理论、代理理论、声誉假说、机会主义假说和市场择时假说对私募股权投资参与投资企业所产生的各种影响进行解释。国内学者对私募股权投资的研究较少，主要从私募股权投资管理人与受资企业经营者之间的代理问题和受资企业 IPO 折价方面进行了相关的研究，其方法涉及理论推导、大样本实证检验及案例分析，一些实证文献试图从私募股权投资的声誉假说等方面来解释新股发行折价，同时试图探讨私募股权投资进入后受资企业的行为方式和市场表现，由此得出了一系列具有理论意义和实践价值的研究成果，这是基于中国制度背景开展研究的良好开端，为学者进行后续研究提供了有益的参考。现有研究还存在以下不足。

1. 研究视野有待拓展

国内现有文献对于私募股权投资的相关研究还非常缺乏，学者对于我国私募股权投资市场并未形成完整的理解，如中国私募股权投资的特征、资金募集、投资、企业改造和上市过程与国外私募股权投资相比的特点等问题并未形成共识。同时，在对私募股权投资的研究中，国内外文献大多关注的是私募股权投资进入受资企业后的行为后果和 IPO 后的市场表现，主要考察私募股权投资的存在对所投资企业公司治理、会计信息质量和发行折价率等因素的影响，较少关注私募股权投资进入企业后的影响机制和内在作用机理。为此，笔者从私募股权投资特征（包括私募股权投资背景、进入时间、持股比例及是否联合投资等）角度深入研究私募股权投资对所投资企业的影响机制和内在的作用机理，有助于读者理解相关的经济后果和财富效应。

2. 研究内容有待深化

私募股权投资在我国起步较晚，直接导致早期的实证研究缺乏相关的数据样本，从而限制了私募股权投资相关领域的研究。今后，随着私募股权投资入资的企业及退出案例的不断增加，通过 IPO 退出方式中披露的招股说明书，可搜集到更多的公开市场数据，为研究提供了很好的客观条件。基于此，本书将全面考察私募股权投资入资企业后对公司治理、债务融资和会计信息质量的影响，并从私募股权投资的特征出发，发掘产生有关经济后果的诱因。

第四章 私募股权投资与高管薪酬契约

第一节 引 言

私募股权投资相对于公开发行股权而言,通常以基金的形式运作,通过非公开方式向特定投资人出售股权筹集资金,然后对非上市公司进行权益性投资,投资后进行管理使其增值,最终通过上市、并购或管理层收购及柜台市场股权转让等方式实现退出并获得收益。PE 是 20 世纪以来全球金融领域最成功的创新成就之一。随着 PE 的快速发展,PE 已经逐渐成为全球资本市场的新兴力量,私募股权投资相关研究也已经成为金融研究的重要领域。近年来,我国越来越多的企业通过私募进行融资。投中集团发布的《2010 中国 PE 市场统计分析报告》显示,我国 2010 年全年披露 PE 投资案例 375 起,投资总额 196.13 亿美元,相比 2009 年分别上升 114.0%和 16.1%,无论是披露的投资案例数量还是投资金额,均达到历史最高。

私募股权投资过程主要包括四部分内容:融资、投资、管理、退出;涉及三个主体:投资者、PE 管理者和项目资金使用者。在这个过程中存在着双重的代理关系:第一重委托代理关系是融资时投资者和 PE 管理人之间的委托代理关系,即投资者(Limited Partner,LP)作为委托人,PE 管理者(General Partner,GP)作为代理人。两者通过双向选择,投资者将资金交与管理者,并成立私募股权基金;第二重委托代理关系是投资时 PE 管理人和项目资金使用者之间的委托代理关系,PE 管理人作为委托人,项目资金使用者作为代理人。由于存在信息不对称,代理人可能产生两种行为倾向:道德风险和逆向选择(Jensen 和 Meekling,1976)。而要降低道德风险和逆向选择发生的可能性,需要制定有效的激励和约束机制,来激励和约束 PE 管理人或项目资金使用者采取有利于出资人利益最大化的行为。第一重委托代理关系比较明确,可针对融资过程和收益分配设立契约条款来保护投资者的利益。但第二重委托代理关系相对比较复杂,不确定性较强。因此,PE 管理者一方面要积极主动地参与企业的管理过程;另一方面,PE 管理者会通过设计诸如陈述和保证、以可转换债券的形式投资、强制原有股东出售股权和股票被回购的权利、优先购股权等合约机制来激励资金使用者努力工作,通过对其监督、激励、约束,帮助被投资企业改善公司治理结构以提升被投资企业的价值,进而退出以实现自身资本增值的目的。本书重点研究第二重委托代理关系中 PE 如何影响公司治理的问题。

由于代理问题的存在,委托人和代理人之间的利益偏离需要通过薪酬合约建立起利益关联机制。私募股权投资的目的并不是控制或者经营企业,而是为了退出获得最大的收益以实现其资本增值,因此,PE 管理者有动机激励被投资企业管理层,提高其公司治理水平。经济学理论认为,最优的薪酬契约应该将高管报酬与公司业绩相关联(Holmstrom,1979)。与业绩相关联的薪酬契约将高管个人利益与企业利益相关联,实现个人利益最大化的同时实现股东利益最大化,因此,薪酬业绩敏感性(Pay for Performance Sensitivity,简称 PPS)成为衡量薪酬合约有效性的重要指标,而确定合理的薪酬合约成为公司有效治理的核心内容(Jensen 和 Meekling,1976;Jensen 和 Murphy,1990)。Kaplan 和 Stromberg(2004)对风险投资的契约条款加以研究,发现风险投资的契约内容取决于风险投资家与创业者之间的信息不对称程度,信息不对称程度越高,创业者的薪酬补偿与业绩挂钩得越紧密。Leeds 和 Sunderland(2003)则认为,新兴市场 PE 的很多方面都模仿美国,包括资金筹集策略、组织结构、投资过程等,但由于潜在的制度环境不同,所取得的效果并不一定相同。那么,我国 PE 会对被投资企业高管薪酬契约产生怎样的影响呢? 这是本书研究的重点。

基于以上分析,笔者从公司治理角度研究私募股权投资如何影响高管薪酬契约。通过收集 2006—2010 年沪深两市的上市公司招股说明书中有关 PE 的信息,笔者发现,有 PE 参与的上市公司的薪酬业绩敏感度显著高于无 PE 参与的上市公司,这证明了 PE 能够提高公司治理程度。笔者进一步分析了 PE 的特征对薪酬业绩敏感度的影响,发现 PE 的背景、投资期限、投资规模以及 PE 的数量都会影响企业的薪酬业绩敏感度。具体来说,外资背景的 PE 比非外资背景的 PE 更能提高薪酬业绩敏感度;PE 对被投资企业投资的时间越长,薪酬业绩敏感度越高;PE 对被投资企业投资的规模越大,薪酬业绩敏感度越高;参与的 PE 数量越多,该公司的高管薪酬业绩敏感度越高。

本书的研究贡献如下:首先,本书基于新兴资本市场从公司治理角度研究 PE 与高管薪酬契约,研究结果表明,我国 PE 能够提高企业的薪酬业绩敏感度,从而提高被投资企业的公司治理水平。以往文献多从向被投资企业派驻董事等监督机制考察 PE 的公司治理作用(Gompers,1995;Cotter 和 Peck,2001;Renneboog 和 Simons,2005),而本书从薪酬契约激励机制研究 PE 的治理作用,丰富了私募股权与公司治理领域的文献。其次，PE 的背景、投资期限、投资规模以及参与企业的 PE 数量都会影响薪酬业绩敏感度。这些结果能帮助笔者更好地理解 PE 特征如何影响被投资企业的公司治理水平，从而加深对 PE 治理作用的认识。最后，本书的结论对公司管理层、PE 机构和政策制定者具有重要参考价值。笔者的结论表明，PE 通过影响薪酬契约，进而提高公司治理水平。因此，公司管理者可以根据公司具体情况适时和适度地引入 PE 来改善公司治理结构；PE 机构可以通过影响薪酬契约的设置来激励管理者努力工作，实现公司和股东价值最大化，进而获得较高的退出收益。另外，笔者的结论显示，外资背景的 PE 相比内资背景的 PE 治理效应更好，因此应提高我国 PE 自身团队的建设，同时政策制定部门应制定相关的制度规范 PE 的内部管理，提高其服务质量，进而提高融资效率和企业价值。

第二节　制度背景与文献回顾

私募股权最早可以追溯到工业革命时期，在那时，外国的投资者们就开始大规模地收购企业，同时也对其他私人持有的公司进行小规模的投资（窦尔翔等，2011）。学者一般认为，1946 年美国 R&D（American Research and Development Corporation，R&D）公司的成立为 PE 开始的标志，该公司是一家向新兴企业和小企业提供长期资本和专家管理服务的私营机构。国外 PE 经过多年的发展，已经成为仅次于银行贷款和首次公开募股（Initial Public Offering，IPO）的重要融资手段。目前国际上对于 PE 的定义存在很多见解，归纳起来主要有两种：一种为广义的私募股权，另一种为狭义的私募股权。广义的 PE 涵盖企业上市以前各个阶段的权益性投资，即包括对种子期、初创期、发展期、扩张期、成熟期、上市前期、夹层资本等企业不同发展阶段的投资资本；狭义的 PE 主要是指已经形成一定规模并能够产生稳定现金流的成熟企业所进行的股权投资。本书研究的 PE 是指狭义的私募股权投资，不包括对企业早期的风险投资。

我国 PE 是随着国际私募股权发展起来的，我国 PE 的渊源可以追溯到 1998 年合作成立的对外直接投资基金——中瑞合作基金，而真正启动始于 2005 年 11 月，国家发展与改革委员会批复同意设立第一支人民币产业投资基金——渤海产业投资基金（高正平等，2009）。至今，已经形成了包括创业投资公司、产业投资基金、房地产信托投资基金、保险公司股权投资计划、离岸操作基金非上市公司股权投资计划、证券公司股权投资等一系列本土的 PE。虽然本土 PE 起步较晚，但是发展速度快，随着我国资本市场的完善，尤其是中小板和创业板的推出，为 PE 以

IPO 方式退出提供了更加有利的平台,因此 PE 的投资规模逐年增加。根据投中集团发布的信息,见表 4-1,2006 年全年披露 PE 投资案例 113 起,投资总额 108.8 亿美元,平均单笔投资金额 0.962 8 亿美元。2008 年,受全球经济危机、大小非解禁、通货膨胀、汇率飙升等一系列负面因素的影响,投资案例数量相比 2007 年有所下降。但投资规模自 2006 年起逐年增加,到 2010 年达到 196.13 亿美元,约为 2006 年的 2 倍,而投资数量则约为 2006 年的 3 倍。

表 4-1 我国 PE 投资情况历年分布

年度	投资数量	投资金额(百万美元)	平均单笔投资金额(百万美元)
2006	113	10 880	96.28
2007	234	11 360	48.55
2008	211	12 340	58.48
2009	214	16 890	78.93
2010	375	19 613	52.30
总计	1 147	71 083	334.54

注:数据来自投中集团。

众所周知,现代企业制度中控制权和所有权的分离,不仅产生了代理成本,而且会降低股东财富(Jensen 和 Meckling,1976;Fama 和 Jensen,1983)。Jensen (1989)指出,PE 作为"积极的投资者"参与企业,通过制定必要的监管和激励机制减少代理成本,使得企业价值最大化。因此,PE 已经成为一种越来越重要的调整组织结构的公司治理机制(Wright 等,2000;Cumming 等,2007;Wright 等,2007)。关于 PE 如何影响公司治理主要有两个层面的研究:第一个层面是 PE 通过设置监管机制影响公司治理;第二个层面是 PE 通过制定激励机制影响公司治理。

对于第一个层面的研究,很多理论和实证文献都发现:PE 通过对被投资企业派驻董事,对被投资企业管理层实施积极的监管(Macmillan 等,1985;Gompers,1995;Cotter 和 Peck,2001;Renneboog 和 Simons,2005),进而减少管理层的盈余管理行为(Xie 等,2003;Cornett 等,2006;Wongsunwai,2008)。Katz(2009)和 Givoly 等 (2010)研究发现,相比无 PE 参与的公司,有 PE 参与的公司可操纵性应计较少,会计稳健性较高,即有 PE 参与的公司盈余质量较高。

对于第二个层面的研究,国外文献主要集中在风险投资(Venture Capital,简称 VC)对被投资企业高管激励方面。Baker 和 Gompers(1999)研究了 VC 所投资企业 CEO 的薪酬水平和决定因素,研究发现,获得 VC 投资的企业 CEO 的固定薪水水平显著低于无 VC 投资的企业 CEO 的薪金水平,但 CEO 个人财富与股东权益的弹性高于无 VC 投资的企业 CEO 个人财富与股东权益的弹性。Hellmann 和 Puri（2000）通过调查问卷研究发现，有风险投资支持的企业其经理股票期权计划的比例是没有风险投资支持的企业的 2 倍。Kaplan 和 Stromberg（2000）也发现，有风险投资参与的企业其高管的权益报酬比例会随着企业经营状况的改善而提高。Kaplan 和 Stromberg（2004）对风险投资的契约条款加以研究，发现风险投资的契约内容取决于风险投资家与创业者之间的信息不对称程度，信息不对称程度越高，创业者的薪酬补偿与业绩的关联越紧密。

已有文献侧重于研究风险投资对被投资企业高管薪酬的影响，而鲜有文献研究私募股权投资对被投资企业高管薪酬的影响。另外，我国的薪酬结构跟国外薪酬结构差别很大，我国高管薪酬结构中货币薪酬占比较高，权益薪酬只占很低的比例（李增泉，2000；方军雄，2009），而国外高管薪酬结构中权益薪酬占比较大，超过 70%（Bushman 等，2011），因此，有必要基于我国的制度背景，从激励角度研究私募股权投资对被投资企业高管薪酬的影响，以期发现私募股权投资如何影响我国企业的公司治理水平。

第三节　理论分析与假设提出

委托代理理论认为，由于委托人和代理人之间存在信息不对称，以及企业所处经营环境存在不确定性，代理人出于自身利益的考虑有可能产生两种行为倾向：道德风险和逆向选择（Jensen 和 Meckling，1976）。要降低道德风险和逆向选择发生的可能性，需要制定有效的监督和激励机制。由于 PE 投资的目的是通过被投资企业的增值来获得回报，因此为了获得最大收益，PE 管理人有动机参与到被投资企业的管理决策中去，利用其专业的财务知识和管理经验，帮助被投资企业建立完善的公司治理机制。以往文献表明，PE 通过对被投资企业派驻董事，对被投资企业管理层实施积极的监督（Gompers，1995；Cotter 和 Peck，2001；Renneboog 和 Simons，2005），从而提高被投资企业的公司治理水平。

PE 除了在被投资企业设置监督机制以外，还在被投资企业建立更加合理的激励机制，通过影响被投资企业管理层的薪酬契约，减少管理层道德风险和逆向选择所导致的代理成本。经济学理论认为，最优的薪酬契约应该将高管薪酬与公司业绩相联系（Holmstrom，1979），将管理者的经营成果与经营业绩挂钩，基于经营业绩给予相应的工资和奖金，即薪酬激励机制。针对被投资企业，与业绩相关联的高管薪酬契约将 PE 管理人、被投资企业的所有者和管理层三者的利益有效地结合在一起。但这种机制容易导致管理者的短期行为,管理者会为了短期的利益而不顾企业的长远发展。与薪酬激励机制相对的股权激励机制是将管理者和企业长远发展联系起来,通过给予管理者一定的股权,使管理者的利益和企业的长远利益相一致。PE 管理人通过这两种机制对被投资企业的管理层进行激励,一方面,可以完善被投资企业的公司治理结构,以达到增加企业价值的目的;另一方面,改善公司治理结构可以减少 PE 管理人的代理成本,有助于 PE 的退出。

基于以上分析,PE 为了获得更高的退出收益,有更大的动机激励被投资企业管理层。因此相比无 PE 参与的企业,有 PE 参与的企业其高管会得到更多的薪酬和股权激励。但考虑到我国的实际情况,我国高管薪酬结构中货币薪酬占比较高,权益薪酬只占很低的比例(李增泉,2000;方军雄,2009),所以,本书只考察 PE 对被投资企业高管获得的货币薪酬的影响,因此笔者推测,有 PE 参与的企业对高管货币薪酬激励的程度高于无 PE 参与的企业。据此,提出假设 1。

H1:相比无 PE 参与的上市公司,有 PE 参与的上市公司其薪酬业绩敏感度更高。

笔者进一步分析了 PE 的不同特征对被投资公司薪酬契约的影响。首先,针对股权性质而言,张学勇、廖理(2011)发现,外资背景风险投资参与支持的公司相对于非外资背景风险投资支持的公司,其 IPO 抑价率更低,股票回报率更高,但民营背景风险投资支持的与政府背景支持的公司在这些方面无显著差异。他们认为外资背景的风险投资机构,其监督管理以及增加公司价值的技能都高于非外资背景的风险投资机构,因此,笔者推断外资背景的 PE 相比非外资背景的 PE 更能激励被投资公司管理层,即更能提高被投资公司的薪酬业绩敏感度。虽然张学勇、廖理(2011)并没有发现国有背景和民营背景的风险投资对公司 IPO 抑价的影响存在差别,但这结论并不一定适用于私募股权投资。因为国有背景的 PE 的资金规模远远高于民营背景的 PE 的资金规模(高正平,2009),政府通过成立大型的 PE 改变国内 PE 行业的格局,培养本土 PE 的领航者,使其发挥示范作用。典型的代表有中科招商和深创投等机构。这两家机构的资金规模和投资业绩在国内 PE 中的排名一直遥遥领先,并且它们的增值服务水平也高于其他 PE。因此,笔者推断国有背景的 PE 相比民营背景的 PE 更能提高被投资企业高管的薪酬业绩敏感度。据此笔者提出假设 2:

H2:相比非外资背景 PE 参与的上市公司,外资背景 PE 参与的上市公司,其薪酬业绩敏感度更高,相比民营背景 PE 参与的上市公司,国有背景 PE 参与的上市公司,其薪酬业绩敏感度更高。

从持股比例、持股期限和联合投资方面而言,Bottazzi 等(2008)研究发现,风险投资机构的投资期限、持股比例对被投资企业的影响较大,可以更多地干预被投资企业的经营和管理活动,提供更多增值服务,陈工孟、俞欣、寇祥河(2011)采用我国的数据,得到了相同的结论。另外,相对于仅有一家 PE 参与,当多家 PE 参与时,对公司治理的影响可能更大,因为他们通过互相监督和激励公司的管理层,使其更加努力工作,从而提高公司业绩。因此,笔者推断 PE 的持股比例越大、投资期限越长以及 PE 联合投资的公司,其薪酬业绩敏感度越高。据此,提出假设 3 至假设 5:

H3:PE 持股比例越高的公司,其薪酬业绩敏感度越高。

H4:PE 投资期限越长的公司,其薪酬业绩敏感度越高。

H5:PE 联合投资的公司,其薪酬业绩敏感度越高。

第四节 研究设计

一、样本来源及处理

本书选取 2006—2010 年沪深两市首次公开上市的 A 股公司为研究对象。之所以没有选择 2006 年之前的公司,是因为 2006 年之前外资背景的 PE 居多,PE 的主要退出方式为海外 IPO,极少数通过境内 IPO 退出。2006 年之后,随着我国资本市场的发展,创业板的推出,PE 通过境内 IPO 退出的案例数量逐渐增加。笔者通过察阅招股说明书收集 PE 的相关信息。PE 的信息主要从招股说明书中"发行人基本情况"部分获得。"发行人基本情况"部分包括"发行人的股本形成及变化"和"发起人、主要股东及实际控制人基本情况"。各股东投资公司的时间、出资额和持股比例等信息可以从"发行人的股本形成及变化"部分获得。判断哪个股东为PE 则需要察阅"发起人、主要股东及实际控制人基本情况",这部分介绍成立时间、股本构成和经营范围等信息。如果股东的经营范围包括股权投资,则认定该股东为 PE。为了防止主观判断,笔者将收集的 PE 资料,结合 CV(China Venture)Source 数据库中"私募股权"部分的"投资机构"数据予以确认,确保判断的准确性。因为金融业上市公司执行的财务制度比较特殊,所以笔者剔除了这类公司。经过筛选,本书最后的样本为 687 家首次公开发行股票的上市公司,其中有 PE 参与的上市公司为 243 家,无 PE 参与的上市公司为 444 家。

样本分布情况如表 4-2 所示。Panel A 是样本按市场类型的分布情况,主板IPO 的 62 家公司中,有 PE 参与的公司为 10 家,占主板 IPO 的 16.13%。中小板IPO 总数为 472 家,其中有 142 家上市公司有 PE 参与,占中小板 IPO 的 30.08%。

创业板 IPO 的 153 家公司中,91 家公司有 PE 参与,占创业板 IPO 的 59.48%。数据表明,有 PE 参与的公司在中小板和创业板中占比较高,可以看出中小板和创业板是 PE 的 IPO 退出方式的主要渠道。

表 4-2　样本分布情况

Panel A 样本按市场类型分布情况				
IPO 的公司数量	有 PE 参与的上市公司数量	无 PE 参与的上市公司数量	有 PE 的公司占 IPO 公司总数的比例	无 PE 的公司占 IPO 公司总数的比例
(1)	(2)	(3)	(2)/(1)	(3)/(1)
主板 62	10	52	16.13%	83.87%
中小板 472	142	330	30.08%	69.92%
创业板 153	91	62	59.48%	40.52%
Panel B 样本年度分布情况				
2006 62	3	59	4.84%	95.16%
2007 112	20	92	17.86%	82.14%
2008 75	23	52	30.67%	69.33%
2009 96	46	50	47.92%	52.08%
2010 342	151	191	44.15%	55.85%
Panel C 样本行业分布情况				
A 16	6	10	37.50%	62.50%
B 18	5	13	27.78%	72.22%
C 478	176	302	36.82%	63.18%
D 4	0	4	0.00%	100.00%
E 17	6	11	35.29%	64.71%
F 18	3	15	16.67%	83.33%
G 79	28	51	35.44%	64.56%
H 15	5	10	33.33%	66.67%
J 8	1	7	12.50%	87.50%
K 20	8	12	40.00%	60.00%
L 11	5	6	45.45%	54.55%
M 3	0	3	0.00%	100.00%
总计 687	243	444	35.37%	64.63%

注:参照中国证监会发布的《上市公司行业分类指引》,其中 A:农、林、牧、渔业;B:采掘业;C:制造业;D:电、煤及水业;E:建筑业;F:交通运输、仓储业;G:信息技术业;H:批发和零售贸易;J:房地产业;K:社会服务业;L:传播与文化产业;M:综合类。

Panel B 列示了样本年度分布情况。2006 年有 PE 参与的上市公司仅为 3 家，占当年 IPO 公司总数的 4.84%。之后有 PE 参与的上市公司家数逐年增加，到 2010 年有 PE 参与的上市公司已经达到 151 家，占当年 IPO 公司总数的 44.15%。在整个样本区间，有 PE 参与的上市公司占 IPO 公司总数的比例平均为 35.37%。

Panel C 列示了样本行业分布情况。其中，制造业的上市公司中有 PE 参与的公司最多，其次是信息技术业，该行业中 28 家上市公司有 PE 参与。另外从相对值来看，传播与文化产业中有 PE 参与的上市公司占该行业的上市公司总数比例最高，为 45.45%。其次是社会服务业，该比例为 40.00%。农、林、牧、渔业以及制造业、建筑业和信息技术业的该比例都超过 35%。PE 刚进驻我国时，主要投资一些高成长性和高风险的企业，如信息技术业的互联网企业等。随后，我国建立了第一支产业投资基金和创业投资基金，投资行业开始转向农业、制造业等传统行业。目前，新型服务业，包括传播与文化业和社会服务业等，已经成为 PE 投资的重要领域。主要是因为这些领域前景好，尚处于初始开发的阶段，未来成长空间较大。

二、研究模型与变量定义

为了检验假设 1，本书借鉴现有文献（Leone 等，2006；辛清泉等，2007；方军雄，2009）的做法，构建如下模型：

$$Compen = \beta_0 + \beta_1 PE + \beta_2 Perfor + \beta_3 Perfor \times PE + \beta_4 G1 + \beta_5 SOE + \beta_6 Lev + \beta_7 Growth + \beta_8 Size + IND + YR + \varepsilon \qquad (1)$$

其中：$Compen$ 为高管薪酬，薪酬主要包括货币薪酬和股权激励两部分，但是由于我国股权激励计划实施较晚，持股比例低、零持股的现象较为普遍（李增泉，2000；魏刚，2000），而且根据公开数据很难区分股票是自购还是奖励的（方军雄，2009），因此笔者借鉴现有文献（魏刚，2000；王克敏、王志超，2007；雷光勇等，2010）的做法，选择上市公司年报中披露的"薪酬最高的前三位高级管理人员"作为高管，将前三位高级管理人员的薪酬取自然对数作为高管薪酬的衡量指标。PE 为虚拟变量，当上市公司有 PE 参与时取 1，否则取 0。$Perfor$ 为公司绩效，考虑到我国发布股权激励计划和已经实施股权激励计划的上市公司的业绩目标通常选择净利润和剔除非经常性损益后的净利润（方军雄，2009），所以笔者分别采用 ROA（公司当年净利润/当年年末总资产）、ROE_1（公司当年净利润/当年年末股东权益合计）和 ROE_2（公司当年营业利润/当年年末股东权益合计）来衡量公司绩效。

除了上述主要研究的变量以外，笔者还加入了 7 个控制变量来控制其他可能影响高管薪酬的因素。G_1 为第一大股东持股比例。SOE 为虚拟变量，当公司为国有控股时取 1,否则取 0。Lev 为资产负债率,采用公司当年年末总负债/当年年末总资产衡量。$Growth$ 衡量公司成长性,采用公司当年主营业务收入的增长率来衡量。$Size$ 为公司规模,采用公司当年年末总资产的自然对数来衡量。另外,笔者还在模型中控制了年度差异和行业差异,引入年度虚拟变量 YR 和行业虚拟变量 IND。

为了检验假设 2-5,本书借鉴现有文献的做法,构建如下模型来检验 H2-H5:

$$Compen = \beta_0 + \beta_1 X + \beta_2 Perfor + \beta_3 Perfor \times X + \beta_4 G1 + \beta_5 SOE + \beta_6 Lev$$
$$+ \beta_7 Growth + \beta_8 Size + IND + YR + \varepsilon \tag{2}$$

其中 X 代表 PE 的背景、持股比例、投资期限和联合投资的情况。因为一家公司可能有多个 PE 参与,每个 PE 进入公司的时间或背景也不尽相同,并且有可能多轮投入被投资公司,所以为了统计及分析的方便,本书借鉴陈工孟、俞欣、寇祥河 (2011)的做法,站在 PE 的角度,对数据做了如下处理:一是持股比例($PEshare$):以发行前持股比例衡量,如果同一家 PE 多轮投入,则将各轮投入比例加总;如果多家 PE 参与一家公司,将各 PE 投资持股比例加总。二是投资期限(Lnt):以入股时间到公司上市时间之间间隔的月数取自然对数衡量。如果同一家 PE 多轮投入或多家 PE 参与投资,则都以最早投入的时间计算。这样简化的理由是因为陈工孟、俞欣、寇祥河(2011)认为风险投资机构对企业的影响力从第一次投入开始。三是 PE 的背景:以持股比例最大的 PE 的背景来衡量。这样做的理由是 Barry 等 (1990)和 Gompers (1996)发现,出资多(股权多)的一方是决定权的主导方。通过翻阅招股说明书对股东的介绍,笔者把 PE 的背景分为外资和非外资两种,其中非外资包括国有和民营两类。笔者采用了两个变量衡量,当 PE 是外资背景时,$Foreign$ 取 1,否则取 0;当 PE 是国有背景时,$State$ 取 1,否则取 0。四是联合投资 ($Count$):用参与同一家公司的 PE 个数来衡量。其他变量定义同模型(1)中的变量定义。

第五节 实证结果与分析

一、描述性统计

表 4-3 列示了公司 IPO 当年,主要变量的描述性统计结果。从高管薪酬指标来看,总样本的 $Compen$ 平均值为 13.555,有 PE 参与样本的 $Compen$ 平均值比无 PE 参与样本的 $Compen$ 高 0.062,但均值 T 检验显示该差异不显著。之所以发生这种现象,很可能是因为 PE 投资的企业多为中小企业,而这类企业的规模较小。

而已有经验表明，公司规模和高管薪酬正相关，因此两组样本中 *Compen* 没有显著差别，很可能是由公司规模导致的，所以后文的回归分析，在控制了公司规模后，会得出更准确的结果。从业绩指标来看，有 PE 参与样本的公司业绩平均值低于无 PE 参与样本的公司业绩平均值，总样本的第一大股东持股比例平均值为 0.399，有 PE 参与样本的第一大股东持股比例显著低于无 PE 参与样本的第一大股东持股比例，因为 PE 的参与使得公司股权分散，所以股权集中度有所下降。有 PE 参与样本中的国有控股公司比例远低于无 PE 参与样本中的国有控股公司的比例，这可能是由于我国 PE 主要投资一些中小企业。有 PE 参与样本的资产负债率显著低于无 PE 参与样本的资产负债率，可能是因为 PE 帮助企业融资，企业举债减少，因此资产负债率降低。有 PE 参与样本的成长性显著低于无 PE 参与样本的成长性，这可能是因为近些年来，PE 开始投向一些传统行业的企业，而这些企业的成长性并不是很高。

表 4-3　主要财务变量的描述性统计

变量	Compen	ROA	ROE_1	ROE_2	Gl	SOE	Lev	Growth	Size
Panel A 全样本（687）									
均值	13.555	0.040	0.100	0.087	0.399	0.217	0.259	0.489	21.109
中位数	13.569	0.027	0.089	0.078	0.384	0.000	0.222	0.000	20.868
标准偏差	0.760	0.048	0.052	0.039	0.181	0.412	0.173	3.920	1.110
最小值	10.766	0.000	−0.050	0.000	0.026	0.000	0.013	−1.000	19.311
最大值	16.571	0.303	0.449	0.353	2.896	1.000	0.830	82.005	27.625
Panel B 有 PE 参与的样本（243）									
均值	13.595	0.029	0.088	0.080	0.356	0.095	0.215	0.059	20.981
中位数	13.592	0.000	0.083	0.074	0.349	0.000	0.184	0.000	20.862
标准偏差	0.708	0.042	0.038	0.033	0.144	0.293	0.148	0.856	0.698
最小值	11.335	0.000	−0.032	0.000	0.026	0.000	0.013	−1.000	19.539
最大值	16.571	0.221	0.214	0.225	0.815	1.000	0.830	7.989	23.482
Panel C 无 PE 参与的样本（444）									
均值	13.533	0.046	0.107	0.092	0.422	0.284	0.283	0.725	21.179
中位数	13.552	0.035	0.096	0.083	0.406	0.000	0.269	0.000	20.874
标准偏差	0.787	0.051	0.058	0.041	0.195	0.451	0.181	4.820	1.275
最小值	10.766	0.000	−0.050	0.000	0.052	0.000	0.013	−1.000	19.311
最大值	16.039	0.303	0.449	0.353	2.896	1.000	0.800	82.005	27.625
均值 T 检验									
Panel B-C	0.062	−0.017a	−0.019a	−0.012a	−0.066a	−0.189a	−0.068a	−0.666a	−0.198a

注：a 表示在 1% 的水平上的显著性。

表 4-4 列示了 PE 特征变量的描述性统计结果。从表 4-4 可知,$Foreign$ 的均值为 0.127 5,$State$ 的均值为 0.234 6,说明 PE 的样本中 12.75％为外资背景的 PE,23.46％为国有背景的 PE。另外,PE 的持股比例平均为 13.2％,最小值仅有 0.34％,最大值高达 57.06％。Lnt 的均值为 3.03,即 PE 的投资期限平均为 23 个月。$Count$ 的均值为 2.325,表明一般由 3 家 PE 联合投资一家公司。

表 4-4　PE 特征变量的描述性统计

变量	$Foreign$	$State$	$PEshare$	Lnt	$Count$
均值	0.127 5	0.234 6	0.132 0	3.030 3	2.325 0
中位数	0.000 0	0.000 0	0.110 1	3.210 4	2.000 0
标准偏差	0.329 6	0.424 6	0.094 2	0.463 6	1.750 9
最小值	0.000 0	0.000 0	0.003 4	1.410 2	1.000 0
最大值	1.000 0	1.000 0	0.570 6	3.563 6	16.000 0
样本量	243	243	243	243	243

二、回归结果分析

表 4-5 列示了 PE 对薪酬业绩敏感度影响的回归结果。从回归结果看,三个回归调整的 R^2 均在 26％左右,表明模型拟合程度较好。另外,三个回归中的 VIF 值都小于 3,表明各个变量之间不存在严重的多重共线性问题。公司业绩 $Perfor$ 分别用 ROA、ROE_1 和 ROE_2 衡量,$Perfor$ 的系数表示无私募股权参与的公司薪酬和业绩之间的敏感度,$Perfo$ 的系数和 $Perfor \times PE$ 的系数之和表示有私募股权参与的公司薪酬与业绩之间的敏感度。$Perfor \times PE$ 的系数表示无私募参与和有私募参与这两类公司的薪酬业绩敏感度差异。当 $Perfor$ 用 ROA 衡量时,$Perfor$ 的系数为 1.085,并在 5％的水平上显著,$Perfor \times PE$ 的系数 5.424,并在 1％的水平上显著,两个系数之和为 6.509。这说明有私募股权投资参与的公司薪酬业绩敏感度显著高于无私募股权投资参与的公司薪酬业绩敏感度,即私募股权投资的参与使得公司管理层更加努力工作,提高公司业绩,从而提升自身的薪酬水平,也提高了公司治理水平,验证了假设 1。当 $Perfor$ 用 ROE_1 和 ROE_2 衡量时,$Perfor \times PE$ 的系数在 1％的水平上显著为正,表明私募股权的参与提高了薪酬业绩敏感度,再次验证了假设 1。三个回归中控制变量的回归系数表明,公司为国有控股公司、公司资产负债率越低、成长性越高、规模越大时,高管薪酬越高。

表 4-6 列示了外资和非外资背景的 PE 对薪酬业绩敏感度影响的回归结果。结果显示,控制了其他因素后,$Perfor \times Foreign$ 的系数在三个回归中都为正值,

表 4-5　私募股权投资对薪酬业绩敏感度的影响

变量	因变量：Compen								
	业绩（ROA）			业绩（ROE$_1$）			业绩（ROE$_2$）		
	系数	t	vif	系数	t	vif	系数	t	vif
Constant	7.411***	10.27	0	7.867***	10.99	0	8.006***	10.99	0
PE	−0.080	−1.15	1.74	−0.275**	−2.00	1.52	−0.216*	−1.69	1.53
Perfor	1.085**	2.44	1.59	3.162***	3.44	1.38	2.141***	3.16	1.27
Perfor×PE	5.424***	4.38	1.91	4.356***	2.85	1.42	3.364***	2.66	1.47
Gl	0.086	0.56	1.21	−0.017	−0.11	1.22	−0.033	−0.21	1.22
SOE	0.126*	1.71	1.40	0.159**	2.18	1.39	0.169**	2.29	1.40
Lev	−0.456**	−2.18	1.43	−0.520**	−2.56	1.47	−0.514**	−2.51	1.48
Growth	0.014*	1.90	1.20	0.016**	2.24	1.16	0.015**	2.12	1.15
Size	0.292***	8.56	1.81	0.262***	7.71	1.83	0.259***	7.47	1.82
YR	已控制			已控制			已控制		
IND	已控制			已控制			已控制		
调整的 R^2	0.265 2			0.273 4			0.262 2		
样本量	687			687			687		

注：t 值均为按年度维度聚类调整后的结果；***、**、* 分别表示在 1%、5%、10% 水平上的显著性。

表 4-6　外资 PE 和非外资 PE 对所投资公司薪酬业绩敏感度的不同影响

变量	因变量：Compen					
	业绩（ROA）		业绩（ROE$_1$）		业绩（ROE$_2$）	
	系数	t	系数	t	系数	t
Constant	3.973**	2.18	6.765***	4.04	5.114**	2.51
Foreign	−0.108	−0.56	−0.193	−0.63	−0.860*	−1.71
Perfor	2.745*	1.72	2.797*	1.86	1.499*	1.88
Perfor×Foreign	6.774*	1.81	6.337*	1.88	9.940**	1.99
Gl	0.245	0.78	0.436	1.59	0.248	0.76
SOE	−0.227	−1.31	0.189	1.28	−0.142	−0.82
Lev	−0.514	−1.35	−0.418	−1.25	−0.597	−1.54
Growth	0.054	0.94	0.032	0.65	0.048	0.77
Size	0.476***	5.61	0.340***	4.28	0.420***	4.30
YR	已控制		已控制		已控制	
IND	已控制		已控制		已控制	
调整的 R^2	0.217 8		0.318 5		0.224 3	
样本量	243		243		243	

注：t 值均为按年度维度聚类调整后的结果；***、**、* 分别表示在 1%、5%、10% 水平上的显著性。

并且当业绩用 ROA 和 ROE_1 衡量时，$Perfor×Foreign$ 的系数都在 10% 的水平上显著；当业绩用 ROE_2 衡量时，该系数在 5% 的水平上显著，表明外资背景的 PE 提高了薪酬业绩敏感度。这主要是因为外资 PE 有较长的从业经验（Hsu，2004），所以相对非外资背景的 PE，他们更有经验激励管理层，使得公司业绩增加，管理层薪酬也随之增加，他们退出后获得收益也更高。

笔者进一步分析了非外资背景的 PE、国有和民营背景的 PE 对薪酬业绩敏感度的影响，表 4-7 列示了国有和民营背景的 PE 对薪酬业绩敏感度影响的回归结果。其中：$State$ 为虚拟变量，当 PE 为国有背景时取 1，为民营背景时取 0。表 4-7 的结果显示，控制了其他因素后，三个回归中 $Perfor×State$ 的系数都在 10% 的水平上显著为正，表明相比民营背景的 PE，国有背景的 PE 更能提高被投资公司的薪酬业绩敏感度，假设 2 得到了验证。

表 4-7　国有 PE 和民营 PE 对所投资公司薪酬业绩敏感度的不同影响

变量	因变量：$Compen$					
	业绩（ROA）		业绩（ROE_1）		业绩（ROE_2）	
	系数	t	系数	t	系数	t
$Constant$	6.270***	3.69	6.523***	3.31	8.426***	5.72
$State$	−0.394*	−1.68	−0.675**	−2.07	−0.488*	−1.77
$Perfor$	4.907***	3.20	1.003	0.55	2.864**	2.05
$Perfor×State$	5.103*	1.94	7.282*	1.82	5.275*	1.73
Gl	0.582	1.99**	0.237	0.72	0.405	1.29
SOE	0.066	0.41**	−0.235	−1.30	0.283*	1.81
Lev	−0.306	−0.86	−0.522	−1.28	−0.418	−1.30
$Growth$	−0.168	−1.98	0.055	0.63	−0.052	−0.63
$Size$	0.366	4.64***	0.358***	3.82	0.229***	3.18
YR	已控制		已控制		已控制	
IND	已控制		已控制		已控制	
调整的 R^2	0.3074		0.3185		0.3028	
样本量	212		212		212	

注：t 值均为按年度维度聚类调整后的结果；***、**、* 分别表示在 1%、5%、10% 水平上的显著性。

表 4-8 报告了 PE 投资规模对薪酬业绩敏感度影响的回归结果。其中，$PEshare$ 为 PE 持有公司上市前的股权比例（考虑到数量级关系，笔者将持股比例乘以 100），用以衡量 PE 投资规模。三个回归中 $Perfor×PEshare$ 的系数都显著为正，表明 PE 的投资规模越大，薪酬业绩敏感度越高。PE 投资规模越大，持股比

例越高，对被投资公司的影响力也就越大；并且为了获得更多的退出收益，PE 更有动机激励管理层。基于这两点，PE 投资规模越大，被投资公司的薪酬业绩敏感度越高，这验证了假设 3。

表 4-8　PE 投资规模对所投资公司薪酬业绩敏感度的影响

变量	因变量：Compen					
	业绩（ROA）		业绩（ROE_1）		业绩（ROE_2）	
	系数	t	系数	t	系数	t
Constant	3.978**	2.22	4.562**	2.49	5.629***	3.34
PEshare	−1.586	−1.50	−1.399	−1.48	−1.194	−1.40
Perfor	0.021	0.01	2.166	1.29	0.981	0.76
Perfor×PEshare	0.368*	1.67	0.303*	1.95	0.398***	2.91
G1	0.223	0.71	0.208	0.66	0.353	1.24
SOE	−0.155	−0.91	−0.158	−0.94	0.153	1.01
Lev	−0.496	−1.29	−0.481	−1.25	−0.345	−1.00
Growth	0.064	1.13	0.063	1.17	0.038	0.78
Size	0.481***	5.81	0.446***	5.15	0.401***	5.01
YR	已控制		已控制		已控制	
IND	已控制		已控制		已控制	
调整的 R^2	0.2308		0.2369		0.3087	
样本量	243		243		243	

注：t 值均为按年度维度聚类调整后的结果；***、**、* 分别表示在 1%、5%、10% 水平上的显著性。

表 4-9 列示了 PE 投资期限对薪酬业绩敏感度影响的回归结果。表 4-9 的三个回归中 Perfor×Lnt 的系数都显著为正，表明 PE 对公司投资的时间越长，越能提高薪酬业绩敏感度。这可能是因为 PE 投入公司时间越早，影响公司治理的时间也就越长。并且 PE 投入时间越早，对公司的经营业务和管理层了解得越多，对管理层激励的效果可能会更好，假设 4 得到了验证。

表 4-10 列示了 PE 联合投资对薪酬业绩敏感度影响的回归结果。表 4-10 显示，在三个回归中，控制了其他因素后，Perfor×Count 的系数都在 5% 的水平上显著为正，这表明参与的 PE 数量越多，薪酬业绩敏感度越高。多个 PE 参与同一家公司，能够起到互相监督和互相补充的作用。有的 PE 机构成立时间较早，具有更多的投资经验，而有的 PE 机构相对经验较少。这样两者可以互相补充，共同激励管理层，使其努力工作，提高公司业绩。不仅管理层能获得更多的报酬，PE 机构也会获得更多的收益。因此参与的 PE 数量越多，越能提高薪酬业绩敏感度，这验证了假设 5。

表 4-9 PE 投资期限对所投资公司薪酬业绩敏感度的影响

	因变量：*Compen*					
	业绩(*ROA*)		业绩(*ROE₁*)		业绩(*ROE₂*)	
变量	系数	*t*	系数	*t*	系数	*t*
Constant	4.534**	2.37	5.415***	3.25	5.353***	3.16
Lnt	0.004	0.67	0.002	0.41	0.003	0.64
Perfor	2.442	1.47	4.562***	2.98	4.932***	3.37
Perfor×Lnt	0.565**	2.17	0.624**	2.23	0.408*	1.96
Gl	0.159	0.5	0.461*	1.67	0.459	1.65
SOE	−0.156	−0.93	0.127	0.86	0.135	0.92
Lev	−0.583	−1.52	−0.442	−1.32	−0.422	−1.25
Growth	0.060	1.04	0.005	0.09	0.003	0.07
Size	0.441***	4.9	0.399***	5.12	0.401***	5.03
YR	已控制		已控制		已控制	
IND	已控制		已控制		已控制	
调整的 R^2	0.214 9		0.317 2		0.315 3	
样本量	243		243		243	

注：*t* 值均为按年度维度聚类调整后的结果；***、**、* 分别表示在 1%、5%、10% 水平上的显著性。

表 4-10 PE 联合投资对所投资公司薪酬业绩敏感度的影响

	因变量：*Compen*					
	业绩(*ROA*)		业绩(*ROE₁*)		业绩(*ROE₂*)	
变量	系数	*t*	系数	*t*	系数	*t*
Constant	5.225***	3.30	6.617***	3.94	6.473***	3.75
Count	−0.017	−0.56	−0.082	−1.6	−0.075	−1.42
Perfor	3.647**	2.32	1.293	0.75	0.012	0.01
Perfor×Count	0.637**	2.26	0.860**	2.33	0.813**	2.20
Gl	0.591**	2.13	0.423	1.5	0.401	1.41
SOE	0.174	1.18	0.174	1.17	0.180	1.20
Lev	−0.393	−1.18	−0.553	−1.64	−0.573*	−1.67
Growth	−0.049	−0.89	0.022	0.42	0.033	0.64
Size	0.414***	5.61	0.355***	4.48	0.365***	4.48
YR	已控制		已控制		已控制	
IND	已控制		已控制		已控制	
调整的 R^2	0.327 6		0.230 8		0.290 4	
样本量	243		243		243	

注：*t* 值均为按年度维度聚类调整后的结果；***、**、* 分别表示在 1%、5%、10% 水平上的显著性。

三、稳健性检验

为了增加研究结论的可靠性，笔者对上述研究结果进行了以下稳健性测试：

（1）对样本所有连续变量进行 1% 和 99% 的 winsorize 处理后，重新对以上模型回归，结果与之前无实质差别。

（2）对于高管薪酬的衡量，参考了方军雄（2009）的做法，采用"薪酬最高的前三名董事的薪酬"取自然对数作为高管薪酬的衡量指标，重新对以上模型回归，结果不影响本书的主要结论。

（3）对于 PE 的衡量，所有回归中 PE 采用的是投资期限小于 3 年的股权投资，采用投资期限小于两年的股权投资定义为 PE，重新对以上模型回归，结果与之前并无差别。

（4）公司的特征可能与管理层的薪酬业绩敏感度有关，而公司的特征又可能影响到 PE 对公司投资的决策，即存在内生性问题。本书采用两种方法来解决该问题，第一种是 Heckman(1979)提出的两阶段模型，以往文献通常采用这种方法解决内生性问题(Katz, 2009；Givoly 等，2010)。第二种是 Rosenbaum 和 Rubin(1993)提出的倾向评分配比法(propensity score matching，简称 PSM)，目前的文献多使用这种方法构造对照组解决内生性问题(Armstrong 等，2010；Lawrence 等，2011)。具体说明如下：第一种方法使用 Heckman (1979)两阶段模型，第一阶段使用 Probit model 估计选择私募股权投资时的 Inverse Mill'sRatio (IMR)，主要考虑了公司上市前的财务和公司特征对选择私募股权投资的影响。具体模型如下：

$$PE = \beta_0 + \beta_1 Profit + \beta_2 Qratio + \beta_3 OCycle + \beta_4 Growth + \beta_5 Lev + \beta_6 Size$$
$$+ \beta_7 Sales + \beta_8 FirmAge + \beta_9 SOE + \beta_{10} Local + YR + IND + \varepsilon \quad (3)$$

其中：PE 为虚拟变量，当公司有 PE 参与时取 1，否则为 0。BV 为权益账面价值除以总资产；$Profit$ 用营业利润除以营运资产来衡量；$Qrati$ 为速动比率，用速动资产除以流动负债；$OCycle$ 为资金周转周期，用应收账款周转率加上存货周转率然后取自然对数；$Cash$ 是总资产标准化的现金和现金等价物；$Sales$ 是主营业务收入取自然对数。Age 为公司的年龄，从成立到现在的年数；SOE 为虚拟变量，当公司为国有控股时取 1，否则取 0；$G1$ 是第一大股东持股比例。$Local$ 为虚拟变量，公司注册地点位于北京、上海、广东、江苏和浙江五省市则取 1，否则取 0。其他变量定义同模型(1)中的变量定义，另外，以上变量除了 PE、SOE 和 $Local$ 之外，其他变量都使用公司上市前 3 年该变量的平均值。

第一阶段的回归结果见表4-11。

表 4-11 Heckman (1979)第一阶段回归结果

变量	第一阶段(Probit)	
	系数	Wald Chi-Square
Constant	8.529 7**	5.420 0
BV	−2.716 0	1.237 3
Profit	1.480 2	1.301 0
Qratio	0.019 3	2.409 1
OCycle	0.138 1	1.660 9
Cash	−1.303 0*	3.391 8
Growth	−0.000 2	0.455 4
Lev	−1.659 8	0.411 2
Size	−0.821 9***	11.532 5
Sales	0.517 0**	5.826 9
Age	0.016 3	0.611 2
SOE	−1.071 0***	−13.418 3
G1	2.075 5***	11.280 0
Local	0.098 3	0.287 2
YR	已控制	
IND	已控制	
Chi-Square	89.297 3***	
样本量	687	

注:***、**、*分别表示在1%、5%、10%水平上的显著性。

表4-11的回归结果显示,Cash、Size、SOE和PE显著负相关,这表明公司现金较少和资产规模较小的非国有控股公司引入PE的概率较大。另外,Sales、G1和PE显著正相关,说明主营业务收入和股权集中度较高的公司更倾向于引入PE。

在第二阶段中,将 Inverse Mill's Ratio(IMR)带入模型(1),从而修正自选择所导致的偏误。第二阶段的回归结果见表4-12。表4-12的三个回归中IMR的系数都不显著,但Perfor×PE的系数仍在1%的水平上显著,其他变量的回归结果基本和表4-11一致,这表明控制了自选择后,前文的结论仍然成立。

使用 Rosenbaum 和 Rubin (1993)提出的倾向评分配比法(PSM),笔者按照模型(3)估算每家公司被PE参与的 propensity score,为每一个有PE参与的公司寻找 propensity score 最接近的无PE参与的公司作为对照样本,笔者共得到486个观测值,重新对模型(1)进行回归,结果见表4-13。

表 4-12　Heckman (1979) 第二阶段回归结果

| 变量 | 因变量：Compen | | | | | |
| | 业绩(ROA) | | 业绩(ROE_1) | | 业绩(ROE_2) | |
	系数	t	系数	t	系数	t
Constant	7.508 6***	9.98	8.182 4***	10.76	8.043 3***	10.78
PE	−0.093 2	−1.30	−0.279 7**	−2.08	−0.327 9**	−2.30
Perfor	1.022 0*	1.73	2.206 2***	3.12	3.233 5***	3.41
Perfor×PE	5.557 7***	4.43	3.871 4***	2.96	4.779 3***	3.06
Gl	0.048 4	0.27	0.004 6	0.03	0.023 7	0.13
SOE	0.095 7	1.10	0.188 1**	2.12	0.174 8**	2.00
Lev	−0.523 5**	−2.21	−0.493 0***	−2.12	−0.508 6**	−2.21
Growth	0.011 9	1.55	0.015 5***	2.04	0.015 7**	2.08
Size	0.294 2***	8.05	0.250 2***	6.68	0.253 4***	6.91
IMR	−0.071 5	−0.61	0.034 9	0.29	0.033 1	0.28
YR	已控制		已控制		已控制	
IND	已控制		已控制		已控制	
调整的 R^2	0.256 0		0.254 1		0.265 5	
样本量	687		687		687	

注：***、**、*分别表示在 1%、5%、10%水平上的显著性。其中 IMR 为 Heckman(1979)方法中第一阶段 Probit 模型回归的 Inverse Mill's Ratio。

表 4-13　基于 PSM 的回归结果

| 变量 | 因变量：Compen | | | | | |
| | 业绩(ROA) | | 业绩(ROE_1) | | 业绩(ROE_2) | |
	系数	t	系数	t	系数	t
Constant	5.084 6***	4.55	7.122 1***	6.02	6.291 2***	5.55
PE	−0.158 1**	−2.06	−0.158 5	−1.03	−0.296 2*	−1.84
Perfor	−1.623 3	−1.49	2.013 8*	1.69	2.471 1*	1.75
Perfor×PE	5.543 6***	3.91	3.388 0**	2.14	3.721 0**	2.01
Gl	−0.245 8	−1.11	−0.051 9	−0.23	−0.366 4*	−1.67
SOE	−0.075 4	−0.65	0.127 8	1.07	−0.025 7	−0.22
Lev	−0.899 3***	−3.25	−0.736 2***	−2.62	−0.892 9***	−3.26
Growth	0.084 9**	2.11	0.061 9	1.59	0.087 3**	2.31
Size	0.431 0***	8.19	0.305 8***	5.45	0.366 3***	6.81
YR	已控制		已控制		已控制	
IND	已控制		已控制		已控制	
调整的 R^2	0.229 1		0.209 0		0.237 2	
样本量	486		486		486	

注：***、**、*分别表示在 1%、5%、10%水平上的显著性。

表 4-13 的结果基本和表 4-5 的回归结果一致,当 $Perfor$ 用 ROE_1 和 ROE_2 衡量时,$Perfor \times PE$ 的系数都在 5% 的水平上显著为正,较之前的显著性有所降低,这可能是因为样本量减少,但不改变本书的主要结论。$Perfor \times PE$ 的系数显著为正,表明私募股权的参与提高了被投资公司的薪酬业绩敏感度。

(5) 笔者使用每家公司不少于两年的数据重新对模型进行检验。在样本中加入公司 IPO 前 1 年的数据(之所以只加入前 1 年的数据,而没有加入前 2 年的数据,是因为招股说明书只报告了公司 IPO 前 1 年高管薪酬的数据)。另外,笔者还加入了公司 IPO 后 1 年的数据,因为 PE 具有一定的锁定期,一般为公司 IPO 后 1 年,只有过了锁定期,PE 才可以真正退出。所以,公司 IPO 后 1 年,PE 仍然对公司高管薪酬产生影响,据此,笔者在样本中加入公司 IPO 后 1 年的数据。综上,笔者的样本使用了公司连续 3 年的数据,包括公司 IPO 前 1 年、当年和后 1 年的数据。结果见表 4-14。

表 4-14　私募股权投资对薪酬业绩敏感性的影响

变量	因变量：$Compen$								
	业绩(ROA)			业绩(ROE_1)			业绩(ROE_2)		
	系数	t	vif	系数	t	vif	系数	t	vif
$Constant$	7.116***	13.05	0.000	7.218***	13.30	0.000	7.231***	13.26	0.000
PE	0.030	0.55	2.136	0.032	0.55	2.870	0.029	0.52	2.597
$Perfor$	1.377***	4.88	2.277	1.426***	4.94	2.332	1.094***	4.43	2.221
$Perfor \times PE$	1.164***	2.59	2.421	0.593**	2.14	3.328	0.581**	2.40	3.029
$G1$	−0.035	−0.26	1.172	−0.034	−0.25	1.172	−0.022	−0.16	1.170
SOE	0.061	0.95	1.266	0.068	1.06	1.261	0.069	1.06	1.262
Lev	−0.589***	−4.42	1.465	−0.610***	−4.58	1.480	−0.620***	−4.58	1.495
$Growth$	0.010***	2.83	1.057	0.011***	2.93	1.055	0.014***	3.44	1.049
$Size$	0.298***	11.87	1.928	0.293***	11.78	1.900	0.294***	11.77	1.904
YR	已控制			已控制			已控制		
IND	已控制			已控制			已控制		
调整的 R^2	0.2456			0.2442			0.2403		
样本量	2061			2061			2061		

注:t 值均为按年度维度聚类调整后的结果;***、**、* 分别表示在 1%、5%、10% 水平上的显著性。

表 4-14 列示了私募股权投资对薪酬业绩敏感度影响的回归结果。当业绩用 ROA 衡量时,$Perfor$ 的系数为 1.377,并在 1% 的水平上显著,表明无 PE 参与时,公司高管薪酬与业绩的敏感度的关系。$Perfor \times PE$ 的系数为 1.164,并在 1% 的水平上显著。$Perfor$ 的系数和 $Perfor \times PE$ 的系数之和为 2.541,表明有 PE 参与时,公司高管薪酬与业绩的敏感度的关系。$Perfor \times PE$ 的系数为有无 PE 参与,

这两类公司薪酬业绩敏感度的差异。由结果可知,有 PE 参与的公司,其薪酬业绩敏感度显著高于无 PE 参与的公司,验证了假设 1。此外,当业绩采用 ROE_1 和 ROE_2 衡量时,$Perfor \times PE$ 的系数都显著为正,同样验证了假设 1。三个回归中的控制变量的回归系数表明,公司资产负债率越低、成长性越高、规模越大时,高管薪酬越高。

表 4-15 列示了外资和非外资背景的 PE 对薪酬业绩敏感度影响的回归结果。三个回归结果中 $Perfor \times Foreign$ 的系数都显著为正,表明外资背景的 PE 提高了薪酬业绩敏感度。

表 4-15 外资 PE 和非外资 PE 对所投资公司薪酬业绩敏感度的不同影响

| 变量 | 因变量：$Compen$ | | | | | |
| | 业绩（ROA） | | 业绩（ROE_1） | | 业绩（ROE_2） | |
	系数	t	系数	t	系数	t
$Constant$	7.046***	10.27	7.936***	12.35	7.990***	12.41
$Foreign$	0.340***	3.69	0.325***	3.52	0.319***	3.44
$Perfor$	2.136***	4.87	1.337***	4.08	1.028***	3.66
$Perfor \times Foreign$	0.929*	1.87	1.310*	1.85	1.474*	2.10
Gl	0.438***	2.84	0.432***	2.78	0.421***	2.69
SOE	0.175**	2.16	0.198**	2.42	0.202**	2.46
Lev	0.058	0.42	−0.070	−0.48	−0.072	−0.49
$Growth$	0.019	0.47	0.041	1.06	0.044	1.15
$Size$	0.311***	9.24	0.268***	8.41	0.268***	8.37
YR	已控制		已控制		已控制	
IND	已控制		已控制		已控制	
调整的 R^2	0.307 5		0.302 4		0.299 2	
样本量	729		729		729	

注：t 值均为按年度维度聚类调整后的结果；***、**、* 分别表示在 1%、5%、10% 水平上的显著性。

表 4-16 列示了国有和民营背景的 PE 对薪酬业绩敏感度影响的回归结果。结果显示,在控制了其他因素后,三个回归中 $Perfor \times State$ 的系数都显著为正,表明相比民营背景的 PE,国有背景的 PE 更能提高被投资公司的薪酬业绩敏感度,假设 2 得到了验证。

表 4-17 列示了 PE 投资规模对薪酬业绩敏感度影响的回归结果。三个回归中 $Perfor \times PEshare$ 的系数都显著为正,表明 PE 的投资规模越大,薪酬业绩敏感度越高。

表 4-16 国有 PE 和民营 PE 对所投资公司薪酬业绩敏感度的不同影响

| 变量 | 因变量：$Compen$ | | | | | |
| | 业绩（ROA） | | 业绩（ROE_1） | | 业绩（ROE_2） | |
	系数	t	系数	t	系数	t
$Constant$	7.179***	9.88	7.645***	11.05	7.634***	11.03
$State$	−0.142*	−1.83	−0.172**	−2.40	−0.187***	−2.64
$Perfor$	1.298*	1.78	0.729	1.49	0.437	1.09
$Perfor \times State$	1.485*	1.93	1.894***	2.82	2.126***	3.28
Gl	0.561***	3.48	0.549***	3.40	0.547***	3.38
SOE	0.118	1.40	0.130	1.53	0.130	1.53
Lev	0.118	0.80	0.049	0.32	0.055	0.35
$Growth$	−0.109*	−1.95	−0.106*	−1.93	−0.102*	−1.84
$Size$	0.308***	8.64	0.287***	8.24	0.289***	8.32
YR	已控制		已控制		已控制	
IND	已控制		已控制		已控制	
调整的 R^2	0.2899		0.2929		0.3028	
样本量	636		636		636	

注：t 值均为按年度维度聚类调整后的结果；***、**、* 分别表示在 1%、5%、10% 水平上的显著性。

表 4-17 PE 投资规模对所投资公司薪酬业绩敏感度的影响

| 变量 | 因变量：$Compen$ | | | | | |
| | 业绩（ROA） | | 业绩（ROE_1） | | 业绩（ROE_2） | |
	系数	t	系数	t	系数	t
$Constant$	5.991***	8.81	6.721***	10.37	6.718***	10.34
$PEshare$	−0.001	−0.29	−0.004	−1.20	−0.005	−1.46
$Perfor$	2.064***	3.58	1.090***	2.77	0.772**	2.35
$Perfor \times PEshare$	0.058*	1.77	0.091***	3.05	0.103***	3.57
Gl	0.444**	2.77	0.437***	2.70	0.430***	2.65
SOE	0.117	1.39	0.130	1.54	0.129	1.53
Lev	0.000	0.00	−0.101	−0.68	−0.094	−0.62
$Growth$	0.021	0.52	0.039	0.97	0.040	1.01
$Size$	0.362***	10.88	0.329***	10.16	0.331***	10.22
YR	已控制		已控制		已控制	
IND	已控制		已控制		已控制	
调整的 R^2	0.2737		0.2688		0.2666	
样本量	729		729		729	

注：t 值均为按年度维度聚类调整后的结果；***、**、* 分别表示在 1%、5%、10% 水平上的显著性。

表 4-18 列示了 PE 投资期限对薪酬业绩敏感度影响的回归结果。三个回归中 $Perfor \times Lnt$ 的系数都显著为正，表明 PE 对公司投资的时间越长，越能提高薪酬业绩敏感度。

表 4-18　PE 投资期限对所投资公司薪酬业绩敏感度的影响

| 变量 | 因变量：$Compen$ ||||||
| | 业绩（ROA） | | 业绩（ROE_1） | | 业绩（ROE_2） | |
	系数	t	系数	t	系数	t
$Constant$	6.037***	7.90	6.146	8.76	6.091	8.70
Lnt	0.035	0.63	0.005	0.09	−0.002	−0.04
$Perfor$	0.623	1.09	0.450	0.86	0.144	0.34
$Perfor \times Lnt$	0.273**	2.33	0.358***	3.33	0.407***	4.05
Gl	0.287**	1.66	0.372**	2.35	0.373**	2.35
SOE	−0.041	−0.45	0.154*	1.85	0.152*	1.82
Lev	−0.069	−0.42	−0.040	−0.26	−0.014	−0.09
$Growth$	0.071	1.63	0.029	0.72	0.028	0.70
$Size$	0.350***	9.16	0.353***	10.06	0.358***	10.34
YR	已控制		已控制		已控制	
IND	已控制		已控制		已控制	
调整的 R^2	0.203 2		0.270 1		0.269 4	
样本量	729		729		729	

注：t 值均为按年度维度聚类调整后的结果；***、**、* 分别表示在 1%、5%、10% 水平上的显著性。

表 4-19 列示了 PE 联合投资对薪酬业绩敏感度影响的回归结果。在三个回归中，控制了其他因素后，$Perfor \times Count$ 的系数都显著为正，表明参与的 PE 家数越多，薪酬业绩敏感度越高。

表 4-19　PE 联合投资对所投资公司薪酬业绩敏感度的影响

| 变量 | 因变量：$Compen$ ||||||
| | 业绩（ROA） | | 业绩（ROE_1） | | 业绩（ROE_2） | |
	系数	t	系数	t	系数	t
$Constant$	6.242***	9.07	6.993***	10.56	7.008***	10.56
$Count$	−0.001	−0.03	−0.017	−0.86	−0.021	−1.05
$Perfor$	2.171***	4.40	1.292***	3.71	0.977***	3.31
$Perfor \times Count$	0.312**	2.05	0.449***	3.15	0.494***	3.53
Gl	0.448***	2.83	0.436***	2.73	0.424***	2.64
SOE	0.146*	1.77	0.172**	2.08	0.177**	2.13
Lev	−0.011	−0.08	−0.141	−0.97	−0.146	−0.99
$Growth$	−0.003	−0.08	0.014	0.33	0.015	0.36
$Size$	0.349***	10.20	0.314***	9.40	0.316***	9.42
YR	已控制		已控制		已控制	
IND	已控制		已控制		已控制	
调整的 R^2	0.278 4		0.272 8		0.269 9	
样本量	729		729		729	

注：t 值均为按年度维度聚类调整后的结果；***、**、* 分别表示在 1%、5%、10% 水平上的显著性。

综上,笔者使用每家公司连续 3 年的数据重新检验,并没有改变文中的研究结果,说明笔者的研究结果是稳健可靠的。

第六节 结 论

本章从公司治理的角度检验了 PE 的参与对薪酬契约的影响。有 PE 参与的公司相对无 PE 参与的公司,其薪酬业绩敏感度较高,即 PE 的参与能够提高薪酬业绩敏感度,进而提高公司治理水平。笔者进一步研究了 PE 如何提高公司治理水平,分别从 PE 的背景,投资规模、投资期限以及参与同一家公司的 PE 数量四个方面考察对薪酬业绩敏感度的影响。研究结果为,一是外资背景的 PE 相比非外资背景 PE 更能提高薪酬业绩敏感度;进一步分析非外资背景 PE 对薪酬业绩敏感度的影响,发现国有背景的 PE 比民营背景的 PE 更能提高薪酬业绩敏感度。这主要是因为我国 PE 起步较晚,非外资背景的 PE 是通过借鉴外资背景的 PE 发展起来的,所以外资背景的 PE 相对于非外资背景的 PE 经验更多,更能影响公司的治理结构,使薪酬业绩敏感度提高。而国有背景的 PE 相对民营背景的 PE 更成熟,更有经验,因此国有背景的 PE 相对于民营背景的 PE 更能提高薪酬业绩敏感度。二是 PE 的投资规模越大,薪酬业绩敏感度越大。三是 PE 的投资期限越长,薪酬敏感度越大。四是参与公司的 PE 数量越多,薪酬业绩敏感度越大。这主要是因为 PE 规模越大、投资期限越长、参与的数量越多,对公司的影响力越大,更能够激励管理层,使其努力工作,提高公司业绩,减少委托代理成本,因此薪酬业绩敏感度随之提高,公司治理水平也得到了改善。

本章分析了 PE 如何影响薪酬契约,进而影响被投资企业的公司治理。PE 在完善企业融资市场的同时,对企业的公司治理也有积极的作用。本章为 PE 的治理作用提供了证据,丰富了 PE 和公司治理方面的文献。除了上述理论上的贡献之外,本章的研究结论对公司管理层、PE 机构和政策制定者也具有一定的启示。PE 机构如果采用较好的激励机制,可以激励公司管理层努力工作以增强企业在激烈市场下的竞争力,使得我国公司治理水平得到改善和提高。另外,PE 的健康发展需要完善的退出机制和健全的法律环境作为支撑,因此,我国应通过主板市场、中小板市场、创业板市场、OTC 以及产权交易市场构建多层次资本市场并制定相关法律制度,使得 PE 顺利退出,实现资本增值。这对于 PE 的发展以及资本市场的完善具有重要意义。

第五章　私募股权投资与派驻董事

第一节　引　　言

　　私募股权投资是 20 世纪以来全球金融领域的创新成就之一,推动了经济发展和创新。随着私募股权投资的快速发展,私募股权投资已经逐渐成为全球资本市场的新兴力量。自 2005 年开始,私募股权投资的投资额已经超过了股票市场的融资规模①,而与私募股权投资相关的研究也已经成为金融研究的重要领域。从以往研究来看,关于私募股权投资对所投资公司影响的研究几乎都会涉及对公司治理的考察,可见私募股权投资是否会影响所投资公司的公司治理是学者们关注的焦点问题。

　　私募股权投资作为专业的价值投资者,不仅向被投资公司提供所需资金,还积极参与公司的管理。向被投资公司派驻董事是私募股权投资最重要的参与被投资公司治理机制的方式(Garg,2013),然而并不是所有的私募股权投资都能够向被投资公司派驻董事(Kaplan 和 Stromberg,2003)。以往一些文献研究表明私募股权投资派驻的董事能够帮助公司获得更多的融资(Guler,2007;Hsu,2004),使公司经营更合规(Chen 等,2008;Stuart 等,1999),或者给管理层一些相对合理的建议(Fried 等,1998;Garg 和 Eisenhardt,2012),但这些文献并未直接关注私募股权投资派驻董事的监管作用。Baker 和 Gompers (2003)针对美国的数据,研究了私募股权投资对 IPO 公司董事会结构的影响,发现有私募股权投资派驻董事的公司具有较好的董事会结构,即较少的内部董事和较多的独立外部董事。此外,Suchard(2009)使用澳大利亚 IPO 公司的数据,得到了类似的结论。以上文献都是从私募股权投资对公司董事会内外部董事结构的影响角度进行研究,而本书考察私募股权投资派驻董事对董事会的直接影响。笔者首先研究影响私募股权投资派驻董事的因素,然后再研究私募股权投资派驻董事对被投资公司董事会中专业化

---

　　① 数据来源: The World Federation of Exchanges。2005 年 PE 投资额为 64 170 120 万美元,IPO 和 SEO 的融资规模为 59 096 930 万美元。2005 年之后,私募股权投资额一直高于 IPO 和 SEO 的融资规模。

董事①影响,最后研究私募股权投资派驻董事对董事会中专业化董事的影响是否会影响公司业绩,为研究私募股权投资的治理作用提供新的研究视角。

　　基于以上分析,笔者从专业化董事角度研究私募股权投资如何影响公司治理。通过收集 2006—2011 年沪深两市的上市公司招股说明书中有关私募股权投资的信息,以及私募股权投资对被投资公司派驻董事和董事会中专业化董事的人数,研究发现私募股权投资本身以及公司的特征都影响私募股权投资对公司派驻董事。另外,笔者还发现私募股权投资派驻董事的公司其董事会规模较大,专业化董事较多,专业化董事比例较高。笔者进一步研究私募股权投资派驻董事后专业化董事对公司业绩的影响,发现私募股权投资派驻董事的公司,其专业化董事和公司业绩之间的敏感度增强。表明私募股权投资通过向被投资派驻董事来提高公司董事会中专业化董事比例,提高公司治理水平,进而提高公司业绩。

　　本章的研究贡献如下:首先,本章基于新兴资本市场从专业化董事角度研究私募股权投资对公司治理的影响,研究结果表明,我国私募股权投资通过对被投资公司派驻董事,提高董事会中专业董事的比例,从而提高公司治理水平。以往文献大多研究私募股权投资对被投资公司董事会中内外部董事的影响,而本章从专业化董事角度直接研究私募股权投资的治理作用,丰富了私募股权投资与公司治理领域的文献。其次,研究了影响私募股权投资对被投资公司派驻董事的因素,发现私募股权投资背景、投资规模、投资期限以及联合投资都影响私募股权投资是否派驻董事,另外,公司的特征,如公司第一大股东持股比例以及 CEO 持股比例也同样影响私募股权投资是否派驻董事。此外,还发现有私募股权投资派驻董事的公司业绩较好,丰富了私募股权投资监管方式和监管作用方面的文献。最后,本章的结论对公司管理层具有一定的参考价值,笔者的结论表明,私募股权投资通过向被投资公司派驻董事,影响公司董事会的专业化董事比例以及公司业绩,表明私募股权投资能够提高公司治理水平,因此,公司管理者可以根据公司具体情况适时和适度地引入私募股权投资改善公司治理结构。

第二节　理论分析与研究假设

　　委托代理理论认为,由于委托人和代理人之间存在信息不对称,以及企业所处经营环境存在不确定性,代理人出于自身利益的考虑有可能产生两种行为倾向:

---

　　①　董事具有金融、会计或法律背景的定义为专业化董事。

道德风险和逆向选择(Jensen 和 Meckling，1976)。制定有效的监督机制，是降低道德风险和逆向选择发生的重要方式。从理论上说，董事会是确保股东利益的重要机构，在我国现行法律框架下，董事会行使战略决策权，任命管理层，并对其进行监督，因此股东可以通过董事会对公司管理层施加影响。私募股权投资的目的是通过被投资企业的增值来获得回报，因此为了获得最大收益，私募股权投资管理人有动机参与到被投资企业的管理决策中去，利用其专业的财务知识和管理经验，帮助被投资企业建立完善的公司治理机制。

Jensen (1989)指出，私募股权投资作为"积极的投资者"参与企业管理，通过制定必要的监管机制减少代理成本，使企业价值最大化。向被投资公司派驻董事是私募股权投资最重要的调整被投资公司治理机制的方式(Garg，2013)，但并不是所有的私募股权投资都能够向被投资公司派驻董事(Kaplan 和 Stromberg，2003)。私募股权投资派驻董事不仅受私募股权投资自身特征的影响，还受被投资企业特征的影响。私募股权投资自身特征主要有：私募股权投资背景、投资规模、投资期限以及联合投资等。私募股权投资背景分为外资、国有和民营三类，私募股权投资派驻的董事要参与企业的董事会活动，相比外资背景私募股权投资与企业的距离，国有和民营背景的私募股权投资和企业较"亲近"，则私募股权投资派驻董事参与企业活动的成本较低，因此外资背景的私募股权投资可能较少派驻董事。相比民营背景的私募股权投资，国有背景的私募股权投资管理的资金规模较大。政府通过成立大型的私募股权投资改变国内私募股权投资行业的格局，培养本土私募股权投资的领航者，使其发挥示范作用。典型的代表有中科招商和深创投等机构，这两家机构的资金规模和投资业绩在国内私募股权投资行业中的排名一直遥遥领先，并且他们的增值服务水平也高于其他私募股权投资[①]。据此，提出假设 1a：

H1a：外资背景的私募股权投资派驻董事的概率较小，国有背景的私募股权投资派驻董事的概率较大。

如果私募股权投资规模较大，则有更大的动机参与企业的管理，以获得更高的退出收益，因此私募股权投资规模越大，越有可能向被投资企业派驻董事。而私募股权越早投资企业，对企业的了解越多，投资的时间越长，对企业发展的信心越强，也越有可能向被投资企业派驻董事。此外，多个私募股权投资同一家企业，私募股权投资派驻董事的概率会增加，所以私募股权投资联合投资也能够影响私募股权

---

① 投中集团发布的"2011 年度中国创业投资暨私募股权投资行业榜单"中，深创投和中科招商居榜首，并且以前年度他们的排名也一直遥遥领先。另外，这两家机构的增值服务为其核心竞争力，深创投最讲究的是激励和约束管理，他们对投资经理的要求是 70%的精力用作服务，30%的精力作投资，服务是第一位的(曹和平，2010)。

投资派驻董事。据此,提出假设 1b:

H1b:投资规模越大、投资期限越长以及联合投资的私募股权投资派驻董事的概率越大。

除了私募股权投资自身特征影响其向被投资公司派驻董事之外,被投资公司的股权结构也能够影响私募股权投资派驻董事。由于公司的所有权与经营权是分离的,如果公司的股权比较分散,作为公司经营决策者的经理层或董事长在公司的治理中的地位和作用比股东更突出。因此,相对私募股权投资向股权集中的公司派驻董事,私募股权投资对股权较分散的公司派驻董事后,能更好地参与公司的经营决策,从而提高公司治理水平。此外,如果 CEO 的持股比例越高,其决策权较大,则不希望私募股权投资派驻的董事来参与公司的经营决策,因此私募股权投资对于公司 CEO 持股比例较高的公司派驻董事的概率较低,据此,提出假设 1c:

H1c:公司股权越集中,CEO 持股越大,私募股权投资派驻董事的概率越小。

由于私募股权投资参与的都是一些未上市,并且风险比较高的公司,因此私募股权投资派驻的董事和上市公司的董事的监管作用有所不同,但是私募股权投资派驻的董事和管理层的利益具有一致性,私募股权投资为了获得更高的退出收益,有更大的动机完善被投资企业的公司治理机制。因此能够有效降低委托代理成本。此外,私募股权投资作为专业的投资机构,其派驻被投资企业的董事多具有专业背景,因此能够完善董事会结构,进而提高公司治理水平。据此,提出假设 2:

H2:相比无私募股权投资派驻董事的上市公司,有私募股权投资派驻董事的上市公司其董事会规模较大,并且专业化董事人数较多,专业化董事比例较高。

Cotter 和 Peck(2001)发现私募股权投资作为专业的投资人,在管理技能和公司治理方面有较强的优势。私募股权投资派驻的董事一般都是作为外部董事监管公司的活动,他们会监管公司详细的经营活动(Ehrlich 等,1994)、产品营销活动(Hellmann 和 Puri,2000)以及招聘和解雇雇员(Boeker 和 Wiltbank,2005;Hellmann 和 Puri,2002)等,但也有一些文献研究发现,私募股权投资派驻的董事是私募股权投资的专业投资人,他们监管公司的主要目的是使公司快速成长,然后通过 IPO 方式实现退出。Garg(2013)从理论上分析了私募股权投资派驻的董事和上市公司的董事之间的不同,认为相比上市公司的董事,私募股权投资派驻的董事能够对被投资公司的管理层实施更多的监管,并且监管程度与公司的业绩呈倒 U 型。然而以上实证研究基本都是针对董事会已经存在多年的美国成熟市场上股权较为分散的公司,这些公司所面临的外部市场环境及内部董事会结构和我国公司都有所不同,因而国外的实证研究结果并不一定适用于我国公司。基于假设 2,笔者推测私募股权投资通过派驻董事影响公司董事会中专业化董事的比例,改善

公司治理结构,进而提高公司的业绩。据此,提出假设3:

H3:私募股权投资派驻董事能够提高专业化董事与公司业绩之间的敏感度。

第三节　样本选择与研究设计

一、样本来源及处理

本章选取 2006—2011 年沪深两市首次公开上市的 A 股公司为研究对象。之所以没有选择 2006 年之前的公司,是因为 2006 年之前外资背景的私募股权投资居多,私募股权投资的主要退出方式为海外 IPO,极少数通过境内 IPO 退出。2006年之后,随着我国资本市场的发展,创业板的推出,私募股权投资通过境内 IPO 退出的案例数量逐渐增加。笔者通过翻阅招股说明书,收集私募股权投资的相关信息。私募股权投资的信息主要从招股说明书中"发行人基本情况"部分获得。"发行人基本情况"部分包括"发行人的股本形成及变化"和"发起人、主要股东及实际控制人基本情况"。各股东投资公司的时间、出资额和持股比例等信息可以从"发行人的股本形成及变化"部分获得。如果需要判断哪个股东为私募股权投资,则要查阅"发起人、主要股东及实际控制人基本情况",这部分介绍股东的成立时间、股本构成和经营范围等信息。如果股东的经营范围包括风险投资或股权投资,则认定该股东为私募股权投资。为了防止主观判断,笔者将收集的私募股权投资,结合 CV(China Venture) Source 数据库中"私募股权"部分的"投资机构"数据予以确认,确保判断的准确性。因为金融业上市公司执行的财务制度比较特殊,所以笔者剔除了这类公司。经过筛选,本章最后的样本为私募股权投资参与的 450 家①上市公司。

表5-1 列示了样本分布情况。Panel A 是样本按市场类型的分布情况,主板IPO 的 100 家公司中,有私募股权投资参与的公司为 35 家,占主板 IPO 总数的35%。中小板 IPO 总数为 595 家,其中有 248 家上市公司有私募股权投资参与,占中小板 IPO 的 41.68%。创业板 IPO 的 281 家公司中,167 家有私募股权投资参与,占创业板 IPO 的 59.43%。数据表明,有私募股权投资参与的公司在中小板和创业板上占比较高,可以看出,中小板和创业板是私募股权投资的 IPO 退出方式的主要渠道。

---

① 2006—2011 年共有 976 家首次公开发行股票的上市公司,其中有私募股权投资参与的上市公司为450 家,无私募股权投资参与的上市公司为 526 家。

表 5-1 样本分布情况

	IPO的公司数量	有私募股权投资参与的上市公司数量	无私募股权投资参与的上市公司数量	有私募股权投资的公司占IPO公司总数的比例	无私募股权投资的公司占IPO公司总数的比例
Panel A 样本按市场类型分布情况					
	(1)	(2)	(3)	(2)/(1)	(3)/(1)
主板	100	35	65	35.00%	65.00%
中小板	595	248	347	41.68%	58.32%
创业板	281	167	114	59.43%	40.57%
Panel B 样本年度分布情况					
2006	64	12	52	18.75%	81.25%
2007	115	30	85	26.09%	73.91%
2008	77	27	50	35.06%	64.94%
2009	97	50	47	51.55%	48.45%
2010	344	180	164	52.33%	47.67%
2011	279	151	128	54.12%	45.88%
Panel C 样本行业分布情况					
A	19	8	11	42.11%	57.89%
B	23	9	14	39.13%	60.87%
C0	32	14	18	43.75%	56.25%
C1	28	9	19	32.14%	67.86%
C2	7	5	2	71.43%	28.57%
C3	22	6	16	27.27%	72.73%
C4	120	52	68	43.33%	56.67%
C5	84	50	34	59.52%	40.48%
C6	83	46	37	55.42%	44.58%
C7	248	133	115	53.63%	46.37%
C8	50	22	28	44.00%	56.00%
C9	16	2	14	12.50%	87.50%
D	6	0	6	0.00%	100.00%
E	26	8	18	30.77%	69.23%
F	22	4	18	18.18%	81.82%
G	110	52	58	47.27%	52.73%
H	24	9	15	37.50%	62.50%
J	8	1	7	12.50%	87.50%
K	29	13	16	44.83%	55.17%
L	16	7	9	43.75%	56.25%
M	3	0	3	100.00%	0.00%
总计	976	450	526	46.11%	53.89%

注：参照中国证监会发布的《上市公司行业分类指引》，其中 A：农、林、牧、渔业；B：采掘业；C0：食品、饮料；C1：纺织、服装、皮毛；C2：木材、家具；C3：造纸、印刷；C4：石油、化学、塑胶、塑料；C5：电子；C6：金属、非金属；C7：机械、设备、仪表；C8：医药、生物制品；C9：其他制造业；D：电、煤及水业；E：建筑业；F：交通运输、仓储业；G：信息技术业；H：批发和零售贸易；J：房地产业；K：社会服务业；L：传播与文化产业；M：综合类。

Panel B 列示了样本年度分布情况。2006 年有私募股权投资参与的上市公司仅为 12 家,占当年 IPO 公司总数的 18.75%。2007 年有私募股权投资参与的上市公司数量增至 30,受金融危机的影响,2008 年私募股权投资参与的上市公司数量有所下降,随着 2009 年创业板的推出,促进了私募股权投资新一轮的发展,2010 年私募股权投资参与的上市公司多达 180 家,占当年 IPO 总数的 51.55%。然而在全球金融市场动荡的冲击下,2011 年有私募股权投资参与的上市公司为 151 家,较 2010 年有所下降,但占当年 IPO 公司总数的 54.12%。在整个样本区间,有私募股权投资参与的上市公司占 IPO 公司总数的比例平均为 46.11%。

Panel C 列示了样本行业分布情况。从绝对值来看,制造业中的机械、设备行业有私募股权投资参与的上市公司最多,为 133 家,其次是石油、化工行业,有 52 家上市公司有私募股权投资参与。另外从相对值来看,综合类的上市公司中有私募股权投资参与的公司最多,参与比例为 100%,其次是制造业中的木材和家具行业,该行业中 5 家上市公司有私募股权投资参与,占该行业上市公司总数的 71.43%。制造业中的电子行业、金属和机械行业的该比例都超过了 50%。私募股权投资刚进驻我国时,主要投资一些高成长性和高风险的企业,如信息技术业的互联网企业等。随后,我国建立了第一支产业投资基金和创业投资基金,投资行业开始转向农业、制造业等传统行业。目前,新型服务业,包括传播、文化业和社会服务业等,已经成为私募股权投资投资的重要领域。主要是因为这些领域前景好,尚处于初始开发的阶段,未来成长空间较大。

二、研究模型与变量定义

为了检验假设 1a 至 1c,笔者构建了如下模型:

$$PEboard = \alpha_0 + \alpha_1 Foreign + \alpha_2 PEstate + \alpha_3 PEshare + \alpha_4 Count$$
$$+ \alpha_5 T + \alpha_6 G1 + \alpha_7 CEOshare + \alpha_8 ctrl\,var + \varepsilon \qquad (5-1)$$

其中,因变量为 $PEboard$ 代表私募股权投资向被投资企业派驻董事,当上市公司董事会中至少有一位是私募股权投资派驻的董事时取 1,否则取 0。

由于一家公司可能有多个私募股权投资参与,每个私募股权投资进入公司的时间或背景也不尽相同,并且有可能多轮投入被投资公司。所以为了统计及分析方便,本书借鉴陈工孟、俞欣、寇祥河(2011)以及王会娟、张然(2012)的做法,对数据做了如下处理:一是投资规模($PEshare$):以发行前持股比例衡量,如果同一家私募股权投资多轮投入,则将各轮投入比例加总;如果多家私募股权投资参与一家公司,则将各私募股权投资持股比例加总。二是投资期限(T):以入股时间到公司上市时间之间间隔的天数衡量。如果同一家私募股权投资多轮投入或多家私募股权投资参与投资，则都以最早投入的时间计算。这样简化的理由是陈工孟、俞欣、寇祥河（2011）认为，风险投资机构对企业的影响力从第一次投入开始。三是私募股权投资背景：以投资规模最大的私募股权投资的背景来衡量。因为 Barry 等（1990）和 Gompers（1996）发现，出资多（股权多）的一方是决定权的主导方。通过查阅招股说明书对股东的介绍，笔者把私募股权投资的背景分为外资①和非外资两种，其中非外资包括国有和民营两类。当私募股权投资是外资背景时，$Foreign$ 取 1，否则取 0；当私募股权投资是国有背景时，$PEstate$ 取 1，否则取 0。四是私募股权投资联合投资（$Count$）：参与同一家上市公司的私募股权投资数量。

笔者使用第一大股东持股比例（$G1$）来衡量股权集中度，$CEOshare$ 为公司 CEO 持股比例，由 CEO 持股数除以总股数得来。另外，笔者控制了公司规模、杠杆、成长性等变量，变量具体定义见表 5-2。

为了检验假设 2，本章借鉴已有文献（Baker 和 Gompers，2003；Suchard，2009；张学勇和廖理，2011）的做法构建了如下模型：

$$(Boardsize, Prof, Profratio) = \alpha_0 + \alpha_1 PEboard + \alpha_2 ctrl\, var + \varepsilon \qquad (5-2)$$

其中，因变量有三个，$Boardsize$ 为董事会规模，专业化董事的定义参考张学勇和廖理（2011）的做法，即具有金融、会计和法律背景的董事。笔者通过查阅招股说明书，收集了董事会中专业化背景的董事。董事规模由绝对值和相对值两个指标衡量：$Prof$ 为专业化董事规模，是绝对值指标；$Profratio$ 为专业化董事比例，用专业化董事规模除以董事会规模衡量，是相对值指标。$PEboard$ 为私募股权投资向被投资企业派驻董事，具体衡量方式同模型（5-1）中的定义。其他变量为控制变量，具体定义见表 5-2。

为了检验假设 3，根据已有文献的做法（袁萍等，2006；魏刚等，2007）构建了如下模型：

$$(ROA, ROE) = \alpha_0 + \alpha_1 PEboard + \alpha_2 Profratio + \alpha_3 PEboard \times Profatio + \alpha_4 ctrl\, var + \varepsilon \qquad (5-3)$$

其中，因变量 ROA 为总资产回报率，ROE 为净资产回报率。$PEboard$ 为私募股权投资向被投资企业派驻董事，$Profratio$ 为专业化董事比例，$PEboard \times Profratio$ 为两者的交乘项，笔者主要考察交乘项前面的系数 α_3，如果显著为正，表

---

① 其中有一些 PE 为中外合资，笔者也将其归入外资，定为外资参与型，这主要参考了张学勇、廖理（2011）的做法。

明私募股权投资通过派驻董事影响公司的专业化董事比例，进而提高公司的业绩。其他控制变量的具体定义见表5-2。

表 5-2 变量定义

变量	说明	具体定义
PEboard	派驻董事	公司董事会中至少有一位私募股权投资派驻的董事时取 1，否则取 0
Foreign	外资背景的私募股权投资	当私募股权投资是外资背景时，Foreign 取 1，否则取 0
PEstate	国有背景的私募股权投资	当私募股权投资是国有背景时，PEstate 取 1，否则取 0
Count	联合投资	参与同一家公司的私募股权投资数量
PEshare	投资规模	公司发行前私募股权投资的持股比例
T	投资期限	私募股权投资入股到公司上市之间间隔的天数
Gl	第一大股东持股比例	第一大股东持股比例
CEOshare	CEO 持股比例	CEO 持股数量/总股数
Boardsize	董事会规模	董事数量
Prof	专业化董事规模	专业化董事数量
Profratio	专业化董事比例	专业化董事数量/董事会规模
ROA	总资产收益率	净利润/总资产
ROE	净资产收益率	所有者权益/总资产
Firmsize	公司规模	年末总资产的自然对数
Lev	负债水平	债务总额/总资产
Growth	成长性	(本年销售收入－上年销售收入)/上年销售收入
Fix	固定资产比率	固定资产/总资产
CFOseles	营业收入现金比率	经营活动产生的现金流量净额/当年营业收入
Firmage	公司年龄	公司成立至公司上市时的年限
SOE	最终控制人性质	当公司为国有控股时取 1，否则取 0
Indepratio	独立董事比例	独立董事个数/董事会规模
DIRshare	董事持股比例	董事持股数量/总股数
CEOage	CEO 年龄	CEO 的年龄
Tenure	CEO 任期	CEO 任职开始到公司 IPO 之间的年数
YR	年度	样本年度为 2006—2010 年，因此笔者定义 4 个哑变量
IND	行业	根据证监会行业分类标准，剔除金融业共 12 个行业笔者定义 11 个哑变量，以综合类为基准

第四节　样本描述性统计

表 5-3 列示了主要变量的描述性统计结果。表 5-3 的样本中平均有 63.33%
的公司董事会中含有私募股权投资派驻的董事,参与上市公司的私募股权投资中
有 13.56% 为外资背景,23.56% 为国有背景,其他的全部为民营背景,可见我国私
募股权投资中民营背景的私募股权投资居多。私募股权投资公司到公司上市的时
间平均为 1 056 天,私募股权投资持股比例平均为 10.38%,同一家公司一般有 3
家私募股权投资参与。上市公司的董事会规模均值为 8.879 5,规模最大的有
18 个董事,最小的有 5 个董事。专业化董事个数平均值大约为 3,占全部董事的比
例平均为 35.87%。公司的规模使用总资产取自然对数后的均值为 21.012 5,公司
杠杆的均值为 0.249 9。公司总资产收益率均值为 0.072 9,净资产收益率均值为
0.103 3,公司的年龄平均约为 7 年,第一大股东持股比例平均为 35.91%,高管持
股比例均值为 17.82%,样本中国有企业占比为 9.11%,这表明 2006—2011 年私
募股权投资参与的上市公司绝大多数为民营企业。

表 5-3　主要变量的描述性统计

变量	观测数	均值	中位数	标准偏差	最小值	最大值
PEboard	450	0.633 3	1.000 0	0.482 4	0.000 0	1.000 0
Foreign	450	0.135 6	0.000 0	0.342 7	0.000 0	1.000 0
PEstate	450	0.235 6	0.000 0	0.424 8	0.000 0	1.000 0
Count	450	2.411 1	2.000 0	1.744 8	1.000 0	17.000 0
PEshare	450	0.103 8	0.080 0	0.075 3	0.003 4	0.399 8
T	450	1 056.89	895.00	696.02	127.00	3 613.00
Boardsize	450	8.879 5	9.000 0	1.605 0	5.000 0	18.000 0
Prof	450	3.168 9	3.000 0	1.512 5	0.000 0	8.000 0
Profratio	450	0.358 7	0.333 3	0.170 0	0.000 0	0.888 9
Firmsize	450	21.012 5	20.863 5	0.785 2	19.344 7	25.065 9
Lev	450	0.249 9	0.219 0	0.169 0	0.012 7	0.832 4
Growth	450	0.354 2	0.271 3	0.421 1	−0.240 0	5.317 7
Fix	450	0.143 3	0.115 1	0.113 0	0.002 1	0.722 5
CFOsales	450	0.071 3	0.070 0	0.158 6	−0.659 9	0.701 8
ROA	450	0.072 9	0.063 2	0.039 5	0.008 9	0.469 0
ROE	450	0.103 3	0.082 0	0.067 8	0.006 2	0.595 3
Firmage	450	7.153 3	7.000 0	4.544 9	1.000 0	24.000 0
G1	450	0.359 1	0.355 8	0.136 8	0.084 1	0.815 0
SOE	450	0.091 1	0.000 0	0.288 0	0.000 0	1.000 0
Indepratio	450	0.362 5	0.333 3	0.049 7	0.300 0	0.666 7
DIRshare	450	0.278 6	0.298 7	0.231 6	0.000 0	0.714 3
CEOshare	450	0.178 2	0.153 9	0.173 8	0.000 0	0.641 3
CEOage	450	49.690 4	49.000 0	7.211 1	30.000 0	72.000 0
Tenure	450	2.281 3	2.000 0	1.195 2	1.000 0	14.000 0

　　表 5-4 为主要变量的均值 T 检验。由表 5-4 可知，外资背景的私募股权投资派驻董事的均值低于非外资背景私募股权投资派驻董事的均值，但其差额并不具有显著性。国有背景的私募股权投资派驻董事的均值显著高于民营背景的私募股权投资派驻董事的均值。私募股权投资持股越大，投资期限越长以及联合投资的派驻董事的概率越高。私募股权投资派驻董事的公司其董事会规模、专业化董事和专业化董事比例均显著高于无私募股权投资派驻董事的公司。私募股权投资派驻董事的公司规模显著低于无私募股权投资派驻董事的公司规模。私募股权投资派驻董事的公司总资产收益率和净资产收益率高于无私募股权投资派驻董事的公司总资产收益率和净资产收益率。私募股权投资派驻董事的公司第一大股东持股比例显著低于无私募股权投资派驻董事的公司第一大股东持股比例，表明私募股权投资倾向于对股权分散的公司派驻董事。

表 5-4　主要变量的均值 T 检验

变量	$PEboard=1$ (285)	$PEboard=0$ (165)	Diff①	T 值	P 值
Foreign	0.133 3	0.139 4	−0.006 1	−0.18	0.857 6
PEstate	0.284 2	0.151 5	0.132 7***	3.43	0.000 7
Count	2.764 9	1.800 0	0.964 9***	5.86	<0.000 1
PEshare	0.120 7	0.074 6	0.046 1***	6.7	<0.000 1
T	1 154.5	888.3	266.2***	3.97	<0.000 1
Boardsize	9.095 1	8.506 1	0.589 0***	3.8	0.000 2
Prof	3.417 5	2.739 4	0.678 1***	4.69	<0.000 1
Profratio	0.378 6	0.324 2	0.054 4***	3.31	0.001
Firmsize	20.938 0	21.141 0	−0.203 0***	−2.67	0.007 9
Lev	0.252 1	0.245 9	0.006 2	0.36	0.719
Growth	0.360 7	0.342 9	0.017 8	0.45	0.649 5
Fix	0.144 6	0.140 9	0.003 7	0.33	0.741 2
CFOsales	0.074 4	0.065 8	0.008 6	0.58	0.565 4
ROA	0.075 3	0.068 9	0.006 4	1.64	0.101 8
ROE	0.106 0	0.098 6	0.007 4*	1.81	0.070 9
Firmage	7.294 7	6.909 1	0.385 6	0.87	0.384
G1	34.988 0	37.502 0	−2.514 0*	−1.88	0.060 2
SOE	0.094 7	0.084 8	0.009 9	0.36	0.722 7
Indepratio	0.356 5	0.372 8	−0.016 3***	−3.38	0.000 8
DIRshare	0.278 6	0.278 7	−0.000 1	0.00	0.998 9
CEOshare	0.181 7	0.172 3	0.009 4	0.55	0.581 8
CEOage	49.363 0	50.255 0	−0.892 0	−1.25	0.211 4
Tenure	2.299 3	2.250 0	0.049 3	0.42	0.674 6

---

① Diff 为 PEboard=1 的变量均值减去 PEboard=0 的变量均值的差值。

第五节 实证结果与分析

一、影响私募股权投资派驻董事的因素

表 5-5 是影响私募股权投资向被投资企业派驻董事的因素的回归结果。从表 5-5 可知,私募股权投资自身特征和被投资企业特征都能够影响私募股权投资是否向被投资企业派驻董事。第一列回归模型中只加入了私募股权投资特征,结果发现,外资背景的私募股权投资向被投资企业派驻董事的可能性较低,而国有背景

表 5-5 影响私募股权投资派驻董事的因素的回归结果

变量	因变量($PEboard$)		因变量($PEboard$)		因变量($PEboard$)	
	系数	Wald	系数	Wald	系数	Wald
Constant	−2.030 3***	34.67	12.562 2***	14.41	9.410 3**	5.71
Foreign	−0.764 7**	3.91			−0.504 1	1.47
PEstate	0.927 7***	7.19			0.958 7***	6.91
PEshare	10.904 8	22.62			10.004 0***	17.47
Count	0.726 0***	37.98			0.745 6***	37.29
T	0.000 4	2.19			0.000 5*	2.99
Firmsize			−0.498 1***	9.69	−0.492 6**	6.61
Lev			1.539 2**	4.44	0.860 6	1.06
Growth			0.362 0	1.16	0.438 6	1.20
G1			−0.017 3	4.33	−0.001 2	0.02
SOE			0.943 1	4.12	0.908 9	2.61
DIRshare			0.044 1	2.16	0.027 5	0.65
CEOshare			−0.046 8*	2.92	−0.006 4	0.04
CEOage			−0.030 3*	3.92	−0.043 7**	6.02
Tenure			0.140 0	1.73	0.130 2	1.18
YR	已控制		已控制		已控制	
IND	已控制		已控制		已控制	
LR Chi-Square	118.536 9***		29.184 3***		136.366 4***	
样本量	450		450		450	

注:***、**、* 分别表示在 1%、5%、10% 水平上的显著性。

的私募股权投资向被投资企业派驻董事的可能性较高。这可能是因为相比非外资背景的私募股权投资，外资背景的私募股权投资派驻董事来参与企业的管理活动的成本较高。私募股权投资持股比例越高，私募股权投资越有可能向被投资企业派驻董事，表明私募股权投资规模越大越有动机影响公司的治理机制，参与公司的管理活动。私募股权联合投资向被投资企业派驻董事的可能性越大，因为多家私募股权投资参与相比一家私募股权投资参与，向被投资企业派驻董事的概率较高，并且多个私募股权投资有可能向被投资企业派驻多个董事，他们互相监督企业的管理层，对企业的公司治理机制影响更大。

第二列回归模型中只考虑被投资企业股权特征，在控制了公司规模、杠杆等因素之后，笔者研究发现，私募股权投资对第一大股东持股比例较小的公司派驻董事的可能性更大，表明私募股权投资对股权分散的公司派驻董事的概率较高。这主要是因为在股权分散的公司，董事会的作用显得更重要，私募股权投资派驻的董事能够参与到公司的管理决策中，所以私募股权投资倾向于向股权分散的公司派驻董事。除此之外，笔者还发现 CEO 持股比例越高，私募股权投资对该公司派驻董事的可能性越低，这主要是因为，CEO 持股比例较高的公司，CEO 具有决策权，并不希望私募股权投资派驻的董事来参与管理。

第三列回归模型中加入私募股权投资自身特征和公司股权特征，研究结果跟前两列的的回归结果相一致，表明私募股权投资向被投资企业派驻董事不仅受到私募股权投资自身特征的影响，还受到公司股权特征的影响。

二、私募股权投资派驻董事与董事会规模、专业化董事及比例

表 5-6 是私募股权投资派驻董事对公司董事会规模、专业化董事及比例的影响结果。笔者发现，$PEboard$ 与董事会规模（$Boardsize$）正相关，并在 1％的水平上显著，说明有私募股权投资派驻董事的公司其董事会规模较大。另外，$PEboard$ 与专业化董事个数（$Prof$）以及专业化董事比例（$Profratio$）也显著正相关，表明私募股权投资派驻董事的上市公司董事会中，专业化董事无论是绝对值还是相对值都较高，而这主要源于私募股权投资向被投资公司派驻董事多为专业的投资人，为了获得更高的退出收益，私募股权投资有动机向被投资企业派驻董事，从而影响被投资企业的董事会结构，进而影响公司的业绩。从专业化董事角度来看，有私募股权投资派驻董事的公司，其董事会结构较为合理。其他控制变量的回归结果跟以往文献的结果较为一致，本章不再逐一解释。

表 5-6　私募股权投资对董事会规模、专业化董事及比例的影响

变量	因变量(*Boardsize*)		因变量(*Prof*)		因变量(*Profratio*)	
	系数	t	系数	t	系数	t
Constant	−0.315 4	−0.15	−3.678 1	−1.73	−0.083 5	−0.34
PEboard	0.636 5***	4.42	0.678 9***	4.64	0.052 5***	3.14
Firmsize	0.412 8***	4.12	0.321 0***	3.16	0.020 7*	1.78
Lev	0.763 0	1.60	0.206 7	0.42	0.003 8	0.07
Growth	−0.053 4	−0.28	0.244 9	1.26	0.026 2	1.18
Fix	0.511 1	0.77	1.763 7***	2.61	0.171 4***	2.22
CFOsales	0.252 8	0.53	−0.518 4	−1.08	−0.056 0	−1.02
ROA	−1.518 7	−0.78	2.692 2	1.37	0.364 3	1.62
Gl	−1.632 1***	−2.94	−0.279 9	−0.50	0.034 4	0.53
SOE	0.917 2***	3.58	−0.405 0	−1.55	−0.073 5***	−2.46
Firmage	−0.003 7	−0.24	0.031 8**	2.04	0.003 3*	1.85
DIRshare	−0.416 4	−0.63	−0.700 4	−1.04	−0.076 1	−0.99
CEOshare	−0.341 2	−0.39	1.011 1	1.14	0.166 9*	1.65
CEOage	0.010 5	1.06	−0.014 6	−1.45	−0.002 0*	−1.70
Tenure	0.061 3	0.94	−0.094 9	−1.44	−0.009 4	−1.26
YR	已控制		已控制		已控制	
IND	已控制		已控制		已控制	
调整的 R^2	0.168 6		0.100 6		0.071 8	
样本量	450		450		450	

注：***、**、* 分别表示在 1%、5%、10% 水平上的显著性。

三、私募股权投资派驻董事、专业化董事与公司业绩

表 5-7 是私募股权投资派驻董事与专业化董事的交互作用对被投资公司业绩影响的回归结果。笔者使用总资产回报率(ROA)和净资产回报率(ROE)来衡量公司业绩。*Profratio* 的系数表明私募股权未派驻董事的公司其专业化董事对公司业绩的影响程度，*Profratio* 的系数和 *PEboard* × *Profratio* 的系数之和表明私募股权投资派驻董事的公司其专业化董事对公司业绩的影响程度。*PEboard* × *Profratio* 的系数衡量私募股权投资派驻董事与未派驻董事的公司其专业化董事对公司业绩影响的差异。从表 5-7 可以看出，当业绩用 ROA 衡量时，*Profratio* 的系数为 0.020 6，并在 5% 的水平上显著为正，表明私募股权投资未派驻董事的公司专业化董事比例和公司的业绩之间正相关。*PEboard* × *Profratio* 的系数在 1% 的水平上显著为正。*Profratio* 的系数和 *PEboard* × *Profratio* 的系数之和为 0.046 6，表明派驻董事的公司专业化董事比例和公司业绩的相关程度。*PEboard* ×

$Profratio$ 的系数为 0.026 0,并在 1% 的水平上显著为正,表明私募股权投资派驻董事的公司专业化董事和公司业绩之间的敏感系数高于私募股权投资未派驻董事的公司。这说明私募股权投资通过向被投资公司派驻董事影响公司的专业化董事比例,完善了被投资企业的公司治理机制,进而提高公司的业绩。当业绩用 ROE 衡量时,$PEboard \times Profratio$ 系数在 10% 的水平上显著为正,同样说明私募股权投资通过派驻董事影响公司董事会中专业化董事的比例,进而提高公司业绩,验证了假设 3。

表 5-7　私募股权投资派驻董事、专业化董事与公司业绩

变量	因变量（ROA）		因变量（ROE）	
	系数	t	系数	t
Constant	0.024 2	0.73	0.017 4	0.20
PEboard	0.007 7**	2.27	0.014 9*	1.70
Profratio	0.020 6**	2.12	0.069 6***	2.78
PEboard×Profratio	0.026 0***	2.66	0.045 5*	1.81
Firmsize	0.001 8	1.20	−0.001 5	−0.38
Lev	−0.054 4***	−7.51	0.184 9***	9.91
Growth	0.013 2***	4.94	0.031 1***	4.52
Fix	0.005 1	0.51	−0.031 2	−1.21
CFOsales	0.032 5***	4.73	0.117 0***	6.61
Gl	0.000 0	0.53	0.000 1	0.25
SOE	0.005 5	1.40	0.019 6*	1.95
Firmage	0.000 1	0.45	0.001 4**	2.29
DIRshare	0.004 2	0.42	0.064 3**	2.50
CEOshare	−0.010 0	−0.76	−0.059 8*	−1.76
Indepratio	0.000 3	0.01	0.035 1	0.63
YR	已控制		已控制	
IND	已控制		已控制	
调整的 R^2	0.214 7		0.322 5	
样本量	450		450	

注:***、**、* 分别表示在 1%、5%、10% 水平上的显著性。

第六节　稳健性检验

为了增加研究结论的可靠性,笔者对上述研究结果进行了以下稳健性测试:

(1) 对样本所有连续变量进行 1% 和 99% 的 winsorize 处理后,重新对以上模型回归,结果与之前无实质差别。

（2）对于私募股权投资的衡量，所有回归中私募股权投资采用的广义的私募股权投资，采用狭义的私募股权投资定义，将投资期限小于 3 年[①]的股权投资定义为私募股权投资，重新对以上模型回归，结果与之前并无差别。

（3）对于公司业绩的衡量，使用总资产回报率（ROA）和净资产回报率（ROE）来衡量。采用托宾 Q 值来衡量公司业绩，托宾 Q 等于股权市值加上净债务市值之和除以期末总资产。对于股票市值的计算笔者采用两种方法，一种是非流通股权市值用净资产代替计算得出 $TQ1$，另一种是非流通股权市值用流通股股价代替计算 $TQ2$，重新对模型（4-3）进行回归，回归结果见表 5-8。

从表 5-8 可以看出，当公司业绩用 $TQ1$ 和 $TQ2$ 衡量时，$PEboard \times Profratio$ 系数在 10％的水平上显著为正，表明私募股权投资通过派驻董事影响公司董事会中专业化董事比例，进而提高公司业绩。其他变量的回归结果跟表5-8类似，不再重复解释。

表 5-8 　私募股权投资派驻董事对公司业绩的影响

变量	因变量（$TQ1$）		因变量（$TQ2$）	
	系数	t	系数	t
Constant	10.031 5***	4.38	10.287 6***	4.37
PEboard	0.478 5***	4.35	0.511 2***	4.51
Profratio	1.251 2**	2.06	1.142 3*	1.82
PEboard×Profratio	0.278 6*	1.69	0.361 8*	1.71
Firmsize	−0.244 0**	−2.27	−0.254 6**	−2.30
Lev	−2.150 5***	−3.72	−2.150 9***	−3.61
Growth	0.633 0***	3.28	0.628 4***	3.16
Fix	−2.549 0***	−3.56	−2.448 6***	−3.32
CFOsales	2.082 7***	4.39	2.156 7***	4.41
G1	−0.003 3	−0.56	−0.002 7	−0.43
SOE	−0.280 0	−1.00	−0.226 5	−0.79
Firmage	−0.034 9**	−2.20	−0.036 8**	−2.25
DIRshare	−0.669 1	−0.89	−0.729 7	−0.94
CEOshare	−0.470 6	−0.48	−0.420 0	−0.42
Indepratio	−0.574 2	−0.38	−0.572 6	−0.37
YR	已控制		已控制	
IND	已控制		已控制	
调整的 R^2	0.273 0		0.265 7	
样本量	450		450	

注：***、**、* 分别表示在 1％、5％、10％水平上的显著性。

---

① 笔者通过实地采访业界知名投资机构的投资人，将机构从开始投资某家企业到这家企业上市时间间隔小于 3 年的股权投资定义为狭义的私募股权投资，参考王会娟、张然（2012）的做法。

公司的特征可能与公司的董事会有关，而公司的特征又可能影响到私募股权投资对公司派驻董事的决策，即存在内生性问题。本书采用 Heckman (1979) 提出的两阶段模型来解决内生性问题，以往文献通常采用这种方法解决内生性问题 (Katz, 2009；Givoly 等, 2010)。具体说明如下：第一阶段笔者使用 Logistic model 估计选择私募股权投资向被投资公司派驻董事的 Inverse Mill's Ratio (IMR)，笔者使用模型(5-1)估计 IMR。在第二阶段中，笔者将 Inverse Mill's Ratio(IMR)带入模型(5-2)，从而修正自选择所导致的偏误。第二阶段的回归结果见表 5-9。从表 5-9 可以发现，IMR 在第一列的回归系数并不显著，但是在第二列和第三列回归模型中的系数在 10% 的水平上显著，表明存在内生性。在控制了内生性之后，三列回归模型中的 PEboard 系数仍然显著正相关，表明私募股权投资向被投资派驻董事提高了公司董事会规模、专业化董事人数和专业化董事比例，结论仍然成立。

表 5-9　Heckman (1979)第二阶段回归结果

变量	因变量(Boardsize)		因变量(Prof)		因变量(Profratio)	
	系数	t	系数	t	系数	t
Constant	−0.776 4	−0.35	−4.898 8**	−2.21	−0.217 5	−0.86
PEboard	0.586 7***	3.65	0.545 1***	3.34	0.037 8**	2.03
Firmsize	0.436 8***	4.13	0.384 6***	3.59	0.027 6**	2.26
Lev	0.748 6	1.56	0.168 2	0.35	−0.000 4	−0.01
Growth	−0.068 4	−0.36	0.205 4	1.05	0.021 9	0.98
Fix	0.484 7	0.73	1.693 9**	2.51	0.163 8**	2.13
CFOsales	0.262 8	0.55	−0.492 6	−1.03	−0.053 2	−0.97
ROA	−1.449 0	−0.74	2.866 7	1.46	0.383 4	1.71
G1	−1.556 7***	−2.75	−0.075 6	−0.13	0.056 9	0.87
SOE	0.903 5***	3.51	−0.441 5*	−1.69	−0.077 5***	−2.60
Firmage	−0.004 2	−0.27	0.030 4	1.95	0.003 1*	1.76
DIRshare	−0.328 6	−0.49	−0.464 7	−0.68	−0.050 3	−0.64
CEOshare	−0.466 5	−0.52	0.673 5	0.75	0.129 8	1.26
CEOage	0.011 2	1.13	−0.012 6	−1.25	−0.001 7	−1.51
Tenure	0.060 7	0.93	−0.096 5	−1.47	−0.009 6	−1.28
IMR	−0.110 9	−0.70	−0.296 6*	−1.85	−0.032 6*	−1.78
YR	已控制		已控制		已控制	
IND	已控制		已控制		已控制	
调整的 R^2	0.167 6		0.105 7		0.076 5	
样本量	450		450		450	

注：***、**、* 分别表示在 1%、5%、10%水平上的显著性。

第七节　结　论

本章以 2006—2011 年沪深两市 A 股首次公开发行的公司为样本,研究私募股权投资对被投资公司治理的影响。与以往文献不同的是,笔者从专业化董事角度检验了私募股权投资的治理作用。首先,研究了影响私募股权投资向被投资企业派驻董事的因素。研究发现,私募股权投资自身的特征,包括私募股权投资背景、投资规模、投资期限以及联合投资都能够影响私募股权投资向被投资企业派驻董事。此外,公司的股权特征,包括第一大股权持股比例以及 CEO 持股比例都能影响私募股权投资派驻董事的概率。这表明私募股权投资向被投资公司派驻董事不仅受到私募股权自身特征的影响,还受到公司特征的影响。其次,考察了私募股权投资派驻董事对公司董事会结构的影响,尤其是对专业化董事的影响。研究发现,有私募股权投资派驻董事的公司相对无私募股权投资派驻董事的公司,其董事会规模较大,专业化董事较多且专业化董事比例较高,表明私募股权投资影响被投资公司董事会的途径是通过向公司派驻董事以增加董事会中专业化董事比例。最后,考察了私募股权投资向被投资企业派驻董事的经济后果,研究了私募股权投资通过派驻董事影响公司专业化董事比例进而对公司业绩产生的影响。研究结果表明,相比无私募股权投资派驻董事的公司,有私募股权投资派驻董事的公司其专业化董事比例和公司业绩之间的敏感程度较高,表明私募股权投资通过影响被投资公司董事会结构,完善公司治理机制来进一步提高公司业绩。

本章深入分析了私募股权投资对被投资企业公司治理机制与公司业绩的影响。私募股权投资在完善企业融资市场的同时,对企业的公司治理也有积极的作用。为私募股权投资的治理作用提供了证据,丰富了私募股权投资和公司治理方面的文献。除了上述理论上的贡献之外,笔者的研究对公司管理层也具有一定的启示作用,公司管理层应适时、适度地引入私募股权投资,完善公司的治理机制,从而提高公司的业绩。

第六章　私募股权投资与债务契约

第一节　引　言

债务融资作为一种重要的融资方式,是我国上市公司的主要资金来源渠道。据统计,自 2001 年起,我国上市公司的负债权益比从 79.87% 开始逐年上升到 2010 年的 101.41%。这表明尽管上市公司已有资本市场直接融资渠道,但负债比率仍呈上升趋势,其中银行贷款占负债的比率超过 50%。也就是说,在我国企业债券市场不发达的情况下,企业的债务融资主要依赖于银行贷款(于静霞,2011)。然而,已有研究发现,我国上市公司的债务融资存在短期借款比重过大、债务成本较高、银行对民企信贷歧视等诸多问题(黄少安和张岗,2001;肖泽忠和邹宏,2008)。其中,银企间的信息不对称问题是阻碍我国上市公司债务契约优化的主要原因(孙铮等,2006;陆正飞等,2008)。

债权人与债务人之间的信息不对称会引发逆向选择和道德风险,损害债权人利益,银行作为我国上市公司主要的债务提供者,因其与借款人之间持续的利益关系,在提供贷款时更为谨慎。尤其是在金融危机的背景下,银行不仅关注公司的财务信息,还关注公司的非财务信息。私募股权投资作为专业的投资者,在投资之前会做详细的尽职调查,因此,私募股权投资的加入能对企业质量起到鉴证作用,帮助投资者判断企业的质量。以往的文献主要关注了私募股权投资作为积极的投资者对被投资公司的监管职能,但均未考察私募股权投资对上市公司融资行为的影响机制和作用效果。鉴于私募股权投资的信号作用,笔者推测私募股权投资能够给潜在投资者提供有价值的信息,缓解投资者与上市公司之间的信息不对称,从而影响被投资公司的融资行为和融资成本。因此,本章首先从信号理论的角度讨论了私募股权投资对于企业融资行为的影响机理;其次,本章实证检验了私募股权投资对被投资企业债务契约的影响,具体包括私募股权投资对债务融资数量、债务融资成本和债务期限结构的影响,在此基础上考察不同特征的私募股权投资对债务契约的影响作用是否不同;最后在相关研究结论的基础上,提出强化私募股权投资的资本市场资源配置作用、缓解银企间信息不对称、优化上市公司债务契约方面的政策建议。

本章的研究贡献如下：首先，本章首次基于信号理论的角度研究了私募股权投资对被投资公司债务契约的影响。研究结果表明，私募股权投资的加入能够显著提高被投资公司的债务融资数量、降低债务融资成本、优化债务期限结构。该结论丰富了私募股权投资与债务融资领域的文献。此外，私募股权投资的背景、投资期限和投资规模会显著影响被投资公司的债务契约，表明不同特征的私募股权投资对债务契约的影响不同。这些结果有助于管理者更好地理解私募股权投资特征对被投资公司的债务融资的影响，从而加深其对私募股权投资信号作用的认识。本章的结论对公司管理层和私募股权投资机构具有重要参考价值。公司管理者可以根据公司具体情况适时和适度地引入私募股权投资优化公司债务契约；私募股权投资机构不仅可以直接提供资金支持，还可以通过信号作用帮助被投资公司吸引外部债务融资，实现公司和股东价值最大化，进而获得较高的退出收益。

第二节　理论回顾与研究假设

制度经济学认为，企业是一系列契约的集合体，其中，债务契约是最为重要的契约之一，是债权人保护其自身利益的重要依据。Jensen 和 Meckling（1976）将债务契约定义为赋予债权人对现金流拥有索取权的契约。债权人与股东之间的信息不对称会导致债务契约中的逆向选择和道德风险（Myers，1977），从而降低了债务资本市场资源配置的效率。现有的研究结论表明，会计信息具有债务契约有用性，有利于降低银企间信息不对称，是银行与债务人签订债务契约的重要基础。一方面，会计信息可以为债权人提供监管信息，从而降低协商成本和监督成本（Holthausen 和 Leftwich，1983；Leftwich，1983）；另一方面，高质量的会计信息有利于保护债权人利益，缓解债权人和股东之间的代理冲突，有助于降低公司的债务成本（Bharath 等，2008；Ahmed 等，2002）。Francies 等（2005）的研究也支持了上述观点，他们发现提供低质量会计信息的公司与提供高质量会计信息的公司相比，不仅利率成本显著更高，且在其他契约条款上也会更加严格，如贷款期限等。我国学者的研究也得出了类似结论，如姚立杰和夏冬林（2009）研究发现，盈余质量与总借款成本、长期借款成本和信用借款成本显著负相关，即盈余质量越高，债务成本越低。然而，孙铮等（2006）研究发现，会计信息的债务契约有用性受到了所有权性质的影响,公有企业的会计信息在债务契约中的作用要低于私有企业。廖秀梅(2007)得出了相似结论,认为会计信息可以降低信贷决策中的信息不对称程度,但是信贷决策有用性在所有制层面被削弱。此外,陆正飞等(2008)也认为,上市公司的盈余管理行为损害了会计信息的债务契约有用性。

因此,据我国上市公司会计信息质量普遍偏低的实际情况而言,会计信息虽然在一定程度上可以用来衡量公司的质量,但由于其固有的局限性(例如历史成本计价、应计制度下的预测偏差以及机会主义的盈余管理等),并不能作为债务契约的充分信息。基于此,能反映借款公司质量的一些非会计信息也引起了学者的广泛关注。已有文献发现,具有良好政治关系(political connection)的企业更容易或者以更低的利率获得银行(特别是国有银行)的贷款(La Porta 等,2002;Sapienza,2004;Khwaja 和 Mian,2005;Dinc,2005);董事会效率与债务成本负相关,因为高效率的董事会有利于减轻代理成本和信息不对称,降低债权人风险(Anderson等,2004;Ertugrul 和 Hegde,2008);审计特征与银行长期和短期贷款利率显著相关,说明审计在银行贷款利率的决定过程中能发挥一定的作用(Libby,1979;Houghton,1983;Mansi 等,2004;Kim 等,2006;胡奕明和唐松莲,2007)。风险投资的加入影响企业的外部债务融资(Lerner,1994;Nahata,2008;吴超鹏,2012)。

这些研究均表明,除会计信息之外其他反映企业质量的因素具有信号作用,向银行传递了有用信息,有利于缓解银企间的信息不对称,从而促成债务契约的达成或降低债务融资成本。"信号"意味着一个主体的某种行为向其他主体传递了一些信息,并会对其产生一定的影响。据信号传递理论,在信息不对称程度较高的信贷市场上,银行的贷款决策会受到这些反映企业质量的"信号"影响,并最终反映在债务契约的达成、贷款限制条件及债务成本上。

私募股权投资作为专业的投资者,在进入被投资公司之前,会利用自身的专业优势做详细的尽职调查,筛选出质量好的公司。私募股权投资进入被投资公司之后,带来了资金支持,可以缓解因资金短缺引起的投资不足(Barry 等,1990;Kaplan 和 Stromberg,2003),也可以实施积极的监督,改善公司治理(Hochberg,2008;Nahata,2008)。因此,私募股权投资的加入具有信号作用,具体体现为:首先,私募股权投资的加入向债权人传递了关于公司质量的信息,降低了信息不对称程度;其次,私募股权投资作为积极的投资者,参与监督管理企业的资金使用情况,可以减少公司因资金短缺而陷入财务违约的风险,降低债权人的不确定性风险,从而减少风险索偿;最后,私募股权投资与投资银行、商业银行及其他金融中介机构之间因为业务往来而形成广泛的关系网络,为受资企业带来了外部融资的便利,利于保障投资项目的资金供给。综上所述,私募股权投资的加入传递了关于公司质量的积极信号,有利于缓解银企间的信息不对称,降低银行面临的不确定性风险,进而影响债务契约。基于上述分析,提出假设 1:

H1:相比于无私募股权投资参与的公司,有私募股权投资参与的公司能够获得更多的银行借款。

债务成本和贷款条件是债务契约的重要组成部分,债务成本主要是指企业定期向债权人偿付的利息和相关费用。债务成本也即债权人因信息不对称所要求的风险溢价,受银企间信息沟通程度的影响。从银行贷款的全过程风险管理来看,由于信息不对称,存在逆向选择和道德风险两大问题。一方面,对合同签订前的逆向选择,债权人要充分了解客户情况,搜集各方面有用信息,因此私募股权投资的参与提供了反映企业质量的有用信息,信息可以被用于银行信贷评估,应对签约前隐藏信息的逆向选择问题;另一方面,对合同签订后的道德风险问题,债权人要跟踪了解企业的经营状况,确保债务合同的履行,同样需要充分的信息,而私募股权投资的参与往往意味着积极的监督、持续的资金支持和更完善的公司治理,有助于债权人监督、控制贷款合同的履行,有助于应对签约后隐藏行为的道德风险问题。因此,银行在做出贷款决策时就会因预期损失概率的降低而要求较低的风险溢价,即债务融资成本降低。据此,提出假设 2:

H2:相比于无私募股权投资参与的公司,有私募股权投资参与的公司其债务融资成本更低。

债务期限是企业债务契约的重要内容之一,它规范着债权人与债务人的权利与义务。一般而言,债务期限越长,未来的不确定性越高,风险越大,债权人在提供贷款时就会更注重债务人的履约能力(Myers,1977)。债务期限之所以重要,也在于债权人与债务人之间的利益冲突对不同期限的债务履约成本具有不同的影响:贷款期限越长,债权人对债务人违约行为的观测成本越大,从而债务人违约的可能性越大,因此,较长期的债务契约对债务人信息的依赖性更强(Rajan,1992)。私募股权投资的加入作为反映公司质量的积极信号,意味着持续的资金支持和更完善的公司治理,有助于保障债务合同的履行,降低未来的不确定性,从而降低被投资公司的长期违约风险。因此,私募股权投资的加入可以向债权人提供公司经营良好的积极信息,进而促成长期债务合同的缔结。据此,提出假设 3:

H3:相比于无私募股权投资参与的公司,有私募股权投资参与的公司其长期借款比重更大。

第三节 研究设计

一、样本和数据

本章选取 2006—2011 年沪深两市首次公开上市的 A 股公司作为研究样本，分析私募股权投资的加入对被投资企业债务契约的影响。笔者通过查阅招股说明书，收集了私募股权投资的相关信息，具体的搜集方法同前文私募股权投资的收集方法。本书研究所需的其他数据来自 CSMAR 数据库，并进行了如下的筛选程序：剔除了金融保险行业；剔除了数据不全的样本公司；剔除了所有变量为负的样本公司。经过筛选，本章最后的样本为 954 家首次公开发行股票的上市公司，其中有私募股权投资参与的上市公司为 432 家，无私募股权投资参与的上市公司为 522 家。

二、模型和变量

为检验私募股权投资对企业债务契约的影响，笔者设计了三个主要模型：债务融资数量模型、债务融资成本模型和债务期限结构模型，分别用于检验私募股权投资的加入对被投资公司债务契约的影响，即验证本章的假设。

$$LOAN = \beta_0 + \beta_1 PE + \beta_2 Pri + \beta_3 Size + \beta_4 ROA + \beta_5 Lev + \beta_6 CFO + \beta_7 Fix \\ + \beta_8 Ratio + \beta_9 EXTFIN + \beta_{10} Growth + IND + Year + \varepsilon \qquad (6-1)$$

$$COD = \beta_0 + \beta_1 PE + \beta_2 Pri + \beta_3 Size + \beta_4 ROA + \beta_5 Lev + \beta_6 CFO + \beta_7 Fix \\ + \beta_8 Ratio + \beta_9 Growth + \beta_{10} Current + IND + Year + \varepsilon \qquad (6-2)$$

$$LOANSTR = \beta_0 + \beta_1 PE + \beta_2 Pri + \beta_3 Size + \beta_4 ROA + \beta_5 CFO + \beta_6 Fix + \beta_7 Ratio \\ + \beta_8 Growth + \beta_9 Current + \beta_{10} Turnover + IND + Year + \varepsilon \qquad (6-3)$$

债务融资数量（$LOAN$）：借鉴陆正飞等（2008）做法，本章采用反映年度动态借款的增量指标来度量债务契约。具体包括三个变量：借款总增量（$L1$）、长期借款增量（$L2$）、短期借款增量（$L3$）。具体计算方法为：借款总增量（$L1$）用公司期初与期末长短期贷款（长期借款、短期借款和一年内即将到期的长期借款）的差额，除以公司期初的总资产，以消除量纲的影响；长期借款增量（$L2$）用期末长期借款＋1年内到期长期负债－期初长期借款来计算，并除以公司期初的总资产；短期借款增量（$L3$）用公司期初与期末短期贷款的差额除以公司期初的总资产。

债务融资成本（COD）：主要有存量计量和流量计量两种方法。前者主要通过

"利息支出/平均负债余额"来计算(姚立杰、夏冬林,2009);后者则更多地关注新增债务的平均利率,即动态利率。考虑到我国大部分上市公司没有提供不同类别的债务利息(如银行贷款、债券、应付票据以及其他非银行机构贷款),难以收集到完整的借款利率信息,因此,本章拟采用存量计量方法衡量债务融资成本。具体方法与 Pittman 等(2004)和蒋琰(2009)的计算方法一致,即债务融资成本等于利息支出除以负债平均余额。其中,利息支出的数据来自于"财务费用"科目下的明细科目"利息支出";负债平均余额等于负债的期初和期末的平均额。

债务期限结构($LOANSTR$):现有研究对长期或短期债务的定义没有一个通用的定义。有的研究把在 1 年后偿还的债务认为是长期债务(Scherr 和 Hulburt,2001),而有的研究把在 3 年后(Braclay 和 Smith,1995)或 5 年后(Schiantarelli 和 Sembenelli,1997)偿还的债务定义为长期债务。本章基于我国上市公司的实际情况,研究限定于上市公司的长短期借款,把偿还期限在 1 年以上的银行借款定义为长期借款,期限比率定义为长期借款占总借款的比例。这主要是基于研究数据的可获得性,用长期借款占总借款(长期借款与短期借款之和)的比重来代表债务期限结构。

PE 是解释变量,表示公司是否有私募股权投资机构参与,当公司有私募股权投资参与时取 1,否则取 0。Pri 代表该公司的实际控制人性质是否为民营,当公司为民营公司时取 1,否则取 0。此外,本章选取了公司规模、总资产收益率、杠杆率、总资产周转率、固定资产比率、独立董事比例和成长性、经营现金流、外部融资需求等作为控制变量。其中,外部融资需求($EXTFIN$)借鉴 Demirguc 和 Maksimovic(1998)、Durnev 和 Kim(2005)的做法,用企业项目投资对外部资金的需求来度量企业的外部融资需求,即企业的实际增长率减去可持续增长率。其中,实际增长率为总资产增长率((总资产$_t$—总资产$_{t-1}$)/总资产$_{t-1}$),可持续增长率为 $ROE_t/(1-ROE_t)$。各变量的具体说明见表 6-1。

表 6-1 变量定义与说明

变量代码	变量名称	变量定义
$L1$	总借款增量	(期末长短期借款＋1 年内到期长期负债—期初长短期借款)÷总资产
$L2$	长期借款增量	(期末长期借款＋1 年内到期长期负债—期初长期借款)÷总资产
$L3$	短期借款增量	(期末短期借款—期初短期借款)÷总资产
COD	债务融资成本	利息支出÷平均负债余额

（续表）

变量代码	变量名称	变量定义
LOANSTR	债务期限结构	长期借款占总借款的比重
PE	私募股权投资	公司有私募股权投资参与时取 1,否则取 0
Pri	实际控制人性质	虚拟变量,民营为 1,国有为 0
Size	公司规模	总资产的自然对数
ROA	总资产收益率	净利润÷总资产
Lev	杠杆率	负债÷总资产
CFO	经营现金流量	经营现金净流量÷期初总资产
Fix	固定资产比	固定资产÷总资产
Ratio	独立董事比例	独立董事人数÷董事会人数
EXTFIN	外部融资需求	企业实际增长率减可持续增长率
Growth	成长性	营业务收入的增长率
Current	流动比率	流动资产÷流动负债
Turnover	总资产周转率	营业收入÷平均总资产
IND	行业	虚拟变量,采用 CSRC 分类的一级行业代码设置
Year	年度	按年度设置 5 个虚拟变量

第四节　实证结果

一、描述性统计

　　表 6-2 列示了样本公司主要变量的描述性统计结果。从新增债务融资数量来看,总借款增量均值为 0.062 5,其中长期借款增量均值为 0.019 2,短期借款增量均值为 0.043 3,说明我国上市公司的债务融资倾向于短期借款。从债务融资成本来看,平均债务融资成本为 0.021 8,即平均利息支出约占平均负债余额的 2.18%。从债务期限结构来看,均值为 0.287 4,说明长期借款余额占总借款余额的28.74%,这表明我国上市公司债务融资主要以短期借款为主,长期借款的比例偏低。PE 均值为 0.452 8,即有私募股权投资参与的公司约占总样本的 45.28%,无私募股权投资参与的公司约占总样本的 54.72%。

　　表 6-3 列示了有私募股权投资参与的公司和无私募股权投资参与的公司特征比较。从债务融资数量来看,有私募股权投资参与的公司平均总借款增量为0.065 4,无私募股权投资参与的公司平均总借款增量为 0.060 0,两者差异显著,说明有私募股权投资参与的公司平均而言比无私募股权投资参与的公司获得了更

表 6-2　主要变量的描述性统计

变量	观测	均值	中位数	标准差	最小值	最大值
L1	954	0.062 5	0.038 3	0.073 6	−0.100 4	0.409 6
L2	954	0.019 2	0.000 0	0.046 4	−0.100 3	0.193 4
L3	954	0.043 3	0.019 9	0.051 8	−0.000 1	0.216 2
COD	954	0.021 8	0.019 4	0.016 2	0.000 4	0.068 4
LOANSTR	954	0.287 4	0.184 3	0.272 5	0.000 0	1.000 0
PE	954	0.452 8	0.000 0	0.498 0	0.000 0	1.000 0
Pri	954	0.810 3	1.000 0	0.392 3	0.000 0	1.000 0
Size	954	21.102 6	20.863 5	1.111 9	19.310 9	31.065 9
ROA	954	0.065 4	0.061 6	0.027 3	−0.093 6	0.193 1
Lev	954	0.250 9	0.213 6	0.171 2	0.012 6	0.813 3
CFO	954	0.021 8	0.213 6	0.075 5	−0.302 5	0.273 2
Fix	954	0.152 4	0.120 4	0.123 7	0.001 8	0.722 5
Ratio	954	0.368 6	0.333 3	0.054 5	0.250 0	0.750 0
EXTFIN	954	0.269 8	0.039 6	3.087 2	−1.166 4	64.025 0
Growth	954	0.308 3	0.251 4	0.349 4	−0.486 6	4.545 9
Current	954	7.309 3	4.145 2	9.905 3	0.216 1	116.404 1
Turnover	954	0.583 1	0.490 5	0.394 8	0.084 5	4.390 7

表 6-3　有私募股权投资参与和无私募股权投资参与的公司特征比较

	平均值			中位数		
变量	有私募股权投资参与(1)	无私募股权投资参与(2)	Diff (1)−(2)	有私募股权投资参与(1)	无私募股权投资参与(2)	Diff (1)−(2)
L1	0.065 4	0.060 0	0.005 4*	0.042 8	0.033 9	0.008 8**
L2	0.020 2	0.018 0	0.002 1	0.000 0	0.000 0	0.000 0
L3	0.047 4	0.039 9	0.007 5**	0.023 8	0.015 8	0.008 0**
COD	0.019 5	0.023 6	−0.004 0***	0.016 7	0.021 4	−0.004 7***
LOANSTR	0.295 5	0.280 6	0.014 8*	0.224 2	0.151 0	0.073 2*
Pri	0.881 9	0.751 0	0.131 0***	1.000 0	1.000 0	0.000 0
Size	21.017 2	21.173 3	−0.156 1**	20.862 3	20.869 3	−0.007 0*
ROA	0.064 5	0.066 2	−0.001 7	0.061 1	0.062 1	−0.001 0
Lev	0.221 1	0.275 6	−0.054 5*	0.185 7	0.240 5	−0.054 8***
CFO	0.016 0	0.026 6	−0.010 6*	0.027 4	0.033 2	−0.005 8**
Fix	0.137 5	0.164 7	−0.027 2***	0.111 8	0.132 9	−0.021 1***
Ratio	0.373 4	0.362 8	0.010 6***	0.333 3	0.333 3	0.000 0
EXTFIN	0.146 5	0.371 9	−0.225 4	0.033 6	0.047 5	−0.013 9*
Growth	0.319 3	0.299 1	0.020 3*	0.251 4	0.250 2	0.001 8
Current	7.799 9	6.903 3	0.896 7*	4.615 5	3.523 2	1.092 3***
Turnover	0.530 1	0.626 9	−0.096 8*	0.463 2	0.521 6	−0.058 4***

注：***、**、*分别表示统计值通过了 1%、5%和 10%水平的显著性检验。

多银行借款。从短期借款和长期借款的增量来看,有私募股权投资参与的公司平均而言比无私募股权投资参与的公司获得了更多的短期借款和长期借款。从债务融资成本来看,有私募股权投资参与的公司平均债务融资成本为 0.019 6,无私募股权投资参与的公司平均债务融资成本为 0.023 6,说明有私募股权投资参与的公司,其债务融资成本明显低于无私募股权投资参与的公司。从债务期限结构来看,有私募股权投资参与的公司其长期借款占比较大,平均为 29.55%,无私募股权投资参与的公司,长期借款比例平均为 28.06%,两者差异显著,表明私募股权投资参与的公司长期借款比例较高,债务期限结构更合理。此外,其他主要变量的对比显示有私募股权投资参与的上市公司多为民营企业,平均规模较小,且成长性较好、资产负债率较低、外部融资需求大、偿债能力较高,说明私募股权投资倾向于投资规模较小、成长性较好且负债率较低、外部融资需求大的民营企业。

二、私募股权投资与债务融资数量的回归分析

表 6-4 列示了私募股权投资对债务融资总量影响的回归结果。从回归结果看,调整的 R^2 分别为 23.76% 和 13.86%,表明模型拟合程度较好。债务融资总量用银行短期借款增量和长期借款增量之和来衡量。回归(1)为私募股权投资与 IPO 当年借款总增量 L1 的回归,回归结果显示 PE 与 L1 显著正相关,回归系数为 0.014 0,且在 1% 的水平上显著,说明私募股权投资的参与对债务融资具有促进作用。从控制变量来看,杠杆率高、固定资产比率高和成长性较好的公司有更多的借款融资。回归(2)为私募股权投资与 IPO 后 1 年借款总增量的 L1 回归,回归结果显示回归结果显示 PE 与 L1 显著正相关,回归系数为 0.031 4,也在 1% 的水平上显著,表明私募股权投资的加入传递了积极信号,有助于增加被投资公司的债务融资,H1 得到了验证。

表 6-5 列示了私募股权投资对长期借款增量影响的回归结果。从回归结果看,调整的 R^2 分别为 12.04% 和 12.66%,表明模型拟合程度较好。回归(1)为私募股权投资与上市公司 IPO 当年长期借款增量 L2 的回归,PE 与 L2 的回归系数没有通过显著性检验,表明,从 IPO 当年来看,私募股权投资的加入对被投资公司的长期借款增量无显著影响。回归(2)为私募股权投资与上市公司 IPO 后 1 年长期借款增量 L2 的回归,其结果显示私募股权投资与长期借款增量 L2 正相关,回归系数为 0.010 4,且在 5% 的水平上显著。表明私募股权投资的加入有助于被投资公司获得更多的长期借款,论证了假设 1。此外,实际控制人性质与长期借款增量显著负相关,表明民营企业获得的长期借款较少。从控制变量来看,固定资产充裕和成长性较好的公司获得了更多的长期借款。

表 6-4　私募股权投资对总借款的影响

变量	(1)		(2)	
	系数	t 值	系数	t 值
_cons	0.160 1	2.95***	0.092 1	0.72
PE	0.014 0	3.13***	0.031 4	3.03***
Pri	−0.007 5	−1.18	0.017 6	1.20
Size	−0.007 9	−3.06***	−0.002 5	−0.41
ROA	0.089 8	0.90	−0.076 4	−0.35
Lev	0.130 3	6.63***	0.072 7	1.69*
CFO	−0.237 7	−7.11***	−0.225 9	−2.96***
Fix	0.131 8	5.63***	0.112 3	2.13**
Ratio	−0.016 5	−0.42	0.056 5	0.59
EXTFIN	−0.000 2	−0.33	0.000 2	0.13
Growth	0.012 7	1.89*	0.077 1	4.40***
YR	控制		控制	
IND	控制		控制	
调整的 R^2	0.237 6		0.138 6	
样本量	954		685	

注：t 值均为按年度维度聚类调整后的结果；***、**、*分别表示在1%、5%、10%水平上的显著性。

表 6-5　私募股权投资对长期借款的影响

变量	(1)		(2)	
	系数	t 值	系数	t 值
_cons	0.011 9	0.32	−0.042 2	−0.69
PE	0.003 3	1.06	0.010 4	2.08**
Pri	−0.015 6	−3.53***	−0.020 4	−2.89***
Size	−0.000 8	−0.45	0.002 6	1.85*
ROA	−0.052 7	−0.77	−0.050 2	−0.47
Lev	0.018 8	1.39	−0.014 6	−1.67*
CFO	−0.067 5	−2.93***	−0.051 5	−1.41
Fix	0.035 7	2.21**	0.127 9	5.04***
Ratio	0.001 1	0.04	0.014 5	0.32
EXTFIN	−0.000 2	−0.31	−0.000 1	−0.01
Growth	0.009 0	1.94*	0.010 4	1.74*
YR	控制		控制	
IND	控制		控制	
调整的 R^2	0.120 4		0.126 6	
样本量	954		685	

注：t 值均为按年度维度聚类调整后的结果；***、**、*分别表示在1%、5%、10%水平上的显著性。

表6-6列示了私募股权投资对短期借款增量影响的回归结果。从回归结果看，调整的 R^2 分别约为 25.65% 和 13.01%，表明模型拟合程度较好。回归(1)为私募股权投资对IPO当年短期借款增量的回归，结果表明，私募股权投资与短期借款增量正相关，回归系数为 0.010 7，且在 1% 的水平上显著，即私募股权投资的参与有利于被投资公司获得银行短期借款。回归(2)为私募股权投资与IPO后1年短期借款增量的回归，结果显示私募股权投资与短期借款增量正相关，回归系数为 0.038 0，且在 1% 的水平上显著。表明私募股权投资的加入有助于企业获得后续短期借款，支持了假设1。此外，民营企业相对于国有企业，短期借款增量更多。从控制变量来看，规模小、现金流短缺及成长性好的公司能获得更多的短期借款。

表6-6 私募股权投资对短期借款的影响

变量	(1)		(2)	
	系数	t 值	系数	t 值
_cons	0.148 2	3.93***	0.134 3	1.26
PE	0.010 7	3.46***	0.021 1	2.42**
Pri	0.008 1	1.81*	0.038 0	3.09***
Size	−0.007 1	−3.95***	−0.005 1	−1.98*
ROA	0.142 5	2.06**	−0.026 2	−0.14
Lev	0.111 5	8.17***	0.087 2	2.30**
CFO	−0.170 2	−7.33***	−0.174 4	−2.73***
Fix	0.096 1	5.91***	−0.015 6	−0.35
Ratio	−0.017 5	−0.64	0.042 0	0.53
EXTFIN	−0.000 1	−0.17	0.000 3	0.17
Growth	0.003 7	0.79	0.066 7	4.54***
YR	控制		控制	
IND	控制		控制	
调整的 R^2	0.256 5		0.130 1	
样本量	954		685	

注：t 值均为按年度维度聚类调整后的结果；***、**、*分别表示在1%、5%、10%水平上的显著性。

三、私募股权投资与债务融资成本的回归分析

表6-7列示了私募股权投资对上市公司债务融资成本的回归结果。从回归结果看，调整的 R^2 分别为 28.41% 和 29.17%，表明模型拟合程度较好。回归(1)为私募股权投资对IPO当年债务融资成本的回归，回归结果显示，私募股权投资与债务融资成本负相关，回归系数为 −0.003 0，且在 1% 的水平上显著。该结果表明私

募股权投资的参与在上市公司债务融资中起到了积极的信号作用,有利于降低债务融资成本。假设 2 得到了验证。回归(2)为私募股权投资对 IPO 后 1 年债务融资成本的回归,回归结果显示,私募股权投资与债务融资成本 COD 负相关,回归系数为 −0.002 3,且在 10% 的水平上显著。该结果表明私募股权投资对企业债务融资成本的影响在随后 1 年依然显著,有助于降低被投资公司的债务融资成本,进一步验证了假设 2。

表 6-7　私募股权投资对债务融资成本的影响

变量	(1)		(2)	
	系数	t 值	系数	t 值
_cons	0.071 7	6.24***	0.073 3	5.09***
PE	−0.003 0	−3.18***	−0.002 3	−1.95*
Pri	0.003 1	2.25**	0.003 7	2.25**
Size	−0.002 7	−4.87***	−0.002 4	−3.44***
ROA	−0.034 3	−1.61	−0.036 5	−1.47
Lev	0.012 6	2.74***	0.008 3	1.47
CFO	−0.023 1	−3.25***	−0.020 9	−2.43**
Fix	0.040 5	8.06***	0.037 1	6.17***
Ratio	0.017 7	2.10**	0.016 3	1.51
Growth	0.002 9	2.04**	0.002 5	1.26
Current	0.000 4	6.79***	0.000 4	5.70***
YR	控制		控制	
IND	控制		控制	
调整的 R^2	0.284 1		0.291 7	
样本量	954		685	

注:t 值均为按年度维度聚类调整后的结果;***、**、* 分别表示在 1%、5%、10% 水平上的显著性。

四、私募股权投资与债务期限结构的回归分析

表 6-8 列示了私募股权投资对被投资公司债务期限结构的回归结果。从回归结果看,调整的 R^2 分别为 15.01% 和 18.03%,表明模型拟合程度较好。回归(1)为私募股权投资对上市公司 IPO 当年债务期限结构的回归,其中债务期限结构用长期借款占总借款的比例来衡量。回归结果显示,私募股权投资与长期借款比例正相关,回归系数为 0.445 3,且在 5% 的水平上显著。该结果表明,私募股权投资的参与在被投资公司债务融资中起到了积极的信号作用,有利于提高长期借款比例,改善债务期限结构。假设 3 得到了验证。回归(2)为私募股权投资对上市公司 IPO 后 1 年长期借款

比例的回归,回归结果显示,私募股权投资与长期借款比例的回归系数没有通过显著性检验,说明私募股权投资对于债务期限结构的影响在随后 1 年不明显。此外,从控制变量来看,业绩好、固定资产充裕、成长性好的公司长期借款比例较高。

表 6-8　私募股权投资对债务期限结构的影响

变量	(1)		(2)	
	系数	t 值	系数	t 值
_cons	−0.453 4	−2.11**	−0.316 7	−1.27
PE	0.044 5	2.46**	0.024 2	1.13
Pri	−0.023 4	−0.91	−0.044 2	−1.47
Size	0.014 6	1.42	0.013 0	1.12
ROA	1.773 2	4.41***	1.814 0	4.28***
CFO	0.033 6	0.38	0.287 6	1.83*
Fix	0.416 8	3.10***	0.416 3	3.93***
Ratio	0.484 1	5.14***	0.287 2	1.47
Growth	0.319 0	1.97**	0.078 0	2.20**
Current	0.033 0	1.22	0.003 9	3.07***
Turnover	0.005 1	3.98***	−0.090 4	−2.93***
YR	控制		控制	
IND	控制		控制	
调整的 R^2	0.150 1		0.180 3	
样本量	954		685	

注:t 值均为按年度维度聚类调整后的结果;***、**、*分别表示在 1%、5%、10%水平上的显著性。

五、私募股权投资特征对债务契约的影响

笔者进一步考察了私募股权投资的不同特征对被投资公司债务契约的影响。首先,私募股权投资的背景影响被投资企业的债务契约。国有背景的私募股权投资可以利用其政府关系网络帮助公司从国有银行获得债务融资。且国有背景的私募股权投资资金规模远远高于民营背景的私募股权投资的资金规模(高正平,2009),典型的代表有中科招商和深创投等机构。这两家机构的资金规模和投资业绩在国内私募股权投资中的排名一直遥遥领先,并且他们的增值服务水平也高于其他私募股权投资[1]。因此推断,国有背景的私募股权投资相比民营背景的私募

---

[1]　投中集团发布的"2011 年度中国创业投资暨私募股权投资行业榜单"中,深创投和中科招商居榜首,并且以前年度他们的排名也一直遥遥领先。另外,这两家机构的参与退出的公司为 40 家,占 PE 总样本的 16.46%。这两家机构的增值服务为其核心竞争力,深创投最讲究的是激励和约束管理,他们对投资经理的要求是 70%的精力用作服务,30%的精力作投资,服务是第一位的(曹和平,2010)。

股权投资更能影响被投资公司的债务契约。其次,持股比例较高的私募股权投资监督作用较强(Barry 等,1990)。此外,私募股权投资的高持股也向外部投资者传递了公司质量较高的信号(Megginson 和 Weiss,1991),因此可以吸引到更多的外部资金,保障债务契约的履行。再次,参与私募股权投资的数量影响债务契约,同一家公司吸引的私募股权投资数量越多,能传递关于公司质量的积极信号,越有利于缓解企业与银行之间的信息不对称,促成债务契约的达成。最后,私募股权投资的投资期限影响被投资公司的债务契约。私募股权投资的投资期限越长,对被投资公司的监督管理作用越显著,越能改善被投资公司的公司治理,增加公司债务合同的履约能力,降低违约风险。本章对私募股权投资特征的数据做了一些处理,具体处理方法同前文中对私募股权投资特征的处理方法。

表 6-9   私募股权投资特征对债务契约的影响

	因变量:债务契约					
	LOAN		*COD*		*LOANSTR*	
变量	系数	*t*	系数	*t*	系数	*t*
_cons	0.195 5	1.96*	0.047 1	2.25**	−0.554 0	−1.38
PEstate	0.029 9	3.92***	0.002 4	1.45	0.002 1	1.06
PEshare	−0.025 8	−1.16	−0.037 2	−1.79*	−0.075 6	−0.78
Count	0.003 6	2.09**	−0.001 2	−3.32***	0.010 2	1.83*
Lnt	0.013 5	3.13***	0.001 3	1.37	0.091 5	4.88***
Pri	0.001 0	0.09	0.004 0	1.75*	0.089 6	1.90*
Size	−0.012 4	−2.72***	−0.001 7	−1.72*	0.014 9	0.87
ROA	0.310 9	1.79*	−0.049 5	−1.85*	2.447	3.43***
Lev	0.152 1	4.62***	0.003 8	0.49		
CFO	−0.189 0	−3.44***	−0.016 9	−1.45	0.390 7	1.66*
Fix	0.108 3	2.89***	0.040 6	5.04***	0.509 0	3.13***
Ratio	−0.053 2	−0.82	0.003 0	0.22	0.175 9	0.60
EXTFIN	0.001 1	0.67				
Growth	0.010 8	1.09	0.002 7	1.26	0.014 3	0.34
Current			0.001 7	1.91*	0.004 1	2.07**
Turnover					−0.091 6	−1.71*
YR	已控制		已控制		已控制	
IND	已控制		已控制		已控制	
调整的 R^2	0.234 9		0.244 9		0.234 0	
样本量	432		432		432	

注:*t* 值均为按年度维度聚类调整后的结果;***、**、* 分别表示在 1%、5%、10% 水平上的显著性。

表 6-9 列示了私募股权投资特征对被投资公司债务契约的回归结果。从回归结果看，三个回归调整的 R^2 均在 23% 左右，表明模型拟合程度较好。其中，私募股权投资特征对被投资公司债务融资数量的回归结果显示，国有背景（PEState）与总借款增量正相关，回归系数为 0.0299，在 1% 的水平上显著，即国有背景的私募股权投资对被投资公司债务融资的促进作用更为显著；私募股权投资持股比例（PEshare）与债务融资数量的回归没有通过显著性检验；私募股权投资数量（Count）与债务融资数量正相关，表明参与投资的私募股权投资越多，越能促进被投资公司的债务融资。私募股权投资投资期限（Lnt）与债务融资数量正相关，回归系数为 0.013 51，在 1% 的水平上显著，即私募股权投资对被投资公司的投资期限越长，越能促进被投资公司的债务融资。

私募股权投资特征对债务融资成本的回归结果显示，私募股权投资持股比例（PEshare）与债务融资成本负相关，回归系数为 −0.037 2，且在 10% 的水平上显著，表明私募股权投资对被投资公司的持股比例越大，越能对其债务融资产生影响，显著降低债务融资成本；私募股权投资投资数量（Count）与被投资公司债务融资成本负相关，回归系数为 −0.001 2，在 1% 的水平上显著，表明参与投资的私募股权投资数量越多，越能显著降低被投资公司的债务融资成本。

私募股权投资特征对债务期限结构的回归结果显示，国有背景（PEState）、私募股权投资持股比例（PEshare）与长期借款比例的回归系数没有通过显著性检验，原因在于我国私募股权投资以民营为主，且对被投资公司的持股比例普遍偏低，投资规模较小，对债务期限结构的影响不显著；私募股权投资数量（Count）与被投资企业长期借款比例显著正相关，回归系数为 0.010 2，表明参与投资的私募股权投资数量越多，越有利于改善企业的债务期限结构。私募股权投资投资期限（Lnt）与被投资公司长期借款比例正相关，回归系数为 0.127 7，且在 5% 的水平上显著，表明私募股权投资的投资期限越长，越能帮助被投资公司提高长期借款比例，改善债务期限结构。

第五节　稳健性检验

为了增加研究结论的可靠性，笔者对上述研究结果进行了以下稳健性测试：

（1）对研究样本中的所有连续变量进行 1% 和 99% 的 winsorize 处理后，重新对以上债务融资数量模型和债务融资成本模型回归，结果发现主要变量的回归结果与上述结论无实质性差别。

（2）对于私募股权投资的衡量，所有回归中私募股权投资采用广义的私募股权投资，笔者采用狭义的私募股权投资定义，将投资期限小于 3 年的股权投资定义为私募股权投资，重新对模型进行回归，并不影响文中主要结论。

（3）对于债务融资数量的衡量，前文回归中以银行借款增量来表示，在此，以银行借款余额衡量。考虑到私募股权投资对上市公司债务融资的持续影响作用，用银行借款余额衡量债务融资数量，分别用总借款余额、长期借款余额和短期借款余额除以总资产度量 L1、L2 和 L3。回归结果如表 6-10 所示，其中，私募股权投资与总借款、长期借款和短期借款均呈正相关关系，且回归系数都在 1％的水平上显著，表明私募股权投资的参与有利于企业获得银行借款，进一步验证了假设 1。由此表明，已有的研究结论具有稳健性。

表 6-10　私募股权投资对债务融资数量的影响

| | 因变量：债务融资数量 | | | | | |
| | L1 | | L2 | | L3 | |
变量	系数	t	系数	t	系数	t
_cons	0.069 1	1.32	−0.072 5	−2.00**	0.141 6	3.62***
PE	0.019 9	4.60***	0.008 5	2.86***	0.011 4	3.54***
Pri	0.010 1	1.63	0.001 3	0.30	0.008 8	1.91*
Size	−0.005 6	−2.25**	0.001 4	1.80*	−0.007 0	−3.77***
ROA	0.177 0	1.84*	0.017 8	0.27	0.159 1	2.22**
Lev	0.179 3	9.42***	0.069 0	5.26***	0.110 3	7.78***
CFO	−0.195 4	−6.03***	−0.023 0	−1.03	−0.172 4	−7.15***
Fix	0.265 8	11.73***	0.158 5	10.15***	0.107 4	6.36***
Ratio	0.062 6	1.64	0.078 0	3.03***	−0.017 4	−0.61
EXTFIN	−0.000 5	−0.70	−0.000 4	−0.87	−0.000 1	−0.13
Growth	0.017 8	2.73***	0.013 9	3.11***	0.003 8	0.79
YR	已控制		已控制		已控制	
IND	已控制		已控制		已控制	
调整的 R^2	0.408 7		0.365 7		0.276 2	
样本量	954		954		954	

注：t 值均为按年度维度聚类调整后的结果；***、**、*分别表示在 1％、5％、10％水平上的显著性。

（4）对于债务融资成本的衡量，前文回归中以财务费用科目下的利息支出来衡量，因此，用偿付利息所支付的现金除以平均负债余额来衡量债务融资成本。回归结果如表 6-11 所示，私募股权投资与债务融资成本显著负相关，表明私募股权投资的加入有利于降低企业的债务融资成本。在前文的回归中，债务期限结构

（*Loanstr*）用期末长期借款余额除以期末总借款余额来衡量，因此，把该变量替换为当期长期借款增量除以当期总借款增量，长期借款增量比例越大，表示债务期限结构越好。回归结果显示，私募股权投资与长期借款增量比例显著正相关，表明私募股权投资的参与有利于优化企业的债务期限结构。该结论进一步支持了假设2和假设3，表明已有研究结论具有稳健性。

表6-11 私募股权投资对债务融资成本的影响

变量	COD		Loanstr	
	系数	*t* 值	系数	*t* 值
_cons	0.072 4	6.15***	−0.491 8	−2.38**
PE	−0.003 1	−3.17***	0.039 0	2.16**
Pri	0.003 1	2.24**	−0.017 7	−0.69
Size	−0.002 7	−4.83***	0.019 4	2.09**
ROA	−0.035 2	−1.62	1.864 1	4.96***
CFO	−0.023 0	−3.14***	0.341 7	2.54***
Fix	0.040 8	7.91***	0.488 4	5.25***
Ratio	0.017 1	1.98**	0.309 4	1.92*
Growth	0.002 8	1.94*	0.036 3	1.36
Lev	0.013 7	2.90***		
Current	0.004 2	7.25***	0.004 1	3.48***
Turnover			−0.081 8	−3.07***
YR	控制		控制	
IND	控制		控制	
调整的 R^2	0.280 6		0.159 3	
样本量	954		886	

注：*t* 值均为按年度维度聚类调整后的结果；***、**、* 分别表示在1％、5％、10％水平上的显著性。

（5）公司的特征可能与债务契约有关，而公司的特征又可能影响到私募股权投资对公司投资的决策，即存在内生性问题。本章采用两种方法来解决该问题，第一种是 Heckman（1979）提出的两阶段模型，以往文献通常采用这种方法解决内生性问题（Katz，2009；Givoly 等，2010）。第二种是 Rosenbaum 和 Rubin（1993）提出的倾向评分配比法（propensity score matching，简称 PSM），最近文献多使用这种方法构造对照组解决内生性问题（Armstrong 等，2010；Lawrence 等，2011）。具体说明如下：第一种方法使用 Heckman（1979）两阶段模型，第一阶段笔者使用 Probit model 估计选择私募股权投资时的 Inverse Mill's Ratio（IMR）。笔者主要考虑了公司上市前的财务和公司特征对选择私募股权投资的影响。具体模型如下：

$$PE = \beta_0 + \beta_1 BV + \beta_2 Profit + \beta_3 Qratio + \beta_4 OCycle + \beta_5 Cash + \beta_6 Growth$$
$$+ \beta_7 Lev + \beta_8 Size + \beta_9 Sales + \beta_{10} Age + \beta_{11} SOE + \beta_{12} G1 + \beta_{13} Local$$
$$+ YR + IND + \varepsilon \qquad (6-4)$$

其中：PE 为虚拟变量，当公司有私募股权投资参与时取 1，否则为 0。BV 为权益账面价值除以总资产；$Profit$ 用营业利润除以营运资产来衡量；$Qrati$ 为速动比率，用速动资产除以流动负债；$OCycle$ 为资产周转周期，用应收账款周转率加上存货周转率然后取自然对数；$Cash$ 是总资产标准化的现金和现金等价物；$Sales$ 是主营业务收入取自然对数。Age 为公司的年龄，从成立到现在的年数；SOE 为虚拟变量，当公司为国有控股时取 1，否则取 0；$G1$ 是第一大股东持股比例。$Local$ 为虚拟变量，当公司注册地点位于北京、上海、广东、江苏和浙江五省市则取 1，否则取 0。其他变量定义同模型（1）中的变量定义，另外，以上变量除了 PE、SOE 和 $Local$ 之外，其他变量都使用公司上市前 3 年该变量的平均值。

第一阶段的回归结果见表 6-12。

表 6-12　Heckman（1979）第一阶段回归结果

变量	第一阶段（$Probit$）	
	系数	Wald Chi-Square
Constant	−11.847 2	1.45
BV	13.661 7	1.98
Profit	3.075 6**	6.37
Qratio	0.017 6*	3.18
OCycle	0.072 7	0.83
Cash	−0.387 8	0.56
Growth	−0.230 9	1.68
Lev	15.289 5*	3.48
Size	−0.246 4*	2.92
Sales	0.094 1	0.42
Age	0.004 8	0.10
SOE	0.110 1	0.18
G1	0.021 9***	19.00
Local	0.043 0	0.09
YR	已控制	
IND	已控制	
Chi-Square	66.546 2***	
样本量	954	

注：***、**、* 分别表示在 1%、5%、10% 水平上的显著性。

表 6-12 的回归结果显示，$Profit$、$Qratio$、Lev、$G1$ 和 PE 显著正相关，表明公司营业利润、速动比率、资产负债率较高以及股权集中度较高的公司引入私募股权投资的概率较大。另外，$Size$ 和 PE 显著负相关，说明较小规模的公司更倾向于引入私募股权投资。

在第二阶段中，笔者将 Inverse Mill's Ratio（IMR）带入模型（6-1），从而修正自选择所导致的偏误，第二阶段的回归结果见表 6-13。表 6-13 三个回归中 IMR 的系数都不显著，但 PE 在第一和第三个回归中的系数仍在 1% 的水平上显著，其他变量的回归结果基本和表 6-4、表 6-5、表 6-6 一致，这表明控制了自选择后，前文的结论仍然成立。

表 6-13　Heckman（1979）第二阶段私募股权投资对债务融资数量的影响

变量	L1 系数	L1 t 值	L2 系数	L2 t 值	L3 系数	L3 t 值
_cons	0.163 5***	2.97	0.015 9	0.42	0.147 6***	3.82
PE	0.014 9***	3.26	0.004 2	1.33	0.010 8***	3.34
Pri	−0.008 5	−1.29	−0.014 7***	−3.26	0.006 2	1.35
Size	−0.008 1***	−3.01	−0.000 7	−0.39	−0.007 4***	−3.91
ROA	0.091 7	0.85	−0.075 0	−1.02	0.166 7**	2.21
Lev	0.132 0***	5.82	0.012 4	0.79	0.119 6***	7.50
CFO	−0.224 0***	−6.49	−0.055 4**	−2.34	−0.168 7***	−6.96
Fix	0.131 5***	5.47	0.035 2**	2.13	0.096 3***	5.70
Ratio	−0.015 5	−0.39	−0.006 9	−0.25	−0.008 6	−0.31
EXTFIN	−0.000 2	−0.31	−0.000 1	−0.29	−0.000 1	−0.16
Growth	0.010 5	1.52	0.008 2*	1.74	0.002 3	0.47
IMR	−0.001 1	−0.12	−0.007 5	−1.14	0.006 3	0.95
YR	控制		控制		控制	
IND	控制		控制		控制	
调整的 R^2	0.234 2		0.090 9		0.250 0	
样本量	954		954		954	

注：t 值均为按年度维度聚类调整后的结果；***、**、* 分别表示在 1%、5%、10% 水平上的显著性。

第二种使用 Rosenbaum 和 Rubin（1993）提出的倾向评分配比法（PSM），笔者首先按照模型（6-3）估算每家公司被私募股权投资参与的 propensity score，然后为每一个有私募股权投资参与的公司寻找 propensity score 最接近的无私募股权投资参与的公司作为对照样本，重新对模型（6-1）进行回归，结果见表 6-14。

表 6-14 的结果基本和表 6-4、表 6-5 和表 6-6 的回归结果一致，第一列 PE 的系数都在 5% 的水平上显著为正，较之前的显著性有所降低，这可能是样本量减少

的原因,但不改变本章的主要结论。另外两列的结果同样跟前文一致,表明私募股权的参与提高了被投资公司的总借款数量,具体来看,私募股权投资的参与主要是提高了被投资公司的短期借款,长期借款并没有显著提高。

表 6-14　PSM 方法下私募股权投资对债务融资数量的影响

变量	L1		L2		L3	
	系数	t 值	系数	t 值	系数	t 值
_cons	0.205 8***	2.69	0.089 3*	1.71	0.116 6**	2.15
PE	0.012 7**	2.23	−0.000 2	−0.05	0.012 9***	3.20
Pri	−0.013 1	−1.54	−0.021 2***	−3.67	0.008 1	1.36
Size	−0.008 8**	−2.49	−0.004 2*	−1.76	−0.004 6*	−1.82
ROA	0.233 3*	1.73	0.069 2	0.75	0.164 2*	1.72
Lev	0.160 5***	6.02	0.057 9***	3.18	0.102 6***	5.44
CFO	−0.223 2***	−5.09	−0.043 2	−1.45	−0.180 0***	−5.81
Fix	0.140 0***	4.65	0.029 4	1.43	0.110 6***	5.19
Ratio	−0.083 5	−1.56	−0.010 4	−0.28	−0.073 2*	−1.94
EXTFIN	−0.000 3	−0.31	0.000 0	0.02	−0.000 3	−0.46
Growth	0.011 3	1.43	0.005 0	0.93	0.006 3	1.13
YR	控制		控制		控制	
IND	控制		控制		控制	
调整的 R^2	0.224 1		0.075 9		0.245 3	
样本量	816		816		816	

注:t 值均为按年度维度聚类调整后的结果;*** 、** 、* 分别表示在 1%、5%、10%水平上的显著性。

第六节　研究结论

本章从信号理论出发,基于债权人和债务人之间的信息不对称,检验了私募股权投资的参与在上市公司债务融资过程中所发挥的信号作用,即私募股权投资是否能够影响被投资企业的债务契约,具体分为私募股权投资对上市公司债务融资数量、债务融资成本和债务期限结构的影响。笔者经过研究,得到的结论主要有:首先,发现有私募股权投资参与的公司相比于无私募股权投资参与的公司,其获得的银行借款更多,包括总借款增量、长期借款增量和短期借款增量,表明私募股权投资的参与在上市公司债务融资中发挥了积极的信号作用,有助于企业获得银行借款。其次,检验了私募股权投资对被投资公司债务融资成本的影响,研究结果发现,私募股权投资的参与显著降低了企业的债务融资成本,表现为有私募股权投资参与的公司相比于无私募股权投资参与的公司,债务融资成本更低,表明私募股权投资的参与向债权人发出了有关公司质量的积极信号,从而降低了债权人的风险索偿。再次,检验了私募股权投资对被投资公司债务期限结构的影响,结果发现,有私募股权投资参与的公司其长期借款比例显著高于无私募股权投资参与的公司,即私募股权投资的参与有利于提高长期借款比例,改善债务期限结构。最后,进一步研究发现,私募股权投资的特征也影响被投资公司的债务契约,国有背景、私募股权投资持股比例、参与的私募股权投资数量和投资期限等特征,能显著影响被投资公司的债务融资数量、债务融资成本和债务期限结构。

本章的研究结论有助于管理者深刻认识私募股权投资在上市公司债务融资中发挥的信号传递作用。为私募股权投资的资源配置功能提供了证据,丰富了私募股权投资和债务融资方面的文献。除了上述理论上的贡献之外,本章的研究结论对公司管理层和政策制定者也具有一定的启示。私募股权投资的参与向银行发出了关于公司质量的积极信号,有助于缓解银企间的信息不对称、促进企业债务融资契约的优化。此外,政策制定部门应加强相关的制度规范私募股权投资的内部管理,鼓励长期投资,提高其服务质量,进而提高融资效率和企业价值。

第七章 私募股权投资与股利政策

第一节 引 言

　　私募股权投资近年来在中国资本市场上的热度与日俱增,由于其新兴的投资方式和丰厚的投资回报而受到越来越多的关注。与传统的公开发行股权不同,私募股权投资通常以基金的形式运作,通过非公开方式向特定投资人出售股权筹集资金,然后对非上市公司进行权益性投资,投资后进行管理使其增值,最终通过上市、并购或管理层收购及柜台市场股权转让等方式实现退出并获得收益(王会娟、张然,2012)。由于私募股权投资机构除了向所投资的公司提供资金支持以外,还会以其专业的管理知识和丰富的投资经验影响公司的治理机制(Gompers,1995;Renneboog 和 Simons,2005),因此私募股权投资在退出时通常可以获取少则数倍、多则上百倍的投资回报率。私募股权投资的退出方式以 IPO、协议转让、并购等为主,一般通过他们的原始股份套现后进行新一轮的投资,以确保资金使用的高效率。随着我国资本市场环境的不断发展变化,私募股权投资也得到了快速成长。根据投中集团发布的《2012 年中国创业投资及私募股权投资市场统计分析报告》,我国私募股权投资的投资规模自 2006 年起逐年递增,2011 年投资总额达到 290.15 亿美元,达到历史最高,由此可见私募股权投资已成为我国金融市场上重要的融资方式。

　　作为企业的一项重要财务决策,现金股利政策是投资者分享企业经营成果的重要途径,更是维护资本市场稳定的重要工具(祝继高、王春飞,2013)。在资本市场较为成熟的美国,大多数上市公司已经长期采用稳定的现金股利政策,而我国上市公司发放股利的情况则截然不同。吕长江和王克敏(1999)指出,我国不分配股利的上市公司占所有上市公司的比例从 1994 年的 9.28% 上升到 1998 年的 58.44%,并且我国一些不分配股利的上市公司同时还存在大量资金闲置的现象。为了保护中小投资者的利益,自 2001 年以来,证监会不断出台相关政策,鼓励上市公司积极进行现金分红，2004年要求近3年没有进行利润分配的上市公司不得公开发行股票。2008年规定公司近3年以现金方式累计分配的利润不少于近3年实现的年均可分配利润的30%[1]。

随着这些政策的执行，我国发放现金股利的上市公司数量逐渐增加，相关的研究也随之增多。这些研究主要考察上市公司现金股利政策的影响因素，大部分学者从微观角度研究发现，公司的盈利能力(Allen和Michaely，2003)、规模(刘淑莲和胡燕鸿，2003)、成长能力(Rozeff，1982)、现金流、股权集中度(Mancinelli等，2006)、股权性质(吕长江和王克敏，1999)、财务杠杆(Fama和French，2001)等对于公司现金股利政策的制定产生重要影响。此外，祝继高和王春飞(2013)从宏观角度进行研究，发现金融危机也对上市公司现金股利政策产生重要影响。以往文献并未研究私募股权投资对被投资公司现金股利政策的影响，这主要源于数据的限制，因为我国私募股权投资起步较晚，早期私募股权投资参与的上市公司数量较少。然而随着我国资本市场的蓬勃发展，越来越多的私募股权投资通过IPO的方式退出，截至2010年，有PE参与的公司占所有IPO公司的比例达到35.37%，该比例在创业板为59.48%，即创业板一半以上的公司有PE参与，可见我国PE发展的速度相当可观(王会娟、张然，2012)。具有专业的投资和管理经验的PE作为股东能否通过自身的影响力来干预公司的现金股利政策是本书要研究的问题。

本章以2006—2011年A股上市公司为样本，研究了PE对被投资公司现金股利政策的影响。研究发现，相比无PE参与的公司，有PE参与的公司现金股利分配倾向和分配力度都较高，即有PE参与的公司更倾向于分配现金股利并且股利支付率较高，这表明PE能够影响公司股利政策的制定。进一步研究发现，PE的特征同样影响公司的现金股利政策，具体来说，外资背景、投资规模越大、投资期限越长和联合投资的PE参与的公司更倾向于分配现金股利且分配力度较大。这表明外资背景的、投资规模越大的、投资期限越长的以及联合投资的PE对公司的管理层影响较大，进而更能影响公司的股利政策。

本章的研究贡献主要有：首先，以往关于PE对被投资公司影响的文献，主要考察PE对公司治理(王会娟和张然，2012)、投融资(Watts和Zimmerman，1990；吴超鹏等，2012)和会计信息质量(Katz，2009；Givoly等，2010)的影响，未研究PE对公司股利政策的影响，笔者将PE和现金股利政策结合在一起，深入挖掘两

① 2006年5月8日《上市公司证券发行管理办法》第八条第(五)项："最近3年以现金或股票方式累计分配利润不少于最近3年实现的年均可分配利润的20%"。2008年10月9日修改为"最近3年以现金方式累计分配的利润不少于最近3年试下的年均可分配利润的30%"。

者之间的联系,填补了国内外对于这个领域研究的空白。其次,笔者研究发现,PE的背景、投资规模、投资期限和联合投资方式都会影响公司股利政策的制定。最后,笔者的结论表明有 PE 参与的公司其分配现金股利的倾向和力度都较高,较好地执行了证监会关于鼓励公司分配现金股利的政策,在一定程度上保护了中小投资者的权益,因此,本章的结论对于完善上市公司的现金股利政策和保护中小股东权益有一定的启示。

第二节 文献回顾

国外关于私募股权投资的研究成果比较丰富,主要集中在 PE 与公司治理(Katz,2009;Givoly 等,2010)、会计信息质量(Wongsunwai,2008)、企业债务契约(Watts 和 Zimmerman,1990)和首次公开发行(Chemmanur 和 Loutskina,2006)方面的研究。国内有关 PE 的学术文献早期主要从宏观层面进行研究,夏斌(2001)考察了 PE 作为新兴的金融产物对于我国资本市场和宏观经济的影响;程凤朝和张炯(2009)研究了适用于我国国情的私募股权投资基金的价值评估方法。近年来,关于 PE 的文献主要从微观层面进行研究,张学勇和廖理(2011)、陈工孟等(2011)研究风险投资对所投资公司抑价率的影响,发现相对于政府背景风险投资支持的公司,外资和混合型背景风险投资支持的公司抑价率较低,股票市场累计异常回报率较高。

国内外关于现金股利政策研究主要集中在现金股利政策的影响因素方面。以往的研究发现:公司的盈利能力和现金股利支付率成正比(Allen 和 Michaely,2003;Baker 等,2001);公司规模越大越倾向于发放现金股利(Eije 和 Megginson,2006;刘淑莲和胡燕鸿,2003);而公司的成长能力越强,越不倾向于发放现金股利(Rozeff,1982;魏刚和蒋义宏,2001);现金流量是公司分配现金股利考虑的一个重要因素(Robert,1999);负债水平和现金股利支付率负相关(Fama 和 French,2001)。另外,公司的股权结构也是影响现金股利政策的重要因素,鉴于我国上市公司的股权结构和国外上市公司的股权结构有所差别,所以相关研究的结论存在一定的分歧。国外大部分研究认为,股权集中度与现金股利支付水平负相关,即股权结构越分散,现金股利支付率越高(Thomsen,2004;Mancinelli 和 Ozkan,2006);国内研究则认为,股权集中度与现金股利支付率正相关(黄娟娟和沈艺峰,2007;党红,2008)。股权性质也是影响现金股利政策的一个因素,Zhang 等(2012)发现机构投资持股比例与现金股利支付率成正比。朱明秀(2005)和党红

(2008)研究发现,流通股比例与现金股利支付率负相关。除此之外,祝继高和王春飞(2013)从宏观角度进行研究,发现金融危机也对上市公司现金股利政策产生重要影响。

综上所述,鲜有文献研究 PE 对被投资公司现金股利政策的影响。本章的目的是对 PE 与被投资公司现金股利政策的关系进行深入分析,这既可以丰富有关 PE 和现金股利政策相关的文献,还可以为上市公司现金股利制度的设计提供一定的参考。

第三节 理论分析与假说提出

自从 Lintner (1956)和 Miller 和 Modigliani (1961)开创性地提出公司股利分配行为的理论模型和"股利无关论"以来,股利政策一直是财务界极富争议性的焦点问题之一(李常青等,2010)。之后,很多学者对此进行研究并提出相关理论解释公司的股利政策,其中最主要的理论有两种:信号理论和代理理论(Allen 和 Michaely,2003)。信号理论认为股利政策是经理用来向外界传递有关企业未来盈利能力的一种信号(John 和 Williams,1985;Ambarish 等,1987);代理理论认为,公司内部人一般不愿意将公司利润分配给外部投资者,而是更倾向于将其留在公司或投资一些低收益的项目以获得私人利益,因此派发现金股利是降低代理成本的一种重要手段(LLSV,2000;李增泉等,2004)。信号理论把现金股利作为信号的重要前提是公司必须存在相对稳定的股利政策,否则现金股利信号作用无法为外界所理解。但在我国,长期以来,上市公司的现金股利分配中存在"连续多年盈利不分红"和"上市后突击分红"等问题(祝继高、王春飞,2013),可见我国上市公司并没有形成相对稳定的股利政策,所以信号理论不适用于我国上市公司的股利政策。

委托代理问题在公司治理方面体现为现代企业中股东和管理层之间的矛盾,由于委托人和代理人存在信息不对称的情况,委托人会通过一系列契约来限制代理人的行为,从而保证自己的利益不受侵害,这就会产生代理成本。Jensen (1986)认为,当公司拥有大量现金流时,股东和管理层往往持有不同的态度。股东会通过现金股利政策将自由现金流返回到股东手中,而管理层则更倾向于低支付率的股利政策,并将自由现金流用于盲目扩大组织规模,甚至宁愿投资于低收益的项目也不愿将现金流交还给股东(谢军,2006;杜沔,王良成,2006),因此代理理论认为,支付现金股利可以减少管理者滥用自由现金流进行过度投资,从而降低代理成本

(LLSV，2000)。

PE 作为专业的投资者，不仅为被投资公司提供资金，还会以其丰富的投资与管理经验影响公司的治理结构。Jensen（1989）指出，PE 作为"积极的投资者"参与企业，通过制定必要的监管和激励机制减少代理成本，使得企业价值最大化。已有文献研究发现 PE 通过对被投资企业派驻董事，对被投资企业管理层实施积极的监管（Macmillan 等，1985；Gompers，1995；Cotter 和 Peck，2001；Renneboog 和 Simons，2005），由此可知，PE 通过影响公司的治理结构来降低代理成本，而派发现金股利是降低代理成本的一种重要手段（LLSV，2000；李增泉等，2004），因此笔者推测 PE 能够影响公司的现金股利政策，不仅影响分配倾向，还会影响分配力度。据此，提出假设 1a 和 1b：

H1a：相比无 PE 参与的公司，有 PE 参与的公司更倾向于分配现金股利；

H1b：相比无 PE 参与的公司，有 PE 参与的公司现金股利支付率较高。

笔者进一步分析了 PE 的不同特征对被投资公司现金股利政策的影响。

首先，考察了 PE 的背景对被投资公司现金股利政策的影响。张学勇、廖理（2011）发现，外资背景风险投资参与支持的公司相对于那些非外资背景风险投资支持的公司 IPO 抑价率更低，股票回报率更高。他们认为外资背景的风险投资机构其监督管理以及增加公司价值的技能都高于非外资背景的风险投资机构。此外，王会娟、张然（2012）发现，外资背景的 PE 所参与的公司，其薪酬业绩敏感性较高。以上文献表明，相比非外资背景 PE，外资背景的 PE 更能影响被投资公司的治理机制，而股利政策是影响公司治理机制的一种手段，所以笔者推测，外资背景参与的公司更能通过影响被投资公司的现金股利政策，来影响公司治理机制，进而降低代理成本。因此，提出假设 2a 和 2b：

H2a：相比非外资背景 PE 参与的公司，外资背景 PE 参与的公司更倾向于分配现金股利；

H2b：相比非外资背景 PE 参与的公司，外资背景 PE 参与的公司现金股利支付率较高。

其次，考察了 PE 的投资规模和投资期限对被投资公司现金股利政策的影响。Bottazzi 等（2008）研究发现，风险投资机构的投资期限较长、持股比例较大，对被投资企业的影响力较大，从而可以更多地干预被投资企业的经营和管理活动，提供更多增值服务。陈工孟、俞欣、寇祥河（2011）利用我国的数据，得到了相同的结论。此外，王会娟、张然（2012）发现，PE 的投资规模越大，投资期限越长，其投资的公司薪酬业绩敏感性越高。因此，笔者推测 PE 投资规模越大、投资期限越长，越能影响公司的现金股利政策，他们越希望通过分配现金股利来降低公司的代理成本。

据此，提出假设 3a、3b 和假设 4a、4b：

H3a：PE 投资规模越大，所参与公司越倾向于分配现金股利；

H3b：PE 投资规模越大，所参与公司现金股利支付率越高；

H4a：PE 投资期限越长，所参与公司越倾向于分配现金股利；

H4b：PE 投资期限越长，所参与公司现金股利支付率越高。

最后，考察了 PE 联合投资方式对被投资公司现金股利政策的影响。王会娟、张然（2012）认为，相对于仅有一家 PE 参与，多家私募股权参与时，对公司治理的影响可能更大，因为他们通过共同监督和激励公司的管理层，使其更加努力工作，从而提高公司业绩，并且笔者研究发现，PE 联合投资的公司其薪酬业绩敏感性较高。表明 PE 联合投资更能影响公司管理层的决策，所以笔者推测相比 PE 单独投资，PE 联合投资更能影响公司的现金股利政策，据此，提出假设 5a 和 5b：

H5a：PE 联合投资的公司更倾向于分配现金股利；

H5b：PE 联合投资的公司现金股利支付率较高。

第四节　研究设计

一、样本来源与处理

本书选取 2006—2011 年沪深两市 A 股上市公司为初始样本，并对样本进行了如下筛选：一是剔除金融行业的公司，因为金融行业的公司财务数据跟其他行业的差别较大；二是剔除 ST 和 PT 公司，因为这两类公司连续亏损，不可能再发放现金股利；三是剔除数据缺失的公司，经过处理最终样本为 10 285 个观测。PE 的数据采用手工收集的方法，具体做法如下：第一步，笔者通过查阅招股说明书搜集 PE 的相关信息，获取公司 IPO 时 PE 的参与情况。PE 的信息主要从招股说明书中"发行人基本情况"部分获得，这部分介绍股东的成立时间、股本构成和经营范围等信息。如果股东的经营范围包括股权投资，则认定该股东为 PE。为了防止主观判断，将手工收集的 PE 信息，结合 CV（China Venture）Source 数据库中"私募股权"部分的"投资机构"数据予以确认，确保判断的准确性。第二步，收集了公司 IPO 后 PE 的参与情况。参考吴超鹏等（2012）的做法，对照公司 IPO 后的年报中十大股东的信息，如果公司 IPO 后年报中的十大股东中仍包含第一步搜集到的 PE，则视该 PE 在该年度未退出本公司；反之，如果十大股东中未包含第一步搜集到的 PE 时，则视 PE 在该年度退出本公司。综合以上两个步骤后确定 PE 的最终样本为 540 个,文中其他数据来自 CSMAR 数据库。

二、研究模型与变量定义

为了检验 H1a 和 H1b,笔者借鉴现有文献(王化成等,2007;李常青等,2010;王志强和张玮婷,2012;祝继高和王春飞,2013;)的做法,构建了如下模型:

$$(Divident1, Divident2) = \beta_0 + \beta_1 PE + \beta_2 Lev + \beta_3 TQ + \beta_4 ROA + \beta_5 Cfo +$$
$$\beta_6 Growth + \beta_7 Dual + \beta_8 Boardsize + \beta_9 Indepratio + \beta_{10} Firmsize +$$
$$\beta_{11} SOE + \beta_{12} SEO + \beta_{13} Nontrade + \beta_{14} Crisis + YR + IND + \varepsilon \qquad (7\text{-}1)$$

其中:$Divident1$ 衡量公司现金股利分配倾向,为虚拟变量,当公司当年分配现金股利时取 1,否则取 0;$Divident2$ 为股利支付率(分配现金股利金额/净利润),用来衡量公司现金股利分配力度,当公司当年的现金股利支付率大于所有公司股利支付率的均值时取 1,否则取 0;PE 为私募股权投资,当公司有私募股权投资参与时取 1,否则取 0。Leithner 和 Zimmermann(1993)、Kato 和 Loewenstein(1995)、李礼等(2006)发现,公司盈利能力、公司规模、负债比率和公司成长性对股利分配政策具有重要影响。企业性质、董事长与总经理是否同时兼任等公司治理变量也会影响公司的股利政策(袁天荣和苏红亮,2004;祝继高和王春飞,2013)。因此,在模型(1)中还控制了企业的盈利能力、规模、资产负债率、公司成长性、企业性质、现金流量、董事会规模、董事长与总经理的两职分离、再融资需求、非流通股比例和金融危机期间等变量的影响。另外,还在模型中控制了年度差异和行业差异,引入年度虚拟变量 YR 和行业虚拟变量 IND。具体的变量定义见表 7-1。

为了检验假设,笔者借鉴现有文献(王化成等,2007;李常青等,2010;王志强和张玮婷,2012;祝继高和王春飞,2013)的做法,构建了如下模型:

$$(Divident1, Divident2) = \beta_0 + \beta_1 X + \beta_2 Lev + \beta_3 TQ + \beta_4 ROA + \beta_5 Cfo +$$
$$\beta_6 Growth + \beta_7 Dual + \beta_8 Boardsize + \beta_9 Indepratio + \beta_{10} Firmsize +$$
$$\beta_{11} SOE + \beta_{12} SEO + \beta_{13} Nontrade + \beta_{14} Crisis + YR + IND + \varepsilon \qquad (7\text{-}2)$$

其中:X 代表 PE 的特征变量,包括 PE 的背景、投资规模、投资期限和联合投资的情况。由于一家公司可能有多个 PE 参与,每个 PE 进入公司的时间或背景也不尽相同,并且有可能多轮投入被投资公司,因此为了统计及分析的方便,笔者借鉴陈工孟、俞欣、寇祥河(2011)的做法,对数据做了如下处理:一是持股比例($PEshare$):以发行前持股比例衡量,如果同一家公司有 PE 多轮投入,则将各轮投入比例加总;如果多家 PE 参与一家公司,将各 PE 投资持股比例加总。二是投资期限（*Lnt*）：以入股时间到公司上市时间之间间隔的天数取自然对数衡量。如果同一家 PE 多轮投入或多家 PE 参与投资，以最早投入的时间计算。这样简化的理由是陈工孟、俞欣、寇祥河（2011）认为风险投资机构对企业的影响力从第一次投入开始。三是 PE 的背景：以持股比例最大的 PE 的背景来衡量。这样做的理由是 Barry 等（1990）和 Gompers（1996）发现，出资多（股权多）的一方是决定权的主导方。通过查阅招股说明书对股东的介绍，笔者把 PE 的背景分为外资和非外资两种，当 PE 是外资背景时，*Foreign* 取 1，否则取 0。四是联合投资（*Count*）：用参与同一家公司的 PE 个数来衡量。其他变量定义同模型（7-1）中的变量定义。

表 7-1　变量定义表

变量	说明	具体定义
*Divident*l	是否支付现金股利	当公司本年度支付现金股利时取 1，否则取 0
*Divident*2	现金股利支付率	本年度支付的现金股利/本年度净利润，当观测值大于样本股利支付率均值时取 1，否则取 0
PE	私募股权投资	当公司中有私募股权投资参与时取 1，否则取 0
Lev	负债水平	债务总额/总资产
TQ	托宾 Q 值	（股权市值＋净债务市值）/期末总资产，其中：非流通股权市值用净资产代替计算
ROA	总资产收益率	净利润/总资产
Cfo	营业收入现金比率	经营活动产生的现金流量净额/当年营业收入
Growth	成长性	（本年销售收入－上年销售收入）/上年销售收入
Dual	两职合一	当公司董事长和总经理为同一人时取 1，否则取值为 0
Boardsize	董事会规模	公司董事会中董事个数
Indepratio	独立董事比例	独立董事个数/董事会规模
Firmsize	公司规模	年末总资产的自然对数
SOE	最终控制人性质	当公司为国有控股时取 1，否则取 0
SEO	再融资需求	当公司在样本年度有再融资时取 1，否则取 0
Nontrade	非流通股比例	如果非流通股占总股本的比率大于行业中值则取值为 1，否则为 0
Crisis	金融危机期间	2008 年定义为金融危机期间
Foreign	外资背景的 PE	当私募股权投资是外资背景时，*Foreign* 取 1，否则取 0
PEshare	投资规模	公司发行前私募股权投资的持股比例
Count	联合投资	参与同一家公司的私募股权投资个数
Lnt	投资期限	对 PE 入股到公司上市之间间隔的天数取自然对数
YR	年度	样本年度为 2006—2011 年，因此笔者定义 5 个哑变量
IND	行业	根据证监会行业分类标准，剔除金融业共 12 个行业我们定义 11 个哑变量，以综合类为基准

第五节 实 证 分 析

一、描述性统计

表 7-2 列示了主要变量的描述性统计结果。*Divident1* 的均值为 0.582 2,表明 58.22%的公司分配了现金股利;*Divident2* 的均值为 0.268 5,说明分配现金股利的公司中分配力度高于平均值的公司占比 26.85%;样本观测中有 5.23%的公司有 PE 参与;资产负债率的均值为 46.84%;*TQ* 的均值为 1.861 1;*ROA* 的均值为 0.042 5;现金流量的均值为 0.077 7;*Growth* 的均值为 0.265 1;*Dual* 的均值为 0.188 6,表明样本观测中有 18.86%的公司董事长和总经理为同一个人;*Boardsize* 的均值为 9.130 5,最大值为 15,最小值为 5;*Indepratio* 的均值为 0.363 4;*Firmsize* 的均值为 21.575 8;样本观测中 53.19%的公司为国有企业;样本观测中 9.96%的公司有再融资;非流通股占总股本比例平均为 47.27%;14.81% 的观测处于金融危机期间。

表 7-2 主要变量的描述性统计

变量	观测数	均值	中位数	标准偏差	最小值	最大值
Divident1	10 285	0.582 2	1.000 0	0.493 2	0.000 0	1.000 0
Divident2	5 988	0.268 5	0.000 0	0.443 2	0.000 0	1.000 0
PE	10 285	0.052 3	0.000 0	0.222 7	0.000 0	1.000 0
Lev	10 285	0.468 4	0.483 1	0.210 3	0.041 5	0.910 7
TQ	10 285	1.861 1	1.493 0	1.149 8	0.824 2	7.622 2
ROA	10 285	0.042 5	0.039 9	0.058 6	−0.193 9	0.220 4
Cfo	10 285	0.077 7	0.070 9	0.236 2	−1.155 3	0.827 8
Growth	10 285	0.265 1	0.165 7	0.631 8	−0.671 2	4.773 5
Dual	10 285	0.188 6	0.000 0	0.391 2	0.000 0	1.000 0
Boardsize	10 285	9.130 5	9.000 0	1.842 8	5.000 0	15.000 0
Indepratio	10 285	0.363 4	0.333 3	0.049 5	0.272 7	0.555 6
Firmsize	10 285	21.575 8	21.428 9	1.224 3	19.056 7	25.346 4
SOE	10 285	0.531 9	1.000 0	0.499 0	0.000 0	1.000 0
SEO	10 285	0.099 6	0.000 0	0.299 5	0.000 0	1.000 0
Nontrade	10 285	0.472 7	0.000 0	0.499 3	0.000 0	1.000 0
Crisis	10 285	0.148 1	0.000 0	0.355 3	0.000 0	1.000 0
Foreign	540	0.129 6	0.000 0	0.336 2	0.000 0	1.000 0
PEshare	540	0.106 4	0.083 6	0.084 4	0.001 5	0.494 2
Count	540	2.042 6	2.000 0	1.498 3	1.000 0	17.000 0
Lnt	540	6.758 0	6.817 8	0.502 9	4.844 2	7.861 0

　　Foreign 的均值为 0.129 6，说明 PE 的样本中 12.96％为外资背景的 PE；另外，PE 的持股比例平均为 10.64％，最小值仅有 0.15％，最大值高达 49.42％；*Count* 的均值为 2.042 6，表明一般有 3 家 PE 联合投资一家公司；*Lnt* 的均值为 6.758 0。

　　表 7-3 列示了主要变量的均值 *T* 检验结果。由表 7-3 可以看出，在全样本中有 PE 参与的公司分配股利的有 86.85％，而无 PE 参与的公司分配股利的有 56.66％，两者差值为 30.19％，并在 1％的水平上显著，表明有 PE 参与的公司分配股利的倾向明显高于无 PE 参与的公司。另外在分配股利的子样本中，笔者观察到有 PE 参与的公司，其现金股利支付率的均值比无 PE 参与的公司现金股利支付率高 0.018 1，并且在 10％的水平上显著为正，说明在所有分配现金股利的样本中，有 PE 参与的公司分配现金股利的力度明显高于无 PE 参与的公司，初步验证了笔者的假设 1a 和 1b。此外，有 PE 参与的公司的 *Lev*、*Firmsize* 和 *SOE* 明显低于无 PE 参与的公司，这主要是因为 PE 为参与的公司提供了企业所需的资金，减少了外部融资，导致其资产负债率下降；PE 参与的公司大部分为中小企业，所以有 PE 参与的公司其资产规模较低。另外，有 PE 参与的公司的 *ROA* 和 *Growth* 明显高于无 PE 参与的公司，表明有 PE 参与的公司业绩和成长性都较高。此外，相比无 PE 参与的公司，有 PE 参与的公司再融资的比例和处于金融危机期间的比例都较低，而非流通股比例较高。

表 7-3　主要变量的均值 *T* 检验

变量	全样本			子样本		
	$PE=1$	$PE=0$	$Diff^1$	$PE=1$	$PE=0$	$Diff^2$
N	540	9 745		469	5 519	
Divident1	0.868 5	0.566 6	0.301 9 ***			
Divident2				0.285 7	0.267 6	0.018 1 *
Lev	0.241 8	0.481 0	−0.239 3 ***	0.236 3	0.440 4	−0.204 1 ***
TQ	1.625 1	1.873 0	−0.247 9 ***	1.608 7	1.769 7	−0.161 0 ***
ROA	0.061 8	0.041 5	0.020 4 ***	0.064 5	0.063 1	0.001 4
Cfo	0.049 0	0.079 3	−0.030 4 ***	0.056 2	0.099 2	−0.043 0 ***
Growth	0.306 4	0.266 2	0.040 2 **	0.319 5	0.282 6	0.036 9 *
Dual	0.461 1	0.173 0	0.288 1 ***	0.464 8	0.179 7	0.285 1 ***
Boardsize	8.744 9	9.153 1	−0.408 3 ***	8.723 8	9.321 2	−0.597 5 ***
Inde pratio	0.362 9	0.363 5	−0.000 5	0.363 6	0.362 9	0.000 7
Firmsize	21.039 2	21.609 4	−0.570 2 ***	21.045 8	21.893 1	−0.847 3 ***
SOE	0.066 7	0.557 8	−0.491 1 ***	0.059 7	0.549 1	−0.489 4 ***
SEO	0.035 2	0.103 2	−0.068 0 ***	0.034 1	0.119 5	−0.085 3 ***
Nontrade	0.946 3	0.446 6	0.499 7 ***	0.959 5	0.500 7	0.458 8 ***
Crisis	0.055 6	0.153 3	−0.097 7 ***	0.057 6	0.140 9	−0.083 4 ***

　　注：*Diff* 为 $PE=1$ 的变量均值减去 $PE=0$ 的变量均值的差值；$Diff^2$ 为 $PE=1$ 的变量均值减去 $PE=0$ 的变量均值的差值。

二、回归结果分析

表 7-4 列示了 PE 对被投资公司现金股利政策影响的回归结果。从表 7-4 可以看出,全样本回归中 PE 的系数为 0.884 1,并在 1% 的水平上显著,说明有 PE 参与的公司更倾向于分配现金股利。在分配现金股利的子样本回归中,PE 的系数为 0.359 8,并在 1% 的水平上显著,表明有 PE 参与的公司现金股利支付率较高。以上结果说明,PE 能够影响被投资公司现金股利的分配倾向和分配力度。这主要是因为 PE 通过影响被投资公司的现金股利政策,来改善公司的治理机制,通过分配现金股利来降低代理成本。因此,相比无 PE 参与的公司,有 PE 参与的公司更倾向于分配现金股利,并且现金股利支付率较高,这验证了假设 1a 和 1b。控制变量的回归结果表明资产负债率越高的公司越不倾向于发放股利,且股利分配力度也较低。公司 ROA 和 Cfo 越高,公司分配现金股利的倾向和力度都较高,而成长性越高的公司,越不倾向于发放股利,这主要是因为公司使用资金投入到新项目中,而不是分配给股东。此外,有再融资的公司发放现金股利的力度较低,非流通股比例越高的公司越倾向于发放股利,且股利支付率较高,而处于金融危机期间的公司发放现金股利的概率较低。

表 7-4　PE 对被投资公司现金股利政策的影响

变量	全样本		子样本	
	因变量($Dividentl$)		因变量($Dividend2$)	
	系数	p	系数	p
$Constant$	−12.799 4***	0.000 0	2.051 0***	0.006 1
PE	0.884 1***	0.000 0	0.359 8***	0.002 8
Lev	−2.702 6***	0.000 0	−2.208 4***	0.000 0
TQ	−0.385 8***	0.000 0	−0.127 9***	0.002 0
ROA	24.468 4***	0.000 0	14.588 3***	0.000 0
Cfo	0.187 4*	0.089 9	1.009 0***	0.000 0
$Growth$	−0.296 3***	0.000 0	−0.315 4***	0.000 8
$Dual$	0.061 1	0.373 6	−0.144 6*	0.083 2
$Boardsize$	0.047 1***	0.001 9	0.053 3***	0.004 2
$Indepratio$	−1.147 9**	0.032 1	0.509 1	0.457 4
$Firmsize$	0.660 8***	0.000 0	0.111 0***	0.001 9
SOE	−0.071 5	0.199 4	0.128 3*	0.083 0
SEO	−0.055 1	0.512 8	−0.370 9***	0.000 9
$Nontrade$	0.133 9**	0.014 9	0.405 1***	0.000 0
$Crisis$	−0.256 2***	0.003 1	−0.036 6	0.699 3
YR	已控制		已控制	
IND	已控制		已控制	
$LRChi$-$Square$	1 964.823 7***		407.085 7***	
样本量	10 285		5 988	

注:***、**、*分别表示在 1%、5%、10% 水平上的显著性。

表 7-5 和表 7-6 列示了 PE 特征对被投资公司现金股利政策的影响。其中，表 7-5 为 PE 特征对被投资公司现金股利分配倾向的影响结果，表 7-6 为 PE 特征对被投资公司现金股利分配力度的影响结果。表 7-5 中 *Foreign* 的系数为0.522 2，并在 1% 的水平上显著，表明外资背景的 PE 参与的公司更倾向于分配现金股利。表 7-6 中 *Foreign* 的系数为 0.132 8，并在 5% 的水平上显著，表明外资背景的 PE 参与的公司其现金股利支付率较高。以上结果显示，相比非外资背景的PE，外资背景的 PE 更能影响公司的现金股利政策，这主要是因为外资背景的 PE 能够更好地影响公司治理机制（张学勇、廖理，2011；王会娟、张然，2012），他们通过提高被投资公司分配的现金股利支付率来降低公司的代理成本，验证了假设 2a 和 2b。

表 7-5 PE 特征对被投资公司发放现金股利影响的回归结果 1

变量	因变量：*Dividentl*			
	(1)	(2)	(3)	(4)
Constant	−1.018 6	1.477 0	0.373 1	2.178 4
	(0.848 9)	(0.777 8)	(0.942 6)	(0.694 2)
Foreign	0.522 2***			
	(0.006 1)			
PEshare		2.831 8**		
		(0.028 3)		
Count			0.062 3***	
			(0.058 2)	
Lnt				0.286 9*
				(0.070 9)
Lev	0.435 3	0.373 8	0.387 2	0.578 6
	(0.670 7)	(0.714 5)	(0.704 9)	(0.574 8)
TQ	−0.940 2***	−0.959 5***	−0.932 4***	−0.884 0***
	(0.000 8)	(0.000 7)	(0.001 0)	(0.002 3)
ROA	32.723 2***	33.952 1***	33.212 6***	32.116 0***
	(<0.000 1)	(<0.000 1)	(<0.000 1)	(<0.000 1)
Cfo	1.017 6	0.838 6	0.934 9	1.053 4
	(0.225 8)	(0.312 9)	(0.264 4)	(0.211 7)
Growth	0.420 4	0.463 1	0.411 6	0.381 5
	(0.337 4)	(0.298 2)	(0.355 1)	(0.404 1)
Dual	0.093 6	0.151 0	0.103 1	0.052 8
	(0.746 3)	(0.605 6)	(0.723 8)	(0.855 3)
Boardsize	−0.137 0	−0.156 1	−0.159 4	−0.158 6
	(0.316 1)	(0.259 0)	(0.243 0)	(0.245 0)

（续表）

	因变量：*Dividentl*			
变量	（1）	（2）	（3）	（4）
Indepratio	−0.241 2	−1.366 6	−1.159 6	−0.539 0
	(0.946 3)	(0.696 7)	(0.743 9)	(0.878 0)
Firmsize	0.162 1	0.071 0	0.118 0	0.112 0
	(0.495 0)	(0.761 7)	(0.614 0)	(0.632 0)
SOE	−0.733 3	−0.620 5	−0.788 1	−0.734 6
	(0.190 0)	(0.271 4)	(0.158 8)	(0.189 7)
SEO	−0.265 0	−0.241 0	−0.228 6	−0.151 8
	(0.698 6)	(0.725 5)	(0.739 7)	(0.826 6)
Nontrade	0.464 7	0.652 1	0.558 6	0.416 4
	(0.366 2)	(0.206 4)	(0.279 0)	(0.427 8)
Crisis	0.363 3	0.457 2	0.395 8	0.273 5
	(0.627 7)	(0.542 6)	(0.600 6)	(0.721 1)
YR	已控制	已控制	已控制	已控制
IND	已控制	已控制	已控制	已控制
Chi-Square	46.028 7***	46.341 2***	44.552 7***	44.591 9***
样本量	540	540	540	540

注：***、**、*分别表示在1%、5%、10%水平上的显著性。

表 7-6　**PE 特征对被投资公司发放现金股利影响的回归结果 2**

	因变量：*Dividient2*			
变量	（1）	（2）	（3）	（4）
Constant	0.095 4	−0.008 3	−0.192 8	0.215 1
	(0.982 9)	(0.998 5)	(0.964 8)	(0.962 3)
Foreign	0.132 8**			
	(0.042 7)			
PEshare		0.599 3**		
		(0.025 3)		
Count			0.012 9*	
			(0.072 8)	
Lnt				0.143 7*
				(0.089 4)
Lev	−1.500 0*	−1.469 9*	−1.493 0*	−1.515 3*
	(0.089 1)	(0.096 1)	(0.090 5)	(0.091 9)
TQ	−0.194 5	−0.195 9	−0.192 9	−0.152 2
	(0.482 7)	(0.478 7)	(0.486 1)	(0.591 7)
ROA	11.872 3**	12.023 8**	11.926 0**	12.467 3**
	(0.022 0)	(0.020 4)	(0.021 3)	(0.017 1)

（续表）

变量	因变量：*Divident2*			
	(1)	(2)	(3)	(4)
Cfo	2.026 5***	2.037 9***	2.045 0***	2.009 1***
	(0.002 8)	(0.002 6)	(0.002 5)	(0.003 1)
Growth	−0.754 9*	−0.757 1*	−0.762 6*	−0.784 0*
	(0.073 1)	(0.073 1)	(0.071 2)	(0.067 5)
Dual	0.504 2**	0.511 4**	0.503 3**	0.526 1**
	(0.023 2)	(0.021 6)	(0.023 7)	(0.018 2)
Boardsize	−0.060 5	−0.058 0	−0.056 5	−0.056 4
	(0.560 9)	(0.575 0)	(0.586 3)	(0.586 9)
Indepratio	−1.621 3	−1.586 2	−1.435 4	−1.547 1
	(0.557 4)	(0.563 7)	(0.602 9)	(0.572 5)
Firmsize	0.105 9	0.112 4	0.115 4	0.145 8
	(0.577 2)	(0.549 9)	(0.540 2)	(0.439 7)
SOE	0.525 2	0.535 9	0.519 6	0.506 9
	(0.297 3)	(0.289 5)	(0.302 0)	(0.315 8)
SEO	−0.272 5	−0.273 4	−0.279 2	−0.248 0
	(0.669 5)	(0.668 7)	(0.662 7)	(0.700 6)
Nontrade	−0.991 3*	−0.980 0*	−1.014 9*	−1.048 7*
	(0.075 8)	(0.080 1)	(0.070 0)	(0.063 4)
Crisis	0.495 3	0.529 0	0.504 5	0.474 9
	(0.301 4)	(0.271 4)	(0.292 7)	(0.328 0)
YR	已控制	已控制	已控制	已控制
IND	已控制	已控制	已控制	已控制
Chi-Square	30.023 8***	30.040 9***	29.946 1***	30.600 9***
样本量	469	469	469	469

注：***、**、*分别表示在1％、5％、10％水平上的显著性。

表7-5中*PEshare*的系数在5％的水平上显著为正，说明PE投资规模越大的公司越倾向于发放现金股利。表7-6中*PEshare*的系数也在5％的水平上显著为正，说明PE投资规模越大的公司，其现金股利支付率越高，验证了假设3a和3b。

表7-5中*Lnt*的系数为0.286 9，并在10％的水平上显著，表明PE投资期限越长的公司越倾向于发放现金股利。表7-6中*Lnt*的系数在10％的水平上显著为正，说明PE投资期限越长的公司，其现金股利支付率越高，验证了假设4a和4b。以上结果显示，PE投资规模越大，投资期限越长，越能影响被投资公司的现金股利政策，主要是因为PE投资规模越大，就越有动机影响被投资公司的管理层决

策,使公司做出对 PE 自身有利的决策。PE 投资期限越长,对被投资公司越了解,也更易于影响被投资公司的管理层决策。

表 7-5 中 Count 的系数为 0.062 3,并在 5% 的水平上显著,表明 PE 联合投资的公司更倾向于分配现金股利。表 7-6 中 Count 的系数为 0.012 9,并在 10% 的水平上显著,表明 PE 联合投资的公司其现金股利支付率较高,验证了假设 5a 和 5b。以上结果显示,参与同一家公司的多个 PE 能够互相监督公司的管理层,使其做出合理的决策,进而降低代理成本。

三、稳健性检验

为了增加研究结论的可靠性,笔者对上述研究结果进行了以下稳健性测试:

(1) 对于 PE 的衡量,所有回归中 PE 采用狭义的定义,即投资期限小于 3 年的股权投资。笔者采用广义的 PE 定义,即 PE 包括风险投资,重新对模型(7-1)和(7-2)进行回归,回归结果见表 7-7、表 7-8 和表 7-9。

表 7-7　广义的 PE 对被投资公司现金股利政策的影响

变量	全样本		子样本	
	因变量（Divident1）		因变量（Divident2）	
	系数	p	系数	p
Constant	−13.010 5***	<0.000 1	2.132 1***	0.004 5
PE	0.823 2***	<0.000 1	0.320 8***	0.001 7
Lev	−2.667 0***	<0.000 1	−2.227 0***	<0.000 1
TQ	−0.382 6***	<0.000 1	−0.127 9***	0.002 0
ROA	24.426 1***	<0.000 1	14.619 9***	<0.000 1
Cfo	0.197 6*	0.074 1	0.995 5***	<0.000 1
Growth	−0.295 1***	<0.000 1	−0.314 7***	0.000 8
Dual	0.041 7	0.545 4	−0.134 7	0.107 2
Boardsize	0.043 6***	0.004 2	0.055 2***	0.003 0
Indepratio	−1.151 1**	0.031 9	0.496 5	0.468 8
Firmsize	0.669 5***	<0.000 1	0.114 5**	0.001 4
SOE	−0.057 6	0.302 7	0.125 8*	0.089 4
SEO	−0.045 0	0.593 7	−0.375 6***	0.000 8
Nontrade	0.111 1**	0.044 5	0.414 3***	<0.000 1
Crisis	−0.238 6***	0.006 1	−0.038 8	0.682 9
YR	已控制		已控制	
IND	已控制		已控制	
LRChi-Square	1 976.286 9***		407.641 0***	
样本量	10 285		5 988	

注:***、**、* 分别表示在 1%、5%、10% 水平上的显著性。

表 7-7 的结果显示,在全样本的回归中,PE 的系数在 1% 的水平上显著为正,表明 PE 参与的公司更倾向于分配现金股利。在子样本的回归中,PE 的系数也在 1% 的水平上显著为正,说明 PE 参与的公司其现金股利支付率较高,再次验证了假设 1a 和 1b,其他变量的回归结果跟表 7-4 的结果类似,不再重复解释。

表 7-8 为广义 PE 的特征对公司现金股利分配倾向影响的回归结果,结果发现 foreign、PEshare、Count 和 Lnt 的系数都显著为正,表明外资背景的、投资规模越大、投资期限越长和联合投资的 PE 参与的公司现金股利的分配倾向较高,再次验证了前文的假设。

表 7-9 为广义 PE 的特征对公司现金股利支付率影响的回归结果,结果发现 foreign、PEshare、Count 和 Lnt 的系数都显著为正,表明外资背景的、投资规模越大、投资期限越长和联合投资的 PE 参与的公司现金股利的分配力度较高,再次验证了假设。

(2) 公司的特征可能与公司的现金股利有关,而公司的特征又可能影响到 PE 对公司投资的决策,即存在内生性问题,因此本书采用 Heckman (1979) 提出的两阶段模型来解决内生性问题。具体做法如下:第一阶段使用 Probit model 估计选择私募股权投资时的 Inverse Mill's Ratio (IMR)。笔者通过对 PE 业界人士访谈了解到,PE 选择投资目标时,主要考虑公司的特征和财务状况,另外,笔者参考 Katz (2009) 和 Givoly 等 (2010) 的做法,选取了影响 PE 投资该公司决策的变量,主要包括了公司上市前的财务和公司特征,具体变量为: BV 为权益账面价值除以总资产; $Profit$ 用营业利润除以营运资产来衡量; $Qratio$ 为速动比率,为速动资产除以流动负债; $OCycle$ 为资产周转周期,为应收账款周转率加上存货周转率然后取自然对数; $Cash$ 是总资产标准化的现金和现金等价物; $Sales$ 是主营业务收入取自然对数。 Age 为公司的年龄,即从成立到现在的年数; SOE 为虚拟变量,当公司为国有控股时取 1,否则取 0; $G1$ 是第一大股东持股比例。 $Local$ 为虚拟变量,当公司注册地点位于北京、上海、广东、江苏和浙江五省市则取 1,否则取 0。其他变量定义同模型 (7-1) 中的变量定义,另外,以上变量除了 PE、 SOE 和 $Local$ 之外,其他变量都使用公司上市前 3 年该变量的平均值。

Heckman(1979) 第一阶段的模型如下:

$$
\begin{aligned}
PE = {} & \beta_0 + \beta_1 BV + \beta_2 Profit + \beta_3 Qratio + \beta_4 OCycle + \beta_5 Cash + \beta_6 Growth \\
& + \beta_7 Lev + \beta_8 Size + \beta_9 Sales + \beta_{10} Age + \beta_{11} SOE + \beta_{12} G1 + \beta_{13} Local \\
& + YR + IND + \varepsilon
\end{aligned}
\tag{7-3}
$$

表 7-8 广义 PE 特征对被投资公司现金股利政策影响的回归结果 1

因变量: Dividend1

变量	系数	p	系数	p	系数	p	系数	p
Constant	−3.019 9	0.387 5	−1.530 8	0.649 2	−1.834 1	0.588 0	1.412 6	0.705 3
Foreign	0.426 3**	0.030 6						
PEshare			0.632 8**	0.017 4				
Count					0.039 2*	0.090 2		
Lnt							0.393 3*	0.051 4
Lev	−1.332 6*	0.069 7	−1.258 9*	0.085 5	−1.293 5*	0.080 7	−0.942 1	0.206 4
TQ	−0.816 6***	<0.000 1	−0.818 0***	<0.000 1	−0.815 8***	<0.000 1	−0.744 3***	<0.000 1
ROA	28.222 8***	<0.000 1	28.781 3***	<0.000 1	28.542 0***	<0.000 1	27.702 8***	<0.000 1
Cfo	0.541 9	0.422 0	0.450 0	0.503 4	0.475 4	0.479 0	0.562 4	0.407 4
Growth	0.299 3	0.355 7	0.294 4	0.369 8	0.301 6	0.362 8	0.216 7	0.523 5
Dual	0.439 7**	0.044 5	0.439 5**	0.044 8	0.443 4**	0.044 0	0.428 7*	0.050 5
Boardsize	−0.019 6	0.808 5	−0.015 4	0.849 5	−0.017 7	0.827 4	−0.008 6	0.915 5
Indepratio	−1.374 8	0.557 0	−1.591 0	0.492 2	−1.687 8	0.469 7	−1.402 8	0.544 0
Firmsize	0.251 5	0.130 4	0.180 1	0.258 5	0.198 4	0.221 3	0.162 8	0.311 8
SOE	−0.129 5	0.672 2	−0.093 5	0.761 7	−0.111 1	0.717 8	0.056 7	0.859 0
SEO	0.155 7	0.745 4	0.179 4	0.708 0	0.168 4	0.725 1	0.324 7	0.504 1
Nomtrade	0.236 7	0.446 8	0.252 6	0.419 1	0.244 3	0.432 9	0.101 5	0.747 3
Crisis	−0.500 6	0.168 0	−0.512 9	0.159 0	−0.523 3	0.150 3	−0.527 4	0.147 7
YR	已控制		已控制		已控制		已控制	
IND	已控制		已控制		已控制		已控制	
Chi-Square	93.023 1***		93.023 1***		93.118 0***		94.860 5***	
样本量	865		865		865		865	

注: ***、**、* 分别表示在 1%、5%、10% 水平上的显著性。

表7-9 广义PE特征对被投资公司现金股利政策影响的回归结果2

因变量：Dividend2

变量	系数	p	系数	p	系数	p	系数	p
Constant	3.0925	0.3143	3.0125	0.3221	2.4568	0.4190	2.9299	0.3686
Foreign	0.2085**	0.0033						
PEshare			1.1208**	0.0228				
Count					0.0403*	0.0891		
Lnt							0.0536**	0.0296
Lev	−1.5957**	0.0217	−1.5999**	0.0217	−1.6445**	0.0183	−1.6420**	0.0197
TQ	−0.2694	0.1740	−0.2754	0.1628	−0.2684	0.1744	−0.2513	0.2111
ROA	17.6725***	<0.0001	17.8319***	<0.0001	18.0205***	<0.0001	18.0811***	<0.0001
Cfo	2.6482***	<0.0001	2.6430***	<0.0001	2.6561***	<0.0001	2.6371***	<0.0001
Growth	−0.5568	0.1081	−0.5816*	0.0988	−0.5554	0.1116	−0.5741	0.1051
Dual	0.3587**	0.0473	0.3776**	0.0370	0.3758**	0.0383	0.3807**	0.0352
Boardsize	0.0436	0.5078	0.0480	0.4669	0.0444	0.5007	0.0446	0.5007
Indepratio	0.4451	0.8272	0.3867	0.8498	0.4123	0.8400	0.4307	0.8324
Firmsize	−0.1241	0.3743	−0.1142	0.4065	−0.0875	0.5286	−0.0956	0.4872
SOE	0.4747	0.1053	0.4985	0.0897	0.4615	0.1140	0.4854	0.1043
SEO	−0.2128	0.6566	−0.2043	0.6698	−0.2197	0.6459	−0.2056	0.6696
Nontrade	−0.2893	0.4072	−0.2471	0.4822	−0.2782	0.4263	−0.3168	0.3738
Crisis	0.2812	0.4292	0.3382	0.3415	0.3110	0.3798	0.3060	0.3880
YR	已控制		已控制		已控制		已控制	
IND	已控制		已控制		已控制		已控制	
Chi-Square	54.3532***		54.8833***		53.8616***		53.9773***	
样本量	723		723		723		723	

注：***、**、*分别表示在1%、5%、10%水平上的显著性。

表 7-10 的结果显示,权益账面价值较大、现金流越高、成长性越高和年龄越大的公司越不倾向于引入 PE,而国有企业更倾向于引入 PE。

表 7-10　Heckman（1979）第一阶段（Probit）回归结果

变量	全样本		子样本	
	系数	p	系数	p
Constant	7.745 8***	<0.000 1	6.177 6***	0.001 3
BV	−1.600 7	0.104 2	−2.387 8**	0.038 9
Profit	0.015 7	0.454 9	0.013 0	0.610 8
Qratio	0.005 6	0.933 4	0.016 3	0.858 2
OCycle	−0.056 4	0.365 0	−0.017 3	0.796 1
Cash	−2.590 2***	<0.000 1	−2.486 1***	<0.000 1
Growth	−0.270 5***	<0.000 1	−0.205 1***	0.000 6
Lev	−0.008 4	0.385 9	−0.019 7	0.075 9
Size	0.017 6	0.891 7	−0.045 7	0.753 6
Sales	−0.172 7	0.130 4	−0.021 1	0.870 1
Age	−0.070 0***	<0.000 1	−0.037 9***	0.002 6
SOE	2.289 9***	<0.000 1	2.274 3***	<0.000 1
Gl	0.169 6	0.614 1	0.495 4	0.178 2
Local	0.027 7	0.790 3	0.161 1	0.156 9
YR	已控制		已控制	
IND	已控制		已控制	
Chi-Square	345.693 4***		237.270 5***	
样本量	10 285		5 988	

注：***、**、*分别表示在1%、5%、10%水平上的显著性。

表 7-11 列示了 Heckman（1979）第二阶段 PE 对公司现金股利政策影响的回归结果。从表 7-11 中可以看出,无论是在全样本还是在子样本的回归中,在控制了内生性之后,PE 的系数都显著为正,表明 PE 参与的公司更倾向于分配现金股利且现金股利支付率较高,再次验证了假设 1a 和 1b。

表 7-11　PE 对公司现金股利政策的影响

——基于 Heckman（1979）第二阶段的回归结果

变量	因变量（Dividentl）		因变量（Divident2）	
	系数	p	系数	p
Constant	−10.842 2***	<0.000 1	3.456 1***	0.000 4
PE	0.459 2***	0.002 9	0.282 0**	0.025 5
Lev	−2.302 7***	<0.000 1	−2.295 7***	<0.000 1
TQ	−0.429 8***	<0.000 1	−0.043 3	0.450 6
ROA	27.175 9***	<0.000 1	14.247 2***	<0.000 1

（续表）

变量	因变量（Dividentl）		因变量（Divident2）	
	系数	p	系数	p
Cfo	0.292 0*	0.070 9	1.308 6***	<0.000 1
Growth	−0.290 5***	<0.000 1	−0.450 2***	0.001 1
Dual	0.053 9	0.552 1	−0.021 3	0.825 0
Boardsize	0.052 3**	0.010 7	0.018 4	0.440 2
Indepratio	−1.084 0	0.136 2	0.066 5	0.938 2
Firmsize	0.554 3***	<0.000 1	0.135 3***	0.003 0
SOE	0.002 1	0.980 4	0.159 9	0.121 3
SEO	−0.056 5	0.623 8	−0.427 6***	0.004 4
Nontrade	0.088 5	0.241 3	0.235 4**	0.012 9
Crisis	−0.193 2*	0.054 8	−0.008 1	0.946 9
IMR	3.299 8***	<0.000 1	−0.713 0*	0.085 1
YR	已控制		已控制	
IND	已控制		已控制	
Chi-Square	1 035.429 6***		278.001 8***	
样本量	10 285		5 988	

注：***、**、*分别表示在1％、5％、10％水平上的显著性。

表7-12和7-13分别列示了 Heckman（1979）第二阶段 PE 特征对公司现金股利政策影响的回归结果。回归结果显示，在控制了内生性之后，foreign、PEshare、Count 和 Lnt 的系数都为正值，只有 Count 的系数未通过显著性检验，而其他三个变量的系数都在不同程度上通过显著性检验，表明前文的结论仍然成立。

（3）现金股利支付率变量（Divident2）的衡量，笔者为了更好地区分公司现金股利分配力度采用的哑变量，使用现金分配金额/净利润的连续变量（Divident3）重新对模型（7-1）和（7-2）回归，回归结果见表7-14和7-15。

表7-14为 PE 对公司现金股利支付率影响的回归结果，结果显示 PE 的系数为 0.260 4，并在1％的水平上显著，表明相比无 PE 参与的公司，有 PE 参与的公司其现金股利支付率较高。

表7-15为 PE 特征对公司现金股利支付率影响的结果，结果显示 Foreign、PEshare 和 Lnt 变量的系数都在10％的水平上显著，而 Count 的系数不具有统计意义上的显著性。综合来看，PE 特征的回归系数显著降低，这主要因为股利支付率使用连续变量没有较好地区分公司的股利分配力度，导致系数显著降低，但不改变前文的结论。

表 7-12 PE 特征对公司现金股利政策的影响——基于 Heckman (1979) 第二阶段的回归方法 1

因变量: *Dividentl*

变量	系数	p	系数	p	系数	p	系数	p
Constant	−0.418 1	0.939 7	2.528 7	0.641 1	1.270 1	0.812 8	2.734 9	0.631 1
Foreign	0.663 8*	0.089 8						
PEshare			2.973 9**	0.035 1				
Count					0.071 5	0.492 2		
Lnt							0.221 0*	0.076 9
Lev	−0.023 0	0.983 1	0.012 3	0.990 9	0.073 0	0.946 1	0.226 5	0.835 1
TQ	−0.898 8***	0.001 3	−0.919 9***	0.001 1	−0.892 9***	0.001 5	−0.855 1***	0.003 0
ROA	30.872 1***	<0.000 1	32.543 1***	<0.000 1	31.725 9***	<0.000 1	30.802 9***	<0.000 1
Cfo	0.791 5	0.358 6	0.608 6	0.473 9	0.726 4	0.397 1	0.824 6	0.340 2
Growth	0.321 9	0.512 4	0.366 0	0.461 8	0.326 9	0.503 9	0.307 3	0.530 9
Dual	0.036 1	0.901 7	0.101 3	0.731 8	0.051 5	0.860 9	0.006 9	0.981 2
Boardsize	−0.114 0	0.428 6	−0.146 7	0.312 4	−0.147 4	0.303 0	−0.146 6	0.304 7
Indepratio	0.645 7	0.866 5	−0.833 3	0.823 6	−0.603 5	0.873 4	−0.007 2	0.998 5
Firmsize	0.106 5	0.656 4	0.002 6	0.991 1	0.054 8	0.816 8	0.043 7	0.853 0
SOE	−0.429 6	0.466 3	−0.332 1	0.574 4	−0.489 7	0.404 6	−0.466 2	0.428 5
SEO	−0.157 0	0.824 8	−0.148 3	0.834 7	−0.142 4	0.841 7	−0.075 7	0.915 9
Nontrade	0.520 9	0.319 6	0.719 0	0.171 7	0.616 7	0.240 1	0.498 4	0.353 3
Crisis	0.453 8	0.551 9	0.557 0	0.467 2	0.494 0	0.521 7	0.391 4	0.616 1
IMR	1.055 7	0.397 8	1.077 8	0.382 0	1.195 2	0.341 3	1.034 9	0.399 5
YR	已控制		已控制		已控制		已控制	
IND	已控制		已控制		已控制		已控制	
Chi-Square	44.250 9***		43.870 8***		41.880 4***		41.647 8***	
样本量	540		540		540		540	

表7-13 PE特征对公司现金股利政策的影响——基于 Heckman (1979) 第二阶段的回归方法2

因变量：Dividend2

变量	系数	p	系数	p	系数	p	系数	p
Constant	1.698 1	0.719 1	2.491 5	0.596 4	2.131 4	0.648 4	1.993 9	0.680 4
Foreign	0.224 3*	0.059 6						
PEshare			0.990 3**	0.032 3				
Count					0.033 1	0.700 5		
Lnt							0.062 1*	0.066 9
Lev	−2.270 8**	0.020 8	−2.199 3**	0.025 5	−2.275 9**	0.021 0	−2.349 3**	0.019 1
TQ	−0.220 5	0.435 6	−0.221 9	0.432 2	−0.221 3	0.434 7	−0.186 6	0.520 4
ROA	5.889 8	0.262 6	5.900 7	0.261 7	5.762 8	0.272 7	6.227 0	0.239 3
Cfo	1.934 5***	0.005 6	1.911 4***	0.006 4	1.935 4***	0.005 7	1.857 0***	0.008 3
Growth	−1.923 2***	0.000 2	−1.887 9***	0.000 3	−1.911 6***	0.000 2	−1.921 3***	0.000 2
Dual	0.462 2**	0.046 3	0.469 7**	0.043 3	0.454 8*	0.050 3	0.488 7**	0.035 6
Boardsize	−0.168 9	0.153 8	−0.175 3	0.135 9	−0.171 0	0.148 2	−0.173 1	0.142 2
Indepratio	−3.430 1	0.250 1	−3.769 2	0.207 0	−3.466 5	0.247 1	−3.664 1	0.218 4
Firmsize	0.095 1	0.632 8	0.065 5	0.740 1	0.071 8	0.715 7	0.104 4	0.599 2
SOE	0.657 6	0.218 6	0.696 5	0.197 2	0.654 2	0.222 0	0.643 9	0.230 5
SEO	0.289 6	0.674 2	0.295 2	0.668 0	0.296 6	0.667 3	0.305 9	0.659 6
Nontrade	−0.602 5	0.313 6	−0.547 0	0.361 0	−0.600 7	0.316 5	−0.584 6	0.335 3
Crisis	0.360 6	0.478 3	0.380 6	0.453 8	0.339 0	0.505 1	0.344 8	0.501 5
IMR	0.213 0	0.783 7	0.261 1	0.737 9	0.164 9	0.834 0	0.209 9	0.786 7
YR	已控制		已控制		已控制		已控制	
IND	已控制		已控制		已控制		已控制	
Chi-Square	39.080 8***		39.415 7***		39.151 7***		39.533 7***	
样本量	469		469		469		469	

表 7-14 PE 对被投资公司现金股利支付率的影响

变量	系数	*p*
	因变量(*Divident3*)	
Constant	0.455 1	0.780 2
PE	0.260 4*	0.071 2
Lev	−0.392 4	0.422 3
TQ	−0.249 7***	0.005 3
ROA	8.228 6***	0.000 2
Cfo	1.031 9***	0.003 9
Growth	−0.129 4	0.397 4
Dual	0.257 0	0.171 8
Boardsize	−0.014 1	0.735 6
Indepratio	1.882 4	0.212 5
Firmsize	−0.027 2	0.726 8
SOE	−0.065 6	0.686 8
SEO	−0.079 0	0.727 1
Nontrade	0.257 6*	0.083 1
Crisis	−0.695 9***	0.000 9
YR	已控制	
IND	已控制	
调整的 R^2	1.79%	
样本量	5 988	

注：***、**、* 分别表示在 1%、5%、10% 水平上的显著性。

（4）为了进一步考察 PE 对公司现金股利政策的影响，笔者研究了 PE 退出后公司股利政策的变化。首先，笔者使用 IPO 时有 PE 参与的公司 2006—2011 年的公司年观测作为研究样本。其次，设置 PE 退出变量(*EXIT*)，当 PE 退出被投资公司后取 1，否则取 0。最后，将变量(*EXIT*)放入原稿中模型(7-1)进行回归。具体回归结果见表 7-16。

表 7-16 的回归结果显示，*EXIT* 在两个回归里面的系数都在 10% 的水平上显著为负，这表明 PE 退出公司后，公司的现金股利分配倾向和分配力度都有所下降，恰好从反面验证了本章的结论，即 PE 能够影响被投资公司的现金股利政策，并且有 PE 参与的公司其现金股利分配倾向和分配力度都较高。

表 7-15 PE 特征对被投资公司现金股利支付率的回归结果

因变量：Dividend3

变量	系数	p	系数	p	系数	p	系数	p
Constant	0.628 7**	0.031 0	0.574 6**	0.045 3	0.510 7*	0.075 7	0.566 8*	0.065 4
Foreign	0.038 3*	0.055 0						
PEshare			0.106 9*	0.075 0				
Count					0.005 4	0.323 2		
Lnt							0.006 3*	0.078 3
Lev	−0.281 7***	<0.000 1	−0.281 6***	<0.000 1	−0.286 0***	<0.000 1	−0.287 4***	<0.000 1
TQ	−0.008 9	0.607 0	−0.009 3	0.589 4	−0.008 7	0.613 6	−0.006 6	0.708 3
ROA	2.375 5***	<0.000 1	2.399 4***	<0.000 1	2.415 3***	<0.000 1	2.432 1***	<0.000 1
Cfo	0.258 4***	<0.000 1	0.259 3***	<0.000 1	0.261 0***	<0.000 1	0.259 1***	<0.000 1
Growth	−0.057 9*	0.013 3	−0.057 3*	0.014 3	−0.056 2**	0.016 5	−0.058 9*	0.013 4
Dual	0.023 7	0.171 5	0.025 8	0.136 1	0.026 1	0.132 4	0.026 8	0.122 9
Boardsize	0.008 4	0.178 5	0.008 8	0.158 3	0.008 5	0.175 2	0.008 4	0.178 9
Indepratio	0.057 7	0.769 0	0.054 7	0.781 3	0.053 1	0.787 9	0.060 7	0.757 9
Firmsize	−0.006 1	0.648 6	−0.002 8	0.829 5	0.000 4	0.974 0	−0.000 7	0.960 2
SOE	0.028 3	0.317 9	0.030 4	0.285 3	0.025 8	0.362 1	0.029 2	0.315 4
SEO	−0.055 8	0.200 6	−0.056 5	0.195 2	−0.058 2	0.183 0	−0.054 7	0.214 4
Nontrade	0.004 8	0.884 3	0.007 6	0.819 3	0.005 9	0.859 4	0.001 1	0.973 4
Crisis	−0.071 6**	0.040 5	−0.078 7***	0.024 5	−0.076 3**	0.029 0	−0.076 0**	0.029 8
YR	已控制		已控制		已控制		已控制	
IND	已控制		已控制		已控制		已控制	
调整的 R^2	0.121 6		0.120 8		0.119 7		0.120 3	
样本量	469		469		469		469	

注：***、**、* 分别表示在 1%、5%、10% 水平上的显著性。

表 7-16 PE 退出后对公司现金股利政策的影响

变量	因变量（*Divident1*）		因变量（*Divident2*）	
	系数	*p*	系数	*p*
Constant	−0.594 9	0.901 6	−2.765 4	0.464 9
EXIT	−0.241 2*	0.084 3	−0.215 9*	0.077 0
Lev	0.207 2	0.829 6	−2.966 1***	0.000 2
TQ	−0.741 5***	0.003 7	−0.023 3	0.915 4
ROA	33.064 5***	<0.000 1	14.814 7***	0.001 0
Cfo	0.654 9	0.418 3	2.061 5***	0.001 1
Growth	0.329 7	0.423 1	−0.635 0*	0.090 0
Dual	0.196 8	0.474 4	0.271 9	0.168 4
Boardsize	−0.163 0	0.199 9	0.024 8	0.782 7
Indepratio	−1.987 0	0.542 2	−1.264 1	0.602 1
Firmsize	0.141 0	0.518 7	0.241 9	0.143 5
SOE	−0.535 1	0.303 7	0.306 0	0.497 3
SEO	−0.182 6	0.753 4	−0.881 5	0.124 0
Nontrade	0.980 4**	0.031 1	1.011 5*	0.056 6
Crisis	0.647 1	0.399 4	−1.114 3**	0.013 7
YR	已控制		已控制	
IND	已控制		已控制	
LRChi-Square	61.354 3***		45.211 9***	
样本量	661		661	

注：***、**、*分别表示在 1%、5%、10%水平上的显著性。

第六节 研究结论

本章研究了 PE 和被投资公司现金股利政策之间的关系。通过研究，笔者发现 PE 能够影响被投资公司现金股利政策，不仅影响现金股利的分配倾向还影响分配力度。相比无 PE 参与的公司，有 PE 参与的公司更倾向于分配现金股利，并且现金股利支付率较高。表明 PE 通过影响被投资公司的现金股利政策，来降低代理成本，完善被投资公司的治理机制。笔者进一步研究发现，PE 的特征同样影响被投资公司的现金股利政策。具体来说：外资背景的 PE 参与的公司更倾向于分配现金股利且现金股利支付率较高，表明外资背景的 PE 通过提高公司的现金股利支付率，来降低代理成本。另外，PE 投资规模越大、投资期限越长，所投资的公司越倾向于分配现金股利，且现金股利支付率较高。因为这类 PE 对公司的影响较大，他们有动机影响公司管理层做出对 PE 自身有利的决策。笔者还发现，联合投资的 PE 参与的公司倾向于分配现金股利且现金股利支付率较高，这主要是因为多个 PE 能够共同监督管理层，使其做出合理的决策。

自 2001 年以来，证监会不断出台政策，鼓励上市公司积极进行现金分红，但是政策的执行效果并不明显，直到 2012 年 5 月 4 日，证监会发布《关于进一步落实上市公司现金分红有关事项的通知》，对于上市公司的现金股利政策提出了明确要求，以期提高上市公司对投资者的回报，保护中小投资者利益，促进证券市场的长期健康发展。本章的研究结论表明，有 PE 参与的公司分配现金股利的可能性较高，并且股利支付率也较高，说明有 PE 参与的公司较好地执行了证监会发布的鼓励公司分配现金股利的政策，在一定程度上保护了中小投资者的权益，因此本书的结论对于完善上市公司的现金股利政策和保护中小股东权益有一定的启示。

第八章　私募股权投资与
分析师关注

第一节　引　言

近年来,随着私募股权投资的不断发展壮大,引起了金融市场投资者、媒体与政府高度的关注与重视。据清科研究中心《2012 年中国企业上市研究报告》显示:2012 年中国的境内资本市场共吸引 154 家企业上市,融资 164.84 亿美元。其中有 92 家创投或私募股权投资机构支持的企业上市,占境内上市公司总数的 59.74%,融资额为 110.88 亿美元,占境内上市公司总融资额的 67.63%。不管从数量还是融资额上都可以看出,在公司的首次公开发行中,VC/PE 参与的公司都占有很大的份额。因而,研究 PE 的参与与否对企业上市发行新股的影响有着非常深远的意义。

我国学者多从风险投资机构[①]支持与否对公司 IPO 首日折价的影响进行研究,发现风险投资机构的参与的确会对 IPO 首日折价产生影响,主要认为是风险投资的声誉效应(陈工孟等,2011),以及风险投资对公司在盈利能力、高管薪酬契约以及公司治理方面产生的积极作用(张学勇和廖理,2011)。但鲜有文献研究 PE 参与的公司在 IPO 前受到证券分析师关注的程度,以及证券分析师对新股定价的预测准度。

众所周知,证券分析师是资本市场的重要组成部分(Holland 和 Johanson, 2003;Covrig 和 Low,2005),在股票市场上发挥着关键性的信息中介作用。证券分析师通过自身的专业技能,收集、处理、分析并传播市场上的各种信息,不仅有利于降低市场的交易成本,同时也缓解了上市公司与外部投资者之间的信息不对称程度,有利于资源的优化配置,在一定程度上提高资本市场的效率,促使资本市场

[①]　此处的风险投资机构并未区分风险投资与私募股权投资,因而与笔者所述的私募股权投资并无太大区分。

健康、有序地发展。同时他们还对上市公司的未来前景进行分析，对其会计盈余进行预测，在此基础上做出股票的买卖或持有建议（Cheng 等，2006），对投资者的决策行为也有着重要的参考作用。在公司的首次公开发行中，证券分析师也扮演着相当重要的角色。由于证券分析师拥有独特的信息和专业优势，通常来说其发布的研究报告对市场投资者具有重要的参考价值，成为投资者赖以决策的依据。因此证券分析师自身的行为也受到其他市场参与者的高度关注，因为他们是资本市场中专业的信息收集、加工和处理人员，是资本市场重要的信息媒介。

基于资本市场上对证券分析师关注程度的重视，证券分析师对新股发布的分析报告也会对上市公司是否能赢得更多投资者的青睐有着至关重要的作用。因此本书采用 2009—2011 年新上市的 281 家 A 股创业板公司作为研究样本，对上市公司是否存在 PE 参与对证券分析师关注程度的影响进行了实证检验。结果发现存在 PE 支持的公司在 IPO 时确实能吸引到更多的证券分析师跟踪，并且证券分析师对该类公司的新股定价预测准度也更高。基于认证假说，私募股权投资机构会挑选质量好的公司进行投资，因而能够吸引更多的证券分析师关注；基于市场能力假说，私募股权投资机构与资本市场上的重要参与者（如承销商、机构投资者、分析师等）能够建立长期的合作关系，证券分析师可以对公司进行实地调研，获得私募股权投资参与的公司的私有信息，因此证券分析师也会对私募股权投资参与的公司进行更多的关注，同时证券分析师的定价预测准度也越高。从股权角度考虑，相对于非外资背景的 PE 参与的公司，外资背景的 PE 参与的公司能够获得更多的证券分析师跟踪，证券分析师的新股定价准度也越高。进一步的研究发现，联合投资的 PE 参与的公司能够受到更多的证券分析师跟踪，但没有发现 PE 参与对证券分析师新股定价预测准确度的显著影响。

本章可能的贡献在于：第一，本章的研究丰富了 PE 相关的文献，现有文献主要研究 PE 参与与否对上市公司 IPO 当日溢折价（陈工孟等，2011；张学勇和廖理，2011）和上市公司的投融资行为（吴超鹏等，2012）等问题的影响，本书则对 PE 参与的上市公司如何影响资本市场重要参与者——证券分析师的行为进行研究，弥补了以往的研究空白。第二，本章的研究也丰富了证券分析师行为的相关文献，现有对分析师的研究主要考察盈余质量（李丹和贾宁，2009）、财务报告信息（Hoddle 等，2008）、信息透明度（白晓宇，2009；方军雄，2007）、业绩预告制度（王玉涛和王彦超，2012）对证券分析师行为的影响。本章则发现 PE 机构的参与也能影响证券分析师的行为。第三，本章的结论对 PE 机构和证券分析师具有重要参考价值。笔者的结论表明，PE 机构对被投资企业的挑选，以及与证券分析师之间建立的良好合作关系能够吸引更多的证券分析师关注，并且证券分析师的新股定价预测能力也更准确。因此,公司管理者可以根据公司具体情况适时和适度地引入 PE 来改善公司的信息环境;PE 机构可以通过发出"好"信号吸引更多的证券分析师,进而获得较高的投资者关注度。另外,笔者的结论显示,外资背景的 PE 相比内资背景的 PE 能够吸引更多的证券分析师,说明外资背景的 PE 机构与分析师的沟通合作关系更好,因此,应提高我国 PE 自身团队的建设,同时政策制定部门应加强相关的制度规范 PE 的内部管理,从而提高其服务质量和与信息中介的沟通能力,进而提高融资效率和企业价值。

第二节 文献回顾与研究假说

私募股权投资的话题已成为近来学术界研究的热点问题之一。国外学术界的相关研究发现了风险投资的三种假说。Megginson 和 Weiss(1991)对 1983—1987 年有风险投资支持的 IPO 与没有风险投资支持的 IPO 进行分析后发现,有风险投资支持的 IPO 的公司抑价率较低,他们将此差异归因于风险投资的认证假说。他们认为由于风险投资家不断进行 IPO,因而对 IPO 市场非常熟悉和了解,他们为保持自身在 IPO 市场上的声誉,会尽可能地利用所了解的信息对新股进行定价,因而风险投资参与的公司 IPO 抑价率一般较低。Barry 等(1990)的研究也发现了同样的现象,即风险投资参与的公司 IPO 抑价率要比没有风险投资参与的公司低,但他们将这种差异归因于风险投资的监督假说,即风险投资参与到即将上市的公司中,监督并改善了公司的治理结构等,因此风险投资参与的公司要比类似的无风险投资参与的公司质量要好。然而,最近的一些研究发现风险投资参与的公司 IPO 抑价率比没有风险投资参与的公司更高(Lee 和 Wahal,2002;Loughran 和 Ritter,2003),他们将此现象归因于风险投资的声誉效应,即风险投资为维护自身声誉,宁愿以较高的抑价对公司进行 IPO,这种声誉也能为风险投资吸引到外部资金(Gompers 和 Lerner,1998)。这是风险投资的市场能力假说的体现。

由于风险投资的三种假说对风险投资参与与否与公司 IPO 抑价率之间的关系并不统一,因而很难通过研究公司 IPO 确定风险投资所起的作用,于是一些学者从其他方面对风险投资进行了研究。Wright 和 Robbie(1998)发现,风险投资通过指派董事进入被投资公司董事会,利用自身专长对管理层进行有效的监督,如提高公司的杠杆率(Cotter 和 Peck,2001),影响公司战略决策、公司治理、资本结构和人力资源安排等(Fried 等,1998),从而起到约束管理者的效果,进而达到改善公司绩效的目的(Kaplan,1989b)。Katz(2009)和 Givoly 等(2010)研究发现,相比没有

PE 参与的公司，PE 参与的公司可操纵性应计较少，会计稳健性较高，即有 PE 参与的公司其盈余质量较高。另外，一些研究发现私募股权投资会带来显著的财富效应。Kaplan 和 Schoar（2005）进行的实证检验发现 PE 的投资回报非常高，但这一高额回报的来源仍是个谜，到底是来自于价值创造还是来自于对投资者的"掠夺"？Leslie 和 Oyer（2009）发现，存在 PE 支持的公司在盈利能力和运营效率方面都显著强于没有 PE 支持的对照组公司，然而当公司上市之后，这些差异就逐渐消失了。

国内学者陈工孟等（2011）研究了不同证券市场上风险投资支持对中资企业的 IPO 当日折价的影响，发现在内地中小板和中国香港主板市场上市的中资企业中，有风险投资参与的企业 IPO 折价显著高于无风险投资参与的企业，而美国市场上则没有显著影响，结果支持风险投资的声誉效应假说，即风险投资机构以 IPO 折价来提早退出投资项目，以此来建立自己的声誉，吸引更多的资金流入。笔者还发现风险投资机构的从业时间与已投资企业的年限都会对 IPO 首日折价产生影响。张学勇和廖理（2011）主要从风险投资背景的角度，研究了 PE 对公司 IPO 及长期股票表现的影响。结果发现外资背景的 PE 机构投资的企业 IPO 抑价率更低，股票回报率更高，这主要是因为外资背景的 PE 机构采用稳健投资策略对被投资企业管理和监督。这些研究都主要针对风险投资参与与否对公司 IPO 抑价率的影响，而从风险投资的"认证"假说和"市场能力"假说两方面说来，风险投资对 IPO 抑价率的影响是相互矛盾的，因而结论并不统一。众所周知，在 IPO 市场上，证券分析师作为关键的参与者发挥着重要的作用，为资本市场的投资者进行决策提供了必要的信息。因此，笔者在公司 IPO 的背景下，探索 PE 参与与否对公司吸引证券分析师关注的影响，试图发现 PE 在我国资本市场上所发挥的作用。

现有研究发现主要有以下几个因素对证券分析师关注产生影响。Bhushan（1989）发现，内部人控股比例与证券分析师关注度之间呈负相关关系。同时还发现上市公司的行业也会对证券分析师跟踪产生影响。Brennan 和 Hughes（1991）发现，规模大的公司更容易被证券分析师关注，这可能因为信息获取难度随公司规模的扩大而降低，同时大公司可以为证券分析师及其客户带来更多的交易。Lang 和 Lundholm（1996）发现，信息含量越高的披露可以吸引越多的证券分析师，同时证券分析师的预测也会更加准确，分析师之间的一致性也会越高，盈余修正的波动也更小。Lang 等（2004）发现，公司治理机制完善的公司更容易获得证券分析师的关注。Boubaker 和 Labe'gorre（2008）发现，证券分析师不喜欢追踪家族控股的企业，因为这样的公司信息披露环境较差。由上述文献可以看出，证券分析师更喜欢关注外部人持股多、规模大、公司治理较好和信息披露更加透明的公司，并且也能更加准确地对这些公司进行估值。这些特征往往是 PE 投资的公司所具有的。

私募股权投资作为在 IPO 之前进入公司的战略投资者,会在投资之前对公司进行"验身"。只有当 PE 认可公司未来的潜力和发展,才有动机向公司进行投资。以往文献的研究发现,PE 参与可以为公司改善企业的股权组成、管理过程以及治理结构等,对管理层进行有效的监督(Cotter 和 Peck,2001),并对企业业绩(Kaplan,1989b)和盈余质量(Givoly 等,2010)等都有积极作用。因此对于公司而言,PE 的投资是公司对外部资本市场传递的积极信号(潘从文等,2010),有助于缓解内外部的信息不对称程度。Hope(2003)发现,公司信息透明度越大,越能吸引分析师的跟踪。王玉涛和王彦超(2012)发现,当业绩预告提供的信息越多、越准确,分析师获取公共信息的成本降低,他们越会倾向于跟随这样的公司,并且公司的信息质量高也对分析师定价预测的准确度有积极影响。基于此,笔者认为证券分析师会收到 PE 进驻公司这一信号,倾向于关注 PE 参与的公司 IPO。Chemmanur 和 Loutskina(2006)的研究也指出,VC 和 PE 的参与,有助于公司在 IPO 时获得其他金融机构的认可。如果是著名的 VC 和 PE 参与的公司 IPO,会吸引声誉更高的投资银行进行承销,也会有更多的分析师发布新股定价报告。另外,私募股权投资的市场能力假说表明 PE 与证券分析师能够建立长期的合作关系,证券分析师可以对企业进行实地调研,获得更多有关企业的内部信息,有助于证券分析师对企业进行估值。因此,笔者认为存在 PE 支持的公司在 IPO 前能够获得更多的证券分析师跟踪,并且证券分析师对新股定价预测准度更高。据此,提出假设 1。

H1:相比无 PE 参与的公司上市,存在 PE 参与的公司受到更多证券分析师的关注,并且证券分析师的定价预测也更为准确。

笔者进一步考虑了 PE 的股权性质对证券分析师关注被投资企业的影响。针对股权性质而言,张学勇和廖理(2011)发现,外资背景风险投资参与支持的公司相对于那些非外资背景风险投资的公司 IPO 抑价率更低,股票回报率更高,但民营背景风险投资支持的与政府背景支持的公司在这些方面无显著差异。他们认为外资背景的风险投资机构其监督管理以及增加公司价值的技能都高于非外资背景的风险投资机构。就本书关注的证券分析师来说,由于外资背景的 PE 对公司的改善程度更大,公司信息披露更多、更准确,也会影响证券分析师的跟踪行为,因此,笔者认为外资背景的 PE 相比非外资背景的 PE 参与的上市公司能得到更多证券分析师的关注,即外资背景的 PE 参与的上市公司会有更多的证券分析师跟踪,并且证券分析师新股预测准度也越高。据此,提出假设 2。

H2:相对非外资背景的 PE,外资 PE 参与的公司受到更多证券分析师的关注,并且证券分析师的定价预测也更为准确。

由于私募股权投资是资本市场的参与者,相对于仅有一家 PE 参与,多家 PE 参与的上市公司可以通过其社会网络与更多的证券分析师联系,因此可以吸引到更多的证券分析师对企业进行跟踪,从而提高被投资的上市公司获得关注的能力。另外,证券分析师与 PE 之间的联系能够使证券分析师得到更多私有信息,尤其是公司的经营管理方面的信息,这对于证券分析师进行定价预测具有极大的帮助,因此可能提高证券分析师的预测准度。据此,笔者推断 PE 投资的公司会受到更多的证券分析师跟踪,证券分析师的定价准度也会提高。据此,提出假说 3。

H3:PE 联合投资的公司会受到更多的证券分析师跟踪,证券分析师的定价准度也会提高。

第三节　研究设计和样本选择

一、研究模型与变量定义

为检验本书的假设 H1,笔者参考已有文献的做法(储一昀和仓勇涛,2008)构建如下模型:

$$AF = \beta_0 + \beta_1 PE + \beta_2 Size + \beta_3 Roe + \beta_4 Lev + \beta_5 HSL + \beta_6 ZQL + \beta_7 CGBL + Industry + Year + \varepsilon \tag{8-1}$$

$$PA = \beta_0 + \beta_1 PE + \beta_2 Size + \beta_3 Roe + \beta_4 Lev + \beta_5 HSL + \beta_6 ZQL + \beta_7 CGBL + Industry + Year + \varepsilon \tag{8-2}$$

其中:模型(8-1)中的因变量(AF)是证券分析师的新股跟踪,选取的是2009—2011 年 A 股创业板新上市公司的证券分析师新股发行报告的数量作为衡量指标。模型(8-2)中的因变量(PA)是证券分析师的新股定价预测准度,选取2009—2011 年,A 股创业板新上市公司的新股发行报告中各证券分析师定价均值与上市首日收盘价之间的差异标准差作为衡量指标[①]。本章选用以上两指标的原因是基于衡量指标的客观性,这样可以排除证券分析师自身对新股的主观评价,在一定程度上使度量证券分析师对新股的关注程度的衡量指标更加准确和合理。本

---

① 在新股发行报告中,分析师一般提供的是对 IPO 公司预测价格的一个范围,因此笔者采取分析师预测价格的均值,再计算各分析师的预测价格与首日收盘价的标准差。

章的自变量(PE)为新上市的公司是否存在私募股权投资的参与,是一个虚拟变量。私募股权投资的数据来自招股说明书,由手工收集得到。另外,为避免人为收集数据可能导致的主观判断差错,笔者将手工收集的数据结合 CV(China Venture)Source 数据库中"私募股权"的"投资机构"数据予以确认,以保证本书数据的准确性。

除以上主要研究变量外,本书参考以往研究,选取 IPO 前公司规模($Size$)、杠杆率(Lev)、盈利能力(Roe)、内部人控股比例($CGBL$)、中签率(ZQL)和首日换手率(HSL)作为控制变量,并且控制行业和年度①。主要的变量定义及说明如表 8-1 所示。

表 8-1 变量定义及说明

	变量	含义	说明
因变量	AF	分析师关注程度	分析师发布新股发行报告的数量
	PA	分析师预测准度	每个分析师预测的定价均值与该股首日收盘价差异的标准差
自变量	PE	私募股权投资的支持	虚拟变量,若 IPO 公司有 PE 支持,则定义为 1,否则为 0
	$Foreign$	私募股权投资的背景	虚拟变量,若参与 IPO 的公司有 PE 为外资背景,则定义为 1,否则为 0
	NPE	私募股权投资的个数	对公司进行投资的 PE 数量
控制变量	HSL	首日上市交易的活跃程度	公司首日上市交易的换手率
	ZQL	预期的市场需求	申购的中签率
	$SIZE$	公司规模	公司总资产的对数
	LEV	杠杆率	资产负债率
	ROE	净资产收益率	净利润/净资产
	$CGBL$	内部人持股	使用第一大股东的持股比例作为代理变量
	$Year$	年度	样本年份为 2009—2011 年,所以定义 2 个年度哑变量
	$Industry$	行业	证监会行业分类标准,制造业分到二级,共有 20 个行业,定义 19 个哑变量

① 由于本文考察的对象是 IPO 的公司,在上市之前公司的信息私有化程度高,因而本文未选取信息披露质量作为控制变量。

为检验假设 2 和假设 3，本书借鉴已有文献的做法，构建如下模型对假设进行检验：

$$AF = \beta_0 + \beta_1 Foreign + \beta_2 Size + \beta_3 Roe + \beta_4 Lev + \beta_5 HSL + \beta_6 ZQL + \beta_7 CGBL + Industry + Year + \varepsilon \tag{8-3}$$

$$PA = \beta_0 + \beta_1 Foreign + \beta_2 Size + \beta_3 Roe + \beta_4 Lev + \beta_5 HSL + \beta_6 ZQL + \beta_7 CGBL + Industry + Year + \varepsilon \tag{8-4}$$

$$AF = \beta_0 + \beta_1 NPE + \beta_2 Size + \beta_3 Roe + \beta_4 Lev + \beta_5 HSL + \beta_6 ZQL + \beta_7 CGBL + Industry + Year + \varepsilon \tag{8-5}$$

$$PA = \beta_0 + \beta_1 NPE + \beta_2 Size + \beta_3 Roe + \beta_4 Lev + \beta_5 HSL + \beta_6 ZQL + \beta_7 CGBL + Industry + Year + \varepsilon \tag{8-6}$$

其中：模型(8-3)和模型(8-4)中的自变量($Foreign$)指的是 PE 为外资背景，以持股比例最大的 PE 的背景来衡量。这样做的理由是 Barry 等（1990）和 Gompers(1996)发现，出资多（股权多）的一方是决定权的主导方。通过翻阅招股说明书对股东的介绍，笔者把 PE 的背景分为外资和非外资两种，当 PE 是外资背景时，$Foreign$ 取 1，否则取 0。模型(8-5)和模型(8-6)中的自变量(NPE)指的是 PE 是否存在联合投资，使用参与同一家公司的 PE 数量来衡量。其他变量定义同模型(8-1)中的变量定义。

二、数据来源和样本选择

为考察 PE 参与与否对证券分析师新股预测行为的影响，本书选取 2009—2011 年新上市的 A 股创业板公司作为研究对象，共 281 个观测值。之所以选取创业板的公司作为本书的研究样本，是因为 PE 参与的公司多为创业板公司，且创业板公司经营的业务及其发展的前景都具有较大的不确定性，而投资者没有必要的专业知识和技能对创业板公司进行分析和研究，此时投资者会更加依赖于证券分析师的分析报告，从中获得经过加工和处理的公司信息来帮助决策。综上，选取创业板公司更有助于对 PE 参与与证券分析师预测行为之间的关系进行研究，并且对投资者的决策也有重要意义。通过查阅招股说明书寻找相关的 PE 数据，并与 CVsource 数据库进行核对比照，最后得到本书的 PE 数据。证券分析师发布新股定价报告的数据、新股上市资料以及上市表现数据均来自 Wind 数据库，上市前的相关财务数据来自 CSMAR 数据库。因为金融业上市公司执行的财务制度比较特殊，所以笔者剔除了这类公司。本书也对一些主要变量缺失的公司进行了剔除。经过筛选,本书最后的样本为 281 家首次公开发行股票的创业板上市公司,其中存在 PE 参与的上市公司为 152 家,无 PE 参与的上市公司为 129 家。

表 8-2 列示了样本的分布情况。Panel A 列示了样本年度分布情况。从 2009 年开始,存在 PE 支持的公司 IPO 数量和比例存在上升的趋势,在 2009—2011 年,有 152 家存在 PE 参与的创业板公司进行 IPO,占全部样本的 54.09%,这为我们分析 PE 的作用提供了一个良好的数据支撑。Panel B 列示了样本行业分布情况。其中,制造业的上市公司中有 PE 参与的公司最多,其次是信息技术业,该行业的 26 家上市公司存在 PE 参与。PE 刚进入我国时,主要投资一些高成长性和高风险的企业,如信息技术业的互联网企业等。随着 PE 的发展,目前新型服务业,包括传播与文化业和社会服务业等,也已成为 PE 投资的重要领域。主要是因为这些领域前景好,尚处于初始开发的阶段,未来成长空间较大。

表 8-2 样本的分布情况

Panel A 样本年度分布情况				
	IPO 的公司数量	有 PE 参与的上市公司数量	无 PE 参与的上市公司数量	有 PE 的公司占 IPO 公司总数的比例	无 PE 的公司占 IPO 公司总数的比例
	(1)	(2)	(3)	(2)/(1)	(3)/(1)
2009	38	28	10	73.68%	26.32%
2010	117	68	49	58.12%	41.88%
2011	128	58	70	45.31%	54.69%
Panel B 样本行业分布情况				
A	6	3	3	50.00%	50.00%
B	4	2	2	50.00%	50.00%
C	188	103	85	54.79%	45.21%
E	2	2	0	100.00%	0.00%
F	2	1	1	50.00%	50.00%
G	54	26	28	48.15%	51.85%
H	1	1	0	100.00%	0.00%
K	13	9	4	69.23%	30.77%
L	10	5	5	50.00%	50.00%
M	1	0	1	0.00%	100.00%
总计	281	152	129	54.09%	45.91%

注:参照中国证监会发布的《上市公司行业分类指引》,其中 A:农、林、牧、渔业;B:采掘业;C:制造业;D:电、煤及水业;E:建筑业;F:交通运输、仓储业;G:信息技术业;H:批发和零售贸易;J:房地产业;K:社会服务业;L:传播与文化产业;M:综合类。

第四节　实证结果与分析

一、样本描述性统计和相关性检验

表8-3列示了主要变量的描述性统计结果。Panel A中的全样本描述性结果显示，从证券分析师跟踪人数指标看来，AF 的均值为 7.363，中位数为 7，从证券分析师定价预测准度指标看来，PA 的均值为 0.140，中位数为 0.127，上述结果说明，每家创业板公司平均有 7 个证券分析师跟踪，且证券分析师定价预测准度也不存在明显的偏度。Panel B 和 Panel C 的描述性结果显示，存在 PE 参与的样本公司 AF 指标均值为 7.895，高于无 PE 参与的样本公司的 6.736，同时，存在 PE 参与的样本公司 PA 指标均值为 0.132，低于无 PE 参与的样本公司的 0.149，且以上结果的 T 检验均在 5% 的水平上显著。中位数的秩和检验也与均值 T 检验的结果基本一致。这个结果支持本章的假设 1，即 PE 参与的被投资企业能够获得更多证券分析师的关注，证券分析师定价预测准度越高。另外，存在 PE 参与的样本公司的 $Size$ 指标比无 PE 参与的样本公司更大，且在 5% 的水平上显著，这说明 PE 倾向于选择规模较大的公司。存在 PE 参与的样本公司的 ZQL 指标小于无 PE 参与的样本公司，也在 5% 的水平上显著，说明存在 PE 参与的样本公司受到的投资者关注也更多。

表8-3　主要变量的描述性统计

Panel A 全样本(281)							
变量	AF	PA	$Size$	Roe	Lev	HSL	ZQL	$CGBL$
均值	7.363	0.140	19.436	0.291	0.401	73.105	1.132	0.452
标准差	3.830	0.067	0.583	0.089	0.142	18.600	1.543	1.834
最小值	1	0.017	18.043	0.144	0.043	18.420	0.290	0.088
中位数	7	0.127	19.399	0.274	0.404	78.180	0.735	0.327
最大值	24	0.384	21.491	0.586	0.763	95.920	18.691	31.010
Panel B 有 PE 参与的样本(152)							
均值	7.895	0.132	19.511	0.285	0.398	73.494	0.964	0.343
标准差	4.271	0.060	0.570	0.095	0.136	18.163	0.880	0.122
最小值	1	0.017	18.098	0.147	0.043	20.920	0.290	0.089
中位数	7	0.123	19.453	0.265	0.396	78.240	0.705	0.332
最大值	24	0.304	21.373	0.586	0.703	95.920	7.164	0.641

（续表）

Panel C 无 PE 参与的样本(129)							
均值	6.736	0.149	19.347	0.297	0.406	72.647	1.330	0.581
标准差	3.136	0.073	0.586	0.080	0.149	19.163	2.054	2.704
最小值	2	0.018	18.043	0.144	0.051	18.420	0.290	0.088
中位数	6	0.135	19.265	0.283	0.412	77.920	0.777	0.311
最大值	16	0.384	21.491	0.513	0.763	94.660	18.691	31.010

均值 T 检验							
Panel B、C	1.158**	−0.016**	0.165**	−0.012	−0.008	0.847	−0.367**	−0.238

Wilcoxon 秩和检验							
Panel B、C	1**	−0.012*	0.188**	−0.018*	−0.016	0.5	−0.072	0.021

注：***、**、*分别表示在1%、5%、10%水平上的显著性。

表 8-4 列示了有关变量的 *Pearson* 相关性检验，结果发现 *PE* 与 *AF* 指标之间的相关性为正，*PA* 与 *AF* 指标之间的相关性为负，均在 5% 的水平上显著。这与笔者的预测一致，初步验证了本章的假设 1。

表 8-4 *Pearson* 相关性检验

	AF	PA	PE	Size	Roe	Lev	HSL	ZQL	CGBL
AF	1								
PA	0.061	1							
PE	0.151**	−0.123**	1						
Size	−0.072	0.057	0.141**	1					
Roe	0.133**	0.007	−0.07	−0.228***	1				
Lev	0.001	−0.028	−0.03	0.508***	−0.071	1			
HSL	0.178***	−0.218***	0.023	−0.185***	−0.037	0.013	1		
ZQL	−0.063	0.07	−0.119**	0.245***	0.141**	0.166***	−0.137**	1	
CGBL	0.078	−0.035	−0.065	−0.02	−0.028	−0.111*	0.051	−0.033	1

注：***、**、*分别表示在1%、5%、10%水平上的显著性。

二、回归结果分析

表 8-5 考察了私募股权投资对证券分析师关注程度的影响，回归结果显示，列(1)中 *PE* 的系数为 0.486，且在 10% 的水平上显著，说明存在 PE 参与的公司能够吸引更多的证券分析师跟随，列(2)中 *PE* 的系数为 −0.018，且在 1% 的水平上显著，该结果表明证券分析师对存在 PE 参与的公司的定价预测也更加准确，支持本

章的假设 1。基于认证假说，私募股权投资机构会挑选质量好的公司进行投资，因而能够吸引更多的证券分析师关注；基于市场能力假说，私募股权投资机构与资本市场上的重要参与者（如承销商、机构投资者、分析师等）建立能够长期的合作关系，证券分析师可以对企业进行实地调研，获得有关企业的更多内部信息，因此证券分析师也会对私募股权投资参与的公司进行更多的关注，同时证券分析师的定价预测准确度也越高。

表 8-5　私募股权投资对证券分析师关注程度的影响

COEFFICIENT	(1) MODEL1 AF	(2) MODEL2 PA
PE	0.486*	−0.018***
	(1.90)	(−16.1)
Size	0.323	0.017
	(0.79)	(1.15)
Roe	5.206	0.016
	(0.99)	(0.46)
Lev	0.887	−0.014
	(0.51)	(−0.58)
HSL	0.011	−0.001
	(0.60)	(−1.47)
ZQL	0.096***	0.002***
	(6.85)	(2.78)
CGBL	−0.053	−0.002**
	(−1.30)	(−2.10)
Constant	6.810	−0.124
	(0.66)	(−0.35)
Year	已控制	已控制
Industry	已控制	已控制
样本量	281	281
调整的 R^2	0.484 2	0.125 8

注：***、**和*分别表示在1%、5%、10%水平上的显著性。括号内为按公司—年度维度双重聚类调整后的 t 值。

表 8-6 考察了 PE 是否为外资背景对证券分析师关注 PE 投资公司的影响。列(1)中 Foreign 的系数为 1.996，且在 1% 的水平上显著，表明相对非外资背景的 PE，外资背景的 PE 能够为被投资公司吸引到更多的证券分析师跟踪。列(2)中 Foreign 的系数为−0.020，且在 10% 的水平上显著，该结果表明证券分析师对存

在 PE 参与的公司的定价预测也更加准确,与笔者提出的假设 2 一致。可能的原因在于外资背景的 PE 机构与证券分析师建立的关系更加密切,信息的沟通更加充分,因此能够吸引到更多的证券分析师,并且证券分析师对公司的估值也能更加准确。

表 8-6　外资背景 PE 和非外资背景 PE 对证券分析师关注程度的影响

COEFFICIENT	(1) MODEL1 *AF*	(2) MODEL2 *PA*
Foreign	1.996***	−0.020*
	(3.32)	(−1.77)
Size	0.425	0.004
	(0.66)	(0.51)
Roe	8.143	−0.027
	(1.27)	(−0.60)
Lev	1.050	−0.020
	(0.58)	(−0.30)
HSL	0.012	−0.001
	(0.79)	(−1.10)
ZQL	0.242	0.012**
	(1.29)	(2.61)
CGBL	−3.489*	−0.010
	(−1.79)	(−0.25)
Constant	5.983	0.129
	(0.40)	(0.74)
Year	已控制	已控制
Industry	已控制	已控制
样本量	152	152
调整的 R^2	0.560 9	0.092 8

注:***、** 和 * 分别表示在 1%、5%、10%水平上的显著性。括号内为按公司一年度维度双重聚类调整后的 t 值。

表 8-7 考察了联合投资的 PE 对证券分析师关注 PE 投资公司的影响。列(1)中 *NPE* 的系数为 0.181,且在 5% 的水平上显著,表明相对一家 PE 投资的公司,联合投资的 PE 能够为被投资公司吸引到更多的证券分析师,列(2)中 *NPE* 的系数为 0.003,但并不显著,该结果表明证券分析师对联合投资的 PE 参与的公司的定价预测准度没有影响,与笔者提出的假设 2 部分一致。原因可能在于更多的 PE 机构能够与更多的证券分析师建立关系,那么就可能吸引到更多的证券分析师对

公司进行关注。但是由于证券分析师并没有因此得到更多的增量信息，对于其定价预测没有积极影响，因此笔者没有发现联合投资的 PE 对证券分析师预测准度的显著影响。

表 8-7　PE 联合投资对证券分析师关注程度的影响

COEFFICIENT	(1) MODEL1 *AF*	(2) MODEL2 *PA*
NPE	0.181**	0.003
	(2.20)	(0.51)
Size	0.392	0.002
	(0.58)	(0.31)
Roe	9.223	−0.031
	(1.32)	(−0.55)
Lev	0.366	−0.011
	(0.19)	(−0.19)
HSL	0.010	−0.001
	(0.69)	(−0.97)
ZQL	0.277	0.013***
	(1.42)	(2.91)
CGBL	−3.768**	−0.003
	(−2.28)	(−0.071)
Constant	7.171	0.137
	(0.44)	(0.80)
Year	已控制	已控制
Industry	已控制	已控制
样本量	152	152
调整的 R^2	0.551 2	0.091 7

注：***、** 和 * 分别表示在 1%、5%、10% 水平上的显著性。括号内为按公司—年度维度双重聚类调整后的 t 值。

三、稳健性检验

为了增加研究结论的可靠性，笔者对上述研究结果进行了以下稳健性测试：

（1）笔者对样本所有连续变量进行 1% 和 99% 的 winsorize 处理后，重新对以上模型回归，结果与之前无实质差别。

（2）参考以往文献（Bradley 等，2008），本书将证券分析师所在券商机构是否为 IPO 公司的承销商这个变量（*Under*）加以控制，回归结果见表 8-8，笔者发现结论保持不变。

（3）公司的特征可能会影响证券分析师的关注，而公司的特征又可能影响到 PE 对公司投资的决策，即存在内生性问题。因此，本书采用 Heckman（1979）提出的两阶段模型来解决内生性问题。具体说明如下：Heckman（1979）两阶段模型的第一阶段使用 Logistic model 估计选择私募股权投资时的 Inverse Mill's Ratio（IMR）。笔者主要考虑了公司上市前的财务和公司特征对选择私募股权投资的影响。具体模型如下：

$$PE = \beta_0 + \beta_1 BV + \beta_2 Profit + \beta_3 Qratio + \beta_4 OCycle + \beta_5 Cash$$
$$+ \beta_6 Lev + \beta_7 Size + \beta_8 Sales + \beta_9 Age + \beta_{10} CGBL + \beta_{11} Local$$
$$+ YR + IND + \varepsilon \tag{8-7}$$

其中：PE 为虚拟变量，当公司有 PE 参与时取 1，否则为 0。BV 为权益账面价值除以总资产；$Profit$ 为营业利润除以营运资产来衡量；$Qratio$ 是速动比率，为速动资产除以流动负债；$OCycle$ 是资产周转周期，为应收账款周转率加上存货周转率然后取自然对数；$Cash$ 是总资产标准化的现金和现金等价物；$Sales$ 是主营业务收入取自然对数。Age 为公司的年龄，从成立到现在的年数；$CGBL$ 是第一大股东持股比例。$Local$ 为虚拟变量，当公司注册地点位于北京、上海、广东、江苏和浙江五省市则取 1，否则取 0。其他变量定义同模型（8-1）中的变量定义。

表 8-8 的回归结果显示，$Profit$、$Oratio$ 和 PE 显著正相关，表明公司盈利较高和速动比率较大的公司引入 PE 的概率较大。另外，$Sales$ 和 PE 显著负相关，说明公司主营业务收入较少的公司更倾向于引入 PE。

在第二阶段中，笔者将 Inverse Mill's Ratio（IMR）带入模型（8-1）和模型（8-2），从而修正自选择所导致的偏误。第二阶段的回归结果见表 8-9。

表 8-8　稳健性的结果

COEFFICIENT	(1) MODEL1 AF	(2) MODEL2 PA
PE	0.469*	−0.019***
	(1.74)	(−17.14)
$Size$	0.310	0.017
	(0.73)	(1.16)
Roe	5.105	0.013
	(0.94)	(0.40)
Lev	0.846	−0.015

（续表）

COEFFICIENT	(1) MODEL1 *AF*	(2) MODEL2 *PA*
	(0.46)	(−0.64)
HSL	0.011	−0.001
	(0.57)	(−1.53)
ZQL	0.098***	0.002***
	(8.10)	(2.79)
CGBL	−0.054	−0.002**
	(−1.28)	(−2.02)
Under	0.536	0.014
	(0.98)	(1.00)
Constant	7.147	−0.115
	(0.66)	(−0.34)
Year	已控制	已控制
Industry	已控制	已控制
样本量	281	281
调整的 R^2	0.482 8	0.123 8

注：***、**、*分别表示在1%、5%、10%水平上的显著性。

表 8-9 Heckman（1979）第一阶段回归结果

	第一阶段(logistic)		
变量	系数	*Wald Chi-Square*	*p-value*
BV	−1.354	0.134	0.714
Profit	2.355*	3.407	0.065
Qratio	0.180*	3.565	0.059
Ocycle	−0.163	0.519	0.471
Cash	−0.297	0.040	0.843
Size	3.421	0.990	0.320
Sales	−1.855***	13.846	0.000
Age	1.067	6.000	0.014
CGBL	0.038	1.437	0.231
Local	0.197	1.037	0.309
Constant	14.651*	3.703	0.054
年度	已控制		
行业	已控制		
Observations	281		

注：***、**、*分别表示在1%、5%、10%水平上的显著性。

表 8-10　Heckman（1979）第二阶段回归结果

COEFFICIENT	(1) MODEL1 AF	(2) MODEL2 PA
PE	*0. 545* *	*− 0. 020* ***
	(1. 79)	*(− 6. 45)*
Size	0. 572	0. 011
	(0. 74)	(0. 48)
Roe	4. 531	0. 034 *
	(1. 00)	(1. 91)
Lev	0. 161	0. 006
	(0. 098)	(0. 13)
HSL	0. 011	− 0. 001
	(0. 62)	(− 1. 43)
ZQL	0. 088 ***	0. 003 ***
	(6. 07)	(2. 62)
CGBL	− 0. 086	− 0. 001 **
	(− 1. 57)	(− 2. 01)
IMR	− 0. 433	0. 012
	(− 0. 57)	(1. 04)
Constant	3. 052	− 0. 022
	(0. 20)	(− 0. 047)
Year	已控制	已控制
Industry	已控制	已控制
Observations	281	281
Adjusted R-squared	0. 483 3	0. 125 2

注：***、**和*分别表示在 1%、5%、10%水平上的显著性。括号内为按公司—年度维度双重聚类调整后的 t 值。其中 IMR 为 Heckman(1979)方法中第一阶段 Logistic 模型回归的 Inverse Mill's Ratio。

表 8-10 的两个回归中 IMR 的系数都不显著，但 PE 的系数分别在 10% 和 1% 的水平上显著，其他变量的回归结果基本和表 8-4 一致，这表明控制了自选择后，不改变本书的主要结论。列(1)中 PE 的系数显著为正，列(2)中 PE 的系数显著为负，表明私募股权投资的参与提高了被投资公司吸引证券分析师关注的能力，并且证券分析师的新股定价预测准度较高。

第五节　结论与政策建议

本章采用 2009—2011 年新上市的 281 家 A 股创业板公司作为研究样本，对上市公司是否存在 PE 参与对证券分析师关注程度的影响进行了实证检验。结果发现存在 PE 支持的公司在 IPO 时确实能吸引到更多的证券分析师跟踪，并且证券分析师对该类公司的新股定价预测准确度也更高。笔者从股权角度考虑，相对于非外资背景的 PE 参与的公司，外资背景的 PE 参与的公司能够获得更多的证券分析师跟踪，证券分析师的新股定价准确度也越高。笔者进一步研究发现，联合投资的 PE 参与的公司能够受到更多的证券分析师跟踪，但没有发现 PE 参与对证券分析师新股定价预测准确度的显著影响。

　　本章的研究结论在一定程度上反映了私募投资机构在资本市场上发挥的作用。私募股权投资对 IPO 公司的投资本身就是一种重要的信号，向外界传达公司经营良好的信息，因此吸引了资本市场上重要的信息中介——证券分析师的关注，并显著影响了证券分析师的预测行为。证券分析师作为联系上市公司与外部投资者的纽带，其预测质量的提高有助于降低信息不对称，提高资本市场的效率。从这个角度来看，私募股权投资的发展对于我国构建有效的资本市场有着重要的现实意义。另外，笔者也看到了内资背景的 PE 相比外资背景的 PE 的不足之处，因此应提高我国 PE 自身团队的建设，同时政策制定部门应加强相关的制度规范 PE 的内部管理，从而提高其服务质量和与信息中介的沟通能力，进而提高融资效率和企业价值。

第九章 私募股权投资与盈余管理

第一节 引 言

私募股权投资除了融资功能之外,还有一个重要的监督功能,即私募股权投资积极参与被投资公司的经营管理,提供专业的知识和经验,帮助被投资企业改善公司治理结构以提升被投资企业的价值进而退出以实现自身资本增值的目的。Jensen(1989)指出,私募股权投资作为"积极的投资者"参与企业,通过制定必要的监管和激励机制减少代理成本,使得企业价值最大化。因此,私募股权投资已经成为一种越来越重要的调整组织结构的公司治理机制(Wright 等,2000;Cumming 等,2007;Wright 等,2007)。以上是被学者们所熟知的两个功能,然而关于私募股权投资如何影响被投资公司的会计实践活动的研究并不多,并且已有的相关文献并未得出一致的结论。

新股发行过程中的盈余管理问题一直是学者们关注的热点问题。关于私募股权投资如何影响被投资公司的盈余管理的问题,一部分学者支持有私募股权投资参与的公司进行更少的盈余管理行为,另一部分学者持相反观点。对相关结果的解释存在两类主要观点:代理假说与机会主义假说。前者认为,经营权和控制权的分离加强了私募股权投资人在企业中的监督角色,私募股权投资会通过董事会对企业实施有效的监督,降低委托代理成本,从而提高所投资公司的治理水平,减少盈余管理行为。(Morsfield 和 Tan,2006;Katz,2009)。后者将私募股权投资参与的公司上市归结于机会主义行为和 IPO 择时,认为私募股权投资参与的公司管理层有动机进行向上的盈余管理以获得上市资格,并且也会为达到私募股权投资人定下的盈余目标而进行盈余管理(Degeorge 和 Zeckhauser,1993;Cornett等,2006)。由此可知,私募股权投资参与的公司具有更高还是更低的盈余管理至今还未得出统一的结论。

Leeds 和 Sunderland(2003)指出,新兴市场私募股权投资的很多方面都是模仿美国的,包括资金筹集策略、组织结构、投资过程等,但由于潜在的制度环境不同,所取得的效果并不一定相同。那么,我国私募股权投资对被投资公司的盈余管理行为产生怎样的影响呢? 我国私募股权投资是发挥监督职能而降低被投资公司的盈余管理,还是为了获得被投资公司的上市资格和更高的退出收益而提高被投资公司的盈余管理呢? 这些是本章需要回答的问题。

基于以上分析,笔者通过收集 2006—2011 年沪深两市的上市公司招股说明书中有关私募股权投资的信息,对私募股权投资参与的公司在新股发行过程中的盈余管理问题进行了研究。研究结果表明,私募股权投资能够影响被投资公司的盈余管理,具体表现为:私募股权投资降低公司 IPO 前两年的盈余管理,并且提高 IPO 后两年的盈余管理,这说明私募股权投资策略性的影响公司 IPO 前后的盈余管理。因为在我国,私募股权投资具有一定的锁定期,通常锁定期为 1 年,即私募股权投资在公司 IPO 后 1 年即可出售其持有的股份,所以私募股权投资在公司IPO 前适当地降低公司的盈余管理,使得之后的盈余进行反转,并且在 IPO 当年和后 1 年继续提高盈余管理以推高股价,进而获得较高的退出收益。在此基础上,笔者进一步考察了私募股权投资特征,包括私募股权投资背景、投资规模、投资期限、联合投资以及是否向被投资公司派出董事对公司盈余管理的影响。结果发现,只有外资背景的私募股权投资能够降低 IPO 前 2 年和 IPO 后 2 年的盈余管理,这支持了代理假说。而私募股权投资的其他特征对盈余管理的影响支持了机会主义假说。

本章的研究贡献如下:一是本章基于新兴资本市场系统研究了我国私募股权投资参与的公司在 IPO 过程中的盈余管理问题,加深了管理者对私募股权投资如何影响被投资公司会计实践活动的认识,使管理者更好地理解私募股权投资的作用,同时也丰富了私募股权投资与盈余管理的相关文献。二是相比非外资背景私募股权投资,外资背景私募股权投资无论在 IPO 前还是 IPO 之后都能够降低公司的盈余管理,说明外资背景私募股权投资比国有和民营背景私募股权投资更能起到监督作用,因此,监管部门应制定合理的政策监管我国的私募股权投资,提高其服务质量,进而提高融资效率和企业价值。此外,本章的研究结论对投资者进行投资决策有一定的启示。

第二节　文献回顾与假设提出

上市公司新股发行过程中的盈余管理问题,一直是学者们关注的热点话题。

盈余管理是指企业管理当局运用会计方法或者安排真实交易来改变财务报告,以误导利益相关者对公司业绩的理解或者影响以报告盈余为基础的合约(Healy 和 Wahlen,1999)。大量的国内外文献都表明,上市公司新股发行过程中普遍存在盈余管理现象(Teoh 等,1998;Ducharme 等,2004),并且,我国上市公司进行盈余管理的动机是为了满足政策性盈余指标而获得新股发行资格(林舒和魏明海,2000;陆正飞和魏涛,2006)。

国外关于私募股权投资对公司盈余管理影响的文献并没有得出一致的结论。一方面,理论和实证证据表明私募股权投资能够抑制盈余管理行为。原因在于私募股权投资会通过董事会对企业实施有效的监督(Cotter 和 Peck,2001;Gompers,1995;Lerner,1995;Renneboog 和 Simons,2005),严格的监督、复杂的所有权结构和董事会成员预期与较低的盈余管理水平相联系(Cornett 等,2006;Wongsunwai,2008;Xie 等,2003)。另外,经营权和控制权的分离加强了私募股权投资人在企业中的监督角色,因而与没有私募股权投资支持的企业相比,私募股权投资支持的企业往往进行更少的盈余管理。Katz(2009)研究发现,私募股权投资支持的企业比没有私募股权投资支持的企业进行更少的盈余管理,会计信息质量更高。进一步地,由于私募股权投资投资人在 LBO 市场和 IPO 市场中重复进行投资和退出,如果 LBO 失败或 IPO 失败,都将导致其声誉受损,因而为保证私募股权投资自身声誉,私募股权投资支持的企业也将更少地利用盈余管理手段来调节利润(Cao 和 Lerner,2009;Cotter 和 Peck,2001),笔者把以上理论归为代理假说。

另一方面,很多文献也表明私募股权投资与更高的盈余管理水平相联系,尤其是在企业 IPO 附近的时期。Degeorge 和 Zeckhauser(1993)将私募股权投资支持的企业上市归结于机会主义行为和 IPO 择时。如果私募股权投资支持的企业因为利润无法弥补进行 LBO 后留下巨额债务时,他们有动机进行向上的盈余管理以获得上市资格。此外,有学者发现管理者也会为达到私募股权投资人定下的盈余目标而进行盈余管理(Cornett 等,2006),笔者将以上理论归为机会主义假说。

国内有关私募股权投资对公司盈余管理影响的研究较少,张子炜等(2012)考察了私募股权资对我国创业板的企业上市前盈余管理活动的影响。研究发现,长期持股的私募股权投资机构显著降低了企业的盈余管理程度;相反,上市前一年内突击入股的私募股权投资机构显著增加了企业的盈余管理程度。方军雄(2012)研究了券商股权投资对盈余管理的影响,结果发现,有券商股权投资的公司其上市前盈余管理程度显著高于其他公司,券商早期入股的公司其盈余管理程度更为明显。以上文献都只是研究私募股权投资对被投资公司上市前盈余管理的影响,而私募股权投资持有的股份有一定的锁定期,换句话说,私募股权投资只有过了锁定期,才可以做到真正的退出,所以理论上私募股权投资在其真正退出前都会影响被投资公司的会计实践活动。

对于我国私募股权投资来说,由于起步较晚,很多方面都是模仿美国的,包括资金筹集策略、组织结构、投资过程等,但由于潜在的制度环境不同,所取得的效果并不一定相同(Leeds 和 Sunderland,2003)。在我国,私募股权投资大多投资成长性高、财务状况较好的公司,因此通过证监会审核的概率较大,所以我国私募股权投资通过提高公司上市前的盈余管理获得证监会的审核通过率的可能性并不是很大。另外,因为私募股权投资退出存在锁定期,所以私募股权投资在锁定期内进行盈余管理的概率较大,使其退出时的股价较高。我国私募股权投资从进入公司到公司上市的时间平均为 1 056 天,在私募股权投资参与的期间,私募股权投资可能策略性地影响公司的盈余管理,在公司 IPO 前两年适当地降低盈余管理,而在公司 IPO 当年和 IPO 后 1 年提高盈余管理,这样安排的好处在于,IPO 前两年降低盈余管理,之后盈余会进行反转,并且在 IPO 锁定期结束前私募股权投资会提高公司的盈余管理,从而推高锁定期结束前的股价,进而获得更高的退出收益。据此,提出假设 1。

H1:私募股权投资为了获得较高的退出收益,会采取降低公司 IPO 前 2 年的盈余管理、提高 IPO 当年和后 1 年的盈余管理的策略。

笔者进一步分析了私募股权投资的不同特征对公司盈余管理的影响。首先,针对股权性质而言,张学勇、廖理(2011)发现,外资背景风险投资参与支持的公司相对于那些非外资背景风险投资支持的公司 IPO 抑价率更低,股票回报率更高,但民营背景风险投资支持的公司与政府背景支持的公司在这些方面无显著差异。他们认为外资背景的风险投资机构其监督管理以及增加公司价值的技能都高于非外资背景的风险投资机构,因此,笔者推断外资背景的私募股权投资相比非外资背景的私募股权投资更能监督被投资管理层,从而抑制公司 IPO 前和 IPO 后的盈余管理,据此,提出假设 2。

H2:外资背景的私募股权投资能够降低 IPO 前和 IPO 后的盈余管理。

从投资期限、持股规模、联合投资以及是否向被投资公司派驻董事方面看,Bottazzi 等(2008)研究发现风险投资机构的投资期限较长、持股比例较大,对被投资企业的影响力较大,从而可以更多地干预被投资企业的经营和管理活动,提供更多的增值服务,陈工孟、俞欣和寇祥河(2011)利用我国的数据,得出了相同的结论。另外,相对于仅有一家私募股权投资参与,多家私募股权参与时,对公司会计实践活动的影响可能更大,因为他们通过互相监督公司的管理层,使其更加努力工作,从而提高公司业绩。同时依据前文得出的结论,向被投资公司派驻董事的私募股权投资能够更好地发挥监督作用。然而这些特征都影响其退出收益,因此他们都可能策略性地影响公司的盈余管理,从而获得更高的退出收益。基于以上分析,提出假设3。

H3:私募股权投资持股比例、投资期限、联合投资以及向被投资公司派驻董事都会策略性地影响公司的盈余管理,即降低公司IPO前2年的盈余管理,提高IPO后2年的盈余管理。

第三节　样本选择与研究设计

一、样本来源及处理

本章选取2006—2011年沪深两市首次公开上市的A股公司为研究对象,分析私募股权投资的加入对公司IPO前后盈余管理的影响。笔者通过查阅招股说明书收集私募股权投资的相关信息,具体的搜集方法同前文中私募股权投资的搜集方法。本章研究所需的其它数据来自CSMAR数据库,按照研究惯例,剔除金融行业的公司之后,共有976家IPO公司,其中有私募股权投资参与的上市公司为450家,无私募股权投资参与的上市公司为526家。为了估计盈余管理模型的需要,将少于8家公司的行业剔除之后样本为960家,其中私募股权投资参与的公司为445家,无私募股权投资参与的公司为515家。此外,剔除数据缺失的观测,最后的研究样本为:IPO前2年的观测值为1 890个,IPO当年和后1年的观测值为1 692个。

二、模型设计与变量定义

为了检验假设1,笔者参考已有文献(Katz,2009;章卫东,2010)的做法,构建如下模型:

$$EM_t = \beta_0 + \beta_1 PE + \beta_2 Profit_t + \beta_3 Qratio_t + \beta_4 OCycle_t + \beta_5 Cash_t + \beta_6 Growth_t$$
$$+ \beta_7 Lev_t + \beta_8 Size_t + \beta_9 Sales_t + \beta_{10} Age_t + \beta_{11} Auditor_t$$
$$+ \beta_{12} State_t + \beta_{13} Gl_t + YR_t + IND_t + \varepsilon_t \tag{9-1}$$

其中,EM为可操控性应计利润,用来衡量盈余管理程度,笔者采用两种方法计算得出,一种是使用修正的琼斯模型估计得出$EM1$;另一种是使用Kothari等(2005)考虑业绩的模型估计得出$EM2$。

被解释变量 EM_t 代表 IPO 公司 t 年末的操控性应计,笔者采用两种方法计算得出,一种采用横截面修正 Jone's 模型估计得出 $EM1_t$;另一种是使用 Kothari 等(2005)考虑业绩的模型估计得出 $EM2_t$。在估计 $EM1_t$ 的过程中,选取每个样本公司 IPO 年度的行业相同的上市公司,估计如下模型的系数:

$$\frac{ACC_t}{A_{t-1}} = \beta_1 \frac{1}{A_{t-1}} + \beta_2 \frac{\Delta REV_t - \Delta REC_t}{A_{t-1}} + \beta_3 \frac{PPE_t}{A_{t-1}} + \varepsilon_t \quad (9\text{-}2)$$

其中:$ACC_t = NI_t - CFO_t$,ACC_t 为 t 年应计利润总额,NI_t 为 t 年净利润,CFO_t 为 t 年经营活动净现金流,A_{t-1} 为 $t-1$ 年总资产,ΔREV_t 为 t 年与 $t-1$ 年的营业收入之差,ΔREC_t 为 t 年末的应收账款与 $t-1$ 年应收账款之差,PPE_t 为 t 年末的固定资产,ε_t 为残差。将模型(9-2)估计出的系数 $\hat{\beta}_1$、$\hat{\beta}_2$ 和 $\hat{\beta}_3$ 带入公式(9-3),计算 t 年样本公司非操控性应计利润(NDA_t):

$$\frac{NDA_t}{A_{t-1}} = \hat{\beta}_1 \frac{1}{A_{t-1}} + \hat{\beta}_2 \frac{\Delta REV_t - \Delta REC_t}{A_{t-1}} + \hat{\beta}_3 \frac{PPE_t}{A_{t-1}} \quad (9\text{-}3)$$

通过公式(6-4)计算出 t 年样本公司操纵性应计 $EM1_t$。

$$\frac{EM1_t}{A_{t-1}} = \frac{ACC_t}{A_{t-1}} - \frac{NDA_t}{A_{t-1}} \quad (9\text{-}4)$$

在估计 $EM2_t$ 的过程中,笔者同样选取每个样本公司 IPO 年度的行业相同的上市公司,估计如下模型的系数:

$$\frac{ACC_t}{A_{t-1}} = \beta_1 \frac{1}{A_{t-1}} + \beta_2 \frac{\Delta REV_t - \Delta REC_t}{A_{t-1}} + \beta_3 \frac{PPE_t}{A_{t-1}} + \beta_4 ROA_t + \varepsilon_t \quad (9\text{-}5)$$

其中,ROA_t 为总资产回报率,为 t 年净利润除以 t 年总资产,其他变量定义同模型(9-2)中的变量定义。笔者通过模型(9-5)估计出的系数 $\hat{\beta}_1$、$\hat{\beta}_2$、$\hat{\beta}_3$ 和 $\hat{\beta}_4$ 带入公式(9-6),计算 t 年样本公司非操控性应计利润(NDA_t):

$$\frac{NDA_t}{A_{t-1}} = \hat{\beta}_1 \frac{1}{A_{t-1}} + \hat{\beta}_2 \frac{\Delta REV_t - \Delta REC_t}{A_{t-1}} + \hat{\beta}_3 \frac{PPE_t}{A_{t-1}} + \hat{\beta}_4 ROA_t \quad (9\text{-}6)$$

通过公式(9-7)计算出 t 年样本公司操纵性应计 $EM2_t$。

$$\frac{EM2_t}{A_{t-1}} = \frac{ACC_t}{A_{t-1}} - \frac{NDA_t}{A_{t-1}} \quad (9\text{-}7)$$

在模型(9-1)中,PE 为虚拟变量,当公司有私募股权投资参与时取 1,否则为 0。$Profit$ 用营业利润除以营运资产来衡量;$Qratio$ 是速动比率,为速动资产除以流动负债;$OCycle$ 是资产周转周期,为应收账款周转率加上存货周转率然后取自然对数;$Cash$ 是总资产标准化的现金和现金等价物;$Growth$ 公司成长性,采用公司当年主营业务收入的增长率来衡量;Lev 是资产负债率,为当年年末总负债除以当年年末总资产;$Size$ 为公司规模,采用公司当年年末总资产的自然对数来衡量;$Sales$ 用主营业务收入取自然对数衡量。Age 为公司的年龄,即从成立到现在的年数;$Auditor$ 为虚拟变量,当公司所选的会计事务所为"十大"时取 1,否则取 0;$State$ 为虚拟变量,当公司为国有控股时取 1,否则取 0;$G1$ 是第一大股东持股比例。另外,笔者还在模型中控制了年度差异和行业差异,引入年度虚拟变量 YR 和行业虚拟变量 IND。

为了检验假设 2 和假设 3,笔者构建如下模型:

$$EM_t = \beta_0 + \beta_1 X + \beta_2 Profit_t + \beta_3 Qratio_t + \beta_4 OCycle_t + \beta_5 Cash_t$$
$$+ \beta_6 Growth_t + \beta_7 Lev_t + \beta_8 Size_t + \beta_9 Sales_t + \beta_{10} Age_t$$
$$+ \beta_{11} Auditor_t + \beta_{12} State_t + \beta_{13} G1_t + YR_t + IND_t + \varepsilon_t \qquad (9\text{-}8)$$

其中,X 代表私募股权投资特征,包括私募股权投资背景、投资规模、投资期限、联合投资以及是否向被投资公司派驻董事。由于一家公司可能有多个私募股权投资参与,每个私募股权投资进入公司的时间或背景也不尽相同,并且有可能多轮投入被投资公司,因此为了统计及分析的方便,本章借鉴陈工孟、俞欣、寇祥河(2011)的做法,对数据做了如下处理:一是持股比例($PEshare$):以发行前持股比例衡量,如果同一家私募股权投资多轮投入,则将各轮投入比例加总;如果多家私募股权投资参与一家公司,则将各私募股权投资投资持股比例加总。二是投资期限(Lnt):以入股时间到公司上市时间之间间隔的月数取自然对数衡量。如果同一家私募股权投资多轮投入或多家私募股权投资参与投资,则都以最早投入的时间计算。这样简化的理由是陈工孟、俞欣、寇祥河(2011)认为,风险投资机构对企业的影响力从第一次投入开始。三是私募股权投资的背景:以持股比例最大的私募股权投资的背景来衡量。这样做的理由是 Barry 等(1990)和 Gompers(1996)发现,出资多(股权多)的一方是决定权的主导方。通过查阅招股说明书对股东的介绍,笔者把私募股权投资的背景分为外资和非外资两种,其中非外资包括国有和民营两类。笔者采用两个变量衡量,当私募股权投资是外资背景时,$Foreign$ 取 1,否则取 0;当私募股权投资是国有背景时,$PEstate$ 取 1,否则取 0。四是联合投资($Count$):用参与同一家公司的私募股权投资个数来衡量。五是是否派驻董事($PEBoard$):公司董事中至少有一名为私募股权投资派驻的董事 $PEBoard$ 取 1,否则取 0。其他变量定义同模型(9-1)中的变量定义。

第四节　样本的描述性统计

表 9-1 为主要变量的描述性统计结果,从表 9-1 中可知,公司 IPO 前 2 年的盈余管理指标 $EM1$ 的均值为 0.025 3,中位数为 0.023 2,最小值为 −0.324 7,最大值为 0.355 1,$EM2$ 的均值为 0.024 5。而公司 IPO 后两年,$EM1$ 的均值为 0.086 6,$EM2$ 的均值为 0.087 9,两者明显高于公司 IPO 前两年的盈余管理。IPO 前两年的观测中 46.77% 的公司有私募股权投资参与,IPO 后 2 年的观测中 44.77% 的公司有私募股权投资参与,这主要是由于 IPO 后 2 年损失了 2012 年的观测,使这个比值降低了。

表 9-1　主要变量的描述性统计

变量	均值	中位数	标准偏差	最小值	最大值
\multicolumn{6}{c}{Panel A IPO 前 2 年和前 1 年(1890)}					
$EM1$	0.025 3	0.023 2	0.160 1	−0.324 7	0.355 1
$EM2$	0.024 5	0.009 6	0.142 4	−0.231 4	0.372 9
PE	0.467 7	0.000 0	0.499 1	0.000 0	1.000 0
$Profit$	0.484 8	0.412 0	0.256 0	0.184 7	1.188 3
$Qratio$	1.184 1	0.990 0	0.699 1	0.370 0	3.000 0
$OCycle$	2.722 8	2.566 9	0.735 4	1.708 0	4.527 9
$Cash$	0.459 6	0.458 5	0.168 7	0.171 9	0.763 3
$Growth$	0.315 6	0.267 8	0.269 1	−0.073 9	0.980 0
Lev	0.498 6	0.507 8	0.143 9	0.233 2	0.741 0
$Size$	19.985 8	19.839 2	0.926 6	18.597 2	22.124 6
$Sales$	19.929 9	19.795 8	1.012 9	18.435 8	22.145 0
Age	5.546 0	5.000 0	4.252 1	0.000 0	15.000 0
$Auditor$	0.038 1	0.000 0	0.191 5	0.000 0	1.000 0
$State$	0.087 3	0.000 0	0.282 4	0.000 0	1.000 0
$G1$	0.376 9	0.373 0	0.137 3	0.162 3	0.641 9
\multicolumn{6}{c}{Panel B IPO 当年和后 1 年(1652)}					
$EM1$	0.086 6	0.052 7	0.163 2	−0.178 0	0.491 9
$EM2$	0.087 9	0.053 1	0.162 3	−0.143 9	0.516 8
PE	0.447 7	0.000 0	0.497 4	0.000 0	1.000 0
$Profit$	0.122 5	0.106 0	0.065 8	0.034 0	0.286 8
$Qratio$	5.000 4	2.853 3	5.148 3	0.660 4	19.755 1
$OCycle$	2.805 9	2.610 7	0.809 7	1.784 9	4.865 1

（续表）

Panel A IPO 前 2 年和前 1 年（1890）				
变量	均值	中位数	标准偏差	最小值	最大值
Cash	0.605 6	0.633 1	0.183 5	0.250 9	0.885 9
Growth	0.284 6	0.247 7	0.247 9	−0.095 3	0.878 7
Lev	0.265 1	0.236 6	0.167 3	0.047 0	0.604 2
Size	21.096 7	20.934 8	0.843 9	19.930 4	23.223 0
Sales	20.425 6	20.270 7	1.065 3	18.894 9	22.838 1
Age	7.110 8	7.000 0	4.092 6	2.000 0	16.000 0
Auditor	0.047 8	0.000 0	0.213 5	0.000 0	1.000 0
State	0.099 9	0.000 0	0.300 0	0.000 0	1.000 0
G1	0.380 1	0.373 8	0.140 6	0.162 6	0.650 2

表 9-2 为私募股权投资特征变量的描述性统计结果，表 9-2 的结果显示，参与上市公司的私募股权投资中有 13.56% 为外资背景，23.56% 为国有背景，其他的全部为民营背景，可见我国私募股权投资以民营背景的私募股权投资为主。私募股权投资从投资公司到公司上市的时间平均为 1 056 天，私募股权投资持股比例平均是 10.38%，同一家公司一般有 3 个私募股权投资参与，其中 63.33% 的私募股权投资向被投资公司派驻董事。

表 9-2 私募股权投资特征的描述性统计

变量	观测数	均值	中位数	标准偏差	最小值	最大值
Foreign	450	0.135 6	0.000 0	0.342 7	0.000 0	1.000 0
PEstate	450	0.235 6	0.000 0	0.424 8	0.000 0	1.000 0
Count	450	2.411 1	2.000 0	1.744 8	1.000 0	17.000 0
PEshare	450	0.103 8	0.080 0	0.075 3	0.003 4	0.399 8
T	450	1 056.89	895.00	696.02	127.00	3 613.00
PEboard	450	0.633 3	1.000 0	0.482 4	0.000 0	1.000 0

表 9-3 列示了有无私募股权投资参与对公司 IPO 前后盈余管理影响差异的比较结果。从表 9-3 中可以发现，在公司 IPO 前 2 年，有私募股权投资参与的公司其盈余管理低于无私募股权投资参与的公司的盈余管理，而 IPO 后 2 年，有私募股权投资参与的公司其盈余管理高于无私募股权投资参与的公司的盈余管理，无论是均值检验还是中位数检验，上述差别都是非常显著的，符合假设 1。

表 9-3　有无私募股权投资参与的公司盈余管理(EM)差异比较

			有私募股权投资参与的公司	无私募股权投资参与的公司	Diff
			(1)	(2)	(1)−(2)
IPO前2年和前1年	EM1	均值	−0.020 0	0.027 1	−0.047 1**
	EM1	中位数	0.016 9	0.030 8	−0.013 9*
	EM2	均值	0.000 4	0.066 6	−0.066 2**
	EM2	中位数	0.005 1	0.015 1	−0.010 0*
IPO当年和后1年	EM1	均值	0.095 7	0.034 3	0.061 4**
	EM1	中位数	0.069 5	0.042 1	0.027 4***
	EM2	均值	0.103 6	0.045 0	0.058 6**
	EM2	中位数	0.060 9	0.041 7	0.019 2***

注：***、**、*分别表示在1%、5%、10%水平上的显著性。

第五节　实证结果与分析

表 9-4 列示了私募股权投资对公司 IPO 前 2 年盈余管理影响的结果,从表 9-4 中可以发现,当盈余管理用 EM1 衡量时,PE 和 EM1 显著负相关;当盈余管理用 EM2 衡量时,PE 和 EM2 也是显著负相关,这说明私募股权投资能够降低公司 IPO 前 2 年的盈余管理。表 9-5 列示了私募股权投资对公司 IPO 后 2 年盈余管理影响的结果,从表 9-5 中可知,当盈余管理使用 EM1 和 EM2 衡量时,PE 和 EM1、EM2 的回归系数都在 5% 的水平上显著为正,这表明私募股权投资能够提高公司 IPO 当年和后 1 年的盈余管理,结合表 9-4 的结果,说明私募股权投资策略性地影响公司 IPO 前后的盈余管理,在 IPO 前 2 年适当降低公司盈余管理,使得盈余进行反转,然后在 IPO 当年以及后 1 年再提高公司的盈余管理,进而推高私募股权投资退出的股价,获得较高的退出收益,验证了假设 1。

表 9-4　私募股权投资对公司 IPO 前 2 年盈余管理影响的回归结果

变量	因变量：EM1		因变量：EM2	
	系数	t	系数	t
Constant	1.090 2**	2.16	1.245 0**	2.47
PE	−0.070 6*	−1.77	−0.069 2*	−1.86
Profit	0.133 0***	3.00	0.133 0***	2.92
Qratio	0.018 4	1.55	0.019 1	1.61

（续表）

变量	因变量：EM1		因变量：EM2	
	系数	t	系数	t
OCycle	−0.042 0	−1.47	−0.047 2*	−1.66
Cash	−0.173 2	−1.17	−0.130 3	−0.89
Growth	0.030 7	0.89	0.024 0	0.70
Lev	−0.001 8	−1.11	−0.001 9	−1.14
Size	−0.036 3	−0.65	−0.054 7	−0.98
Sales	−0.009 1	−0.17	0.004 8	0.09
Age	0.003 0	0.62	0.001 5	0.32
Auditor	0.064 8	0.50	0.076 1	0.59
State	0.006 9	0.09	0.010 5	0.13
G1	0.001 0	0.66	0.000 9	0.55
YR	yes		yes	
IND	yes		yes	
调整的 R^2	0.101 1		0.098 9	
样本量	1 890		1 890	

表 9-5　私募股权投资对公司 IPO 当年和后 1 年盈余管理影响的回归结果

变量	因变量：EM1		因变量：EM2	
	系数	t	系数	t
Constant	−1.448 0***	−4.03	−1.457 9***	−4.09
PE	0.064 9**	2.40	0.062 8**	2.34
Profit	−0.052 4	−0.54	−0.063 5	−0.66
Qratio	−0.003 0*	−1.76	−0.003 3*	−1.95
OCycle	−0.001 0	−0.07	0.002 3	0.18
Cash	−0.002 3	−0.03	−0.051 2	−0.59
Growth	0.025 1	0.68	0.031 7	0.86
Lev	0.000 9	0.01	−0.073 6	−0.66
Size	0.081 5**	2.57	0.085 8***	2.73
Sales	−0.008 5	−0.30	−0.010 1	−0.36
Age	−0.003 5	−1.16	−0.003 3	−1.12
Auditor	−0.143 4**	−1.98	−0.230 2***	−3.21
State	−0.065 0	−1.44	−0.090 3**	−2.02
G1	−0.001 8**	−1.92	−0.001 3	−1.44
YR	yes		yes	
IND	yes		yes	
调整的 R^2	0.035 0		0.032 8	
样本量	1 652		1 652	

注：***、**、* 分别表示在 1%、5%、10% 水平上的显著性。

表 9-6 列示了私募股权投资特征对 IPO 前 2 年盈余管理影响的结果，表 9-6 的结果显示，第一列 *Foreign* 和 *EM1* 显著负相关，表明外资背景的私募股权投资能够降低公司 IPO 前 2 年的盈余管理；第二列国有背景的私募股权投资和 *EM1* 负相关，但并不显著；第三列私募股权投资持股比例和 *EM1* 显著负相关，说明私募股权投资持股比例越大，公司 IPO 前 2 年的盈余管理越低；第四列表明私募股权投资投资的时间越长，越能降低公司 IPO 前 2 年的盈余管理；第五列私募股权投资联合投资和 *EM1* 的关系没有发现显著性结果；第六列表明私募股权投资向被投资公司派驻董事，能够降低公司 IPO 前两年的盈余管理。

表 9-6　私募股权投资特征对公司 IPO 前 2 年和前 1 年盈余管理影响的回归结果

变量	EM1	EM1	EM1	EM1	EM1	EM1 ①
Constant	0.139 2 (0.58)	0.116 2 (0.49)	0.698 5*** (2.77)	1.126 1*** (4.26)	1.014 1*** (3.83)	0.255 5 (1.35)
Foreign	−0.200 5** (−2.01)					
PEstate		−0.014 1 (−0.81)				
PEshare			−0.874 1** (−2.10)			
Lnt				−0.037 5** (−2.52)		
Count					0.001 6 (0.32)	
PEboard						−0.011 1* (−1.87)
Profit	−0.020 7 (−0.87)	−0.022 2 (−0.93)	0.012 2 (0.48)	0.027 9 (1.06)	0.035 2 (1.34)	0.004 9 (0.17)
Qratio	−0.003 3 (−0.28)	−0.003 1 (−0.26)	−0.005 2 (−0.41)	0.008 0 (0.61)	0.005 5 (0.42)	−0.005 7 (−0.31)
OCycle	−0.030 4*** (−2.67)	−0.030 7*** (−2.70)	−0.035 8*** (−2.97)	−0.038 1*** (−3.05)	−0.036 5*** (−2.90)	−0.037 7*** (−2.97)
Cash	−0.128 2** (−2.03)	−0.132 1** (−2.09)	−0.119 5* (−1.78)	−0.132 6* (−1.90)	−0.110 8 (−1.59)	−0.061 1 (−0.96)
Growth	−0.044 0** (−2.33)	−0.042 0** (−2.23)	0.011 0 (0.55)	0.003 7 (0.18)	0.007 3 (0.35)	−0.057 9*** (−2.84)

① 此外笔者还使用 *EM2* 对模型 2 进行回归，由于篇幅原因，不再报告结果。

（续表）

变量	EM1	EM1	EM1	EM1	EM1	EM1[①]
Lev	−0.000 8	−0.000 8	−0.001 2	−0.001 9**	−0.001 6*	−0.001 1
	(−1.00)	(−1.07)	(−1.47)	(−2.13)	(−1.88)	(−1.38)
Size	0.043 9**	0.045 0**	0.021 5	0.019 6	0.011 5	0.031 0
	(1.97)	(2.03)	(0.91)	(0.80)	(0.47)	(1.51)
Sales	−0.036 9*	−0.036 7*	−0.034 6	−0.040 5*	−0.040 3*	−0.031 0*
	(−1.82)	(−1.81)	(−1.61)	(−1.82)	(−1.81)	(−1.68)
Age	0.001 5	0.001 7	0.002 0	0.002 0	0.001 3	−0.001 0
	(0.90)	(0.99)	(1.08)	(1.07)	(0.69)	(−0.68)
Auditor	−0.062 3	−0.055 6	−0.051 7	−0.061 2	−0.071 2	−0.040 6
	(−1.10)	(−0.99)	(−0.86)	(−0.99)	(−1.15)	(−0.89)
State	0.003 0	0.003 5	−0.004 7	0.012 8	−0.001 6	−0.017 1
	(0.10)	(0.12)	(−0.15)	(0.39)	(−0.05)	(−0.72)
G1	0.000 0	−0.000 1	0.000 1	−0.000 2	0.000 1	−0.000 2
	(−0.03)	(−0.13)	(0.24)	(−0.30)	(0.12)	(−0.31)
YR	yes	yes	yes	yes	yes	yes
IND	yes	yes	yes	yes	yes	yes
调整的 R^2	0.067 9	0.119 6	0.097 9	0.104 0	0.096 6	
样本量	858	858	858	858	858	858

注：***、**、* 分别表示在 1%、5%、10% 水平上的显著性。

表 9-7 列示了私募股权投资特征对 IPO 后 2 年盈余管理影响的结果。表 9-7 的结果显示，第一列 Foreign 和 EM1 显著负相关，表明外资背景的私募股权投资能够降低公司 IPO 后 2 年的盈余管理，结合表 9-6 的结果，可知外资背景的私募股权投资无论是公司 IPO 前还是 IPO 后都会降低公司的盈余管理，表明外资背景的私募股权投资支持代理假说，他们更好地发挥了监督作用，对投资的公司管理层进行监督，从而影响其对公司的决策，降低代理成本，进而降低公司的盈余管理，验证了假设 2。

表 9-7　私募股权投资特征对公司 IPO 当年和后 1 年盈余管理影响的回归结果

变量	EM1	EM1	EM1	EM1	EM1	EM1
Constant	−0.876 1***	−1.811 4***	−0.730 1***	−0.725 1***	−0.930 6***	−0.766 2***
	(−3.83)	(−4.55)	(−3.20)	(−2.99)	(−3.96)	(−3.19)
Foreign	−0.005 3**					
	(−2.29)					
PEstate		0.047 2*				
		(1.69)				

（续表）

变量	EM1	EM1	EM1	EM1	EM1	EM1
PEshare			0.091 0*			
			(1.65)			
Lnt				−0.009 6		
				(−0.87)		
Count					0.000 1	
					(0.03)	
PEboard						0.009 4
						(1.18)
Profit	−0.511 8***	0.077 4	−0.438 4***	−0.259 2*	−0.295 4*	−0.235 0
	(−3.42)	(0.32)	(−2.95)	(−1.70)	(−1.93)	(−1.53)
Qratio	−0.001 6	−0.001 1	−0.001 3	−0.000 8	−0.001 3	−0.000 8
	(−0.84)	(−0.55)	(−0.68)	(−0.42)	(−0.65)	(−0.41)
OCycle	0.002 4	0.024 0	0.002 8	−0.010 0	−0.010 2	−0.009 8
	(0.22)	(1.49)	(0.26)	(−0.89)	(−0.91)	(−0.87)
Cash	0.065 3	0.016 5	0.057 5	0.070 8	0.091 7*	0.080 1
	(1.32)	(0.19)	(1.15)	(1.38)	(1.81)	(1.57)
Growth	0.068 6**	0.029 3	0.063 6**	0.065 0**	0.069 6**	0.063 3**
	(2.56)	(0.68)	(2.38)	(2.37)	(2.53)	(2.31)
Lev	0.034 2	0.067 0	0.071 4	0.023 2	−0.013 5	0.031 6
	(0.47)	(0.57)	(1.00)	(0.32)	(−0.18)	(0.43)
Size	0.042 2**	0.107 8***	0.033 0	0.030 6	0.039 3	0.028 7
	(2.05)	(2.99)	(1.59)	(1.44)	(1.85)	(1.33)
Sales	0.005 6	−0.018 1	0.007 1	0.015 0	0.012 4	0.014 9
	(0.32)	(−0.59)	(0.41)	(0.84)	(0.70)	(0.83)
Age	−0.003 4**	−0.005 0*	−0.004 1**	−0.004 0**	−0.003 9**	−0.004 4**
	(−2.24)	(−1.82)	(−2.66)	(−2.52)	(−2.48)	(−2.84)
Auditor	−0.059 4	0.018 7	−0.055 8	−0.040 2	−0.057 9	−0.045 2
	(−1.17)	(0.19)	(−1.08)	(−0.77)	(−1.11)	(−0.86)
State	−0.069 4***	−0.116 0***	−0.075 9***	−0.062 5***	−0.065 9***	−0.068 9***
	(−3.05)	(−2.60)	(−3.33)	(−2.65)	(−2.84)	(−2.97)
Gl	−0.000 5	−0.001 2	−0.000 4	−0.000 6	−0.000 5	−0.000 5
	(−1.03)	(−1.28)	(−0.80)	(−1.14)	(−0.88)	(−0.92)
YR	yes	yes	yes	yes	yes	yes
IND	yes	yes	yes	yes	yes	yes
调整的 R^2	0.063 0	0.044 1	0.069 3	0.065 3	0.059 7	0.064 8
样本量	740	740	740	740	740	740

注：***、**、*分别表示在1%、5%、10%水平上的显著性。

表 9-7 中第二列国有背景的私募股权投资和 *EM1* 显著正相关,表明国有背景的私募股权投资能够提高 IPO 后 2 年的盈余管理;第三列私募股权投资持股比例和 *EM1* 显著正相关,说明私募股权投资持股比例越大,公司 IPO 前 2 年的盈余管理越高;从第四列、第五列和第六列结果发现,私募股权投资投资期限、私募股权投资联合投资以及是否向被投资公司派驻董事和 *EM1* 的关系没有发现显著性结果。综合表 9-6 和表 9-7 的结果,私募股权投资的持股比例越大,越能策略性地影响公司的盈余管理,而私募股权投资投资期限、联合投资以及派驻董事影响公司的盈余管理的策略性并不明显。通过以上结果可知,外资背景的私募股权投资能够更多地发挥其监督职能,这支持了代理假说。相比外资背景的私募股权投资,国有和民营背景的私募股权投资支持机会主义假说,策略性地影响公司 IPO 前后的盈余管理,从而获得较高的退出收益。

第六节 稳健性检验

为了增加研究结论的可靠性,笔者对上述研究结果进行了稳健性测试:

(1)笔者对样本所有连续变量进行 1% 和 99% 的 winsorize 处理后,重新对以上模型回归,结果与之前无实质差别。

(2)对于私募股权投资的衡量,所有回归中私募股权投资采用广义的私募股权投资,笔者采用狭义的私募股权投资定义,将投资期限小于 3 年的股权投资定义为私募股权投资。

(3)内生性的考虑。公司的特征可能与公司的盈余管理有关,而公司的特征又可能影响到私募股权投资对公司投资的决策,即存在内生性问题。本章采用两种方法来解决该问题,第一种是 Heckman(1979)提出的两阶段模型,第二种是 Rosenbaum 和 Rubin(1993)提出的倾向评分配比法(propensity score matching,简称 PSM)。具体说明如下:第一种方法使用 Heckman(1979)两阶段模型,第一阶段笔者使用 Probit model 估计选择私募股权投资时的 Inverse Mill's Ratio(IMR)。笔者主要考虑了公司上市前的财务和公司特征对选择私募股权投资的影响。具体模型如下:

$$PE = \beta_0 + \beta_1 BV + \beta_2 Profit + \beta_3 Qratio + \beta_4 OCycle + \beta_5 Cash$$
$$+ \beta_6 Growth + \beta_7 Lev + \beta_8 Size + \beta_9 Sales + \beta_{10} Age + \beta_{11} SOE$$
$$+ \beta_{12} Gl + \beta_{13} Local + YR + IND + \varepsilon \qquad (9-9)$$

其中:*BV* 为权益账面价值除以总资产;*SOE* 为虚拟变量,当公司为国有控股时取 1,否则取 0;*Local* 为虚拟变量,当公司注册地点位于北京、上海、广东、江苏和浙江五省市则取 1,否则取 0。其他变量定义同模型(9-1)中的变量定义,另外,以上变量除了 *PE*、*SOE* 和 *Local* 之外,其他变量都使用公司上市前 3 年该变量的平均值。

表9-8 列示了私募股权投资对公司 IPO 前 2 年盈余管理影响的结果,Heckman(1979)第一阶段回归结果显示,*OCycle*、*G1* 和 *PE* 显著正相关,说明公司资产周转周期越长以及股权集中度越高的公司越倾向于引入私募股权投资。而 *Cash*、*Growth* 和 *PE* 显著负相关,表明资金规模越大、增长率较低的公司引入私募股权投资的概率较小。在第二阶段中,笔者将 Inverse Mill's Ratio(IMR)带入模型(6-1),修正自选择所导致的偏误。回归结果发现,*PE* 和 *EM1* 显著负相关,这表明在控制了内生性之后,私募股权投资能够降低公司 IPO 前的盈余管理。

表 9-8　私募股权投资对公司 IPO 前 2 年的盈余管理影响——基于 Heckman(1979)的回归结果

变量	第一阶段(Probit) 因变量: PE		Heckman(1979)第二阶段 因变量: EM1 ①	
	系数	Wald Chi-Square	系数	t
Constant	−0.673 2	0.24	1.029 0	1.72
PE			−0.075 0*	−1.67
BV	0.218 0	0.09		
Profit	0.004 4	0.03	0.132 7***	2.96
Qratio	0.033 6	0.81	0.016 8	1.31
OCycle	0.208 0***	9.81	−0.060 4	−1.21
Cash	−0.944 7***	7.54	−0.069 1	−0.27
Growth	−0.345 8***	8.06	0.059 1	0.55
Lev	0.009 5	1.67	−0.001 9	−0.82
Size	−0.189 9	2.32	−0.028 5	−0.38
Sales	0.159 4	1.72	−0.006 8	−0.10
Age	−0.001 2	0.01	0.002 7	0.56
Auditor			0.051 6	0.40
State	0.233 5	1.56	0.001 0	0.01
G1	0.017 9***	24.42	−0.000 2	−0.05
Local	0.127 5	1.5 8		
IMR			−0.111 4	−0.30
YR	yes		yes	
IND	yes		yes	
调整的 R²			0.090 4	
Chi-Square	91.289 4***			
样本量	1 890		1 890	

注:***、**、*分别表示在 1%、5%、10%水平上的显著性。其中 *IMR* 为 Heckman(1979)方法中第一阶段 Probit 模型回归的 inverse Mills' ratio。

---

① Heckman(1979)第二阶段回归中因变量也采用了 *EM2*,回归结果跟 *EM1* 类似,不再重复报告。

表 9-9 为私募股权投资对公司 IPO 后两年盈余管理影响的回归结果，Heckman(1979)第一阶段回归结果跟表 9-8 中结果类似，不再重复解释。Heckman(1979)第二阶段回归结果显示，*PE* 和 *EM1* 显著正相关，表明私募股权投资提高了公司 IPO 之后两年的盈余管理，且在控制了内生性之后，原文的结论仍然成立。

表 9-9　私募股权投资对公司 IPO 后 2 年的盈余管理影响——基于 Heckman (1979)的回归结果

变量	第一阶段（Probit）因变量：*PE*		Heckman(1979)第二阶段因变量：*EM1* ①	
	系数	*Wald Chi-Square*	系数	*t*
Constant	0.784 9	0.39	−1.458 1	−4.05
PE			0.065 2**	2.40
BV	0.245 0	0.49		
Profit	1.289 2**	6.40	−0.019 2	−0.14
Qratio	0.007 5	1.14	−0.002 8	−1.51
OCycle	0.184 5***	9.82	0.004 3	0.21
Cash	−0.579 5*	2.74	−0.023 0	−0.22
Growth	−0.300 5**	3.97	0.015 3	0.32
Lev	1.254 2***	8.04	0.040 3	0.25
Size	−0.215 3*	2.96	0.072 6*	1.77
Sales	0.119 3	1.03	−0.003 2	−0.10
Age	0.003 1	0.07	−0.003 4	−1.13
Auditor			−0.143 0**	−1.98
State	0.075 3	0.16	−0.062 7	−1.38
Gl	0.022 9***	36.55	−0.001 0	−0.39
Local	0.052 8	0.25		
IMR			0.061 5	0.34
YR	yes		yes	
IND	yes		yes	
调整的 R^2			0.035 2	
Chi-Square	114.690 7***			
样本量	1 652		1 652	

注：***、**、*分别表示在1%、5%、10%水平上的显著性。其中 *IMR* 为 Heckman(1979)方法中第一阶段 Probit 模型回归的 inverse Mills' ratio。

第二种使用 Rosenbaum 和 Rubin(1993)提出的倾向评分配比法(PSM)，笔者先按照模型(9-9)估算每家公司被私募股权投资参与的 propensity score，然后为

———————————

① Heckman (1979)第二阶段回归中因变量也采用了 *EM2*，回归结果跟 *EM1* 类似，不再重复报告。

每一个有私募股权投资参与的公司寻找 propensity score 最接近的无私募股权投资参与的公司作为对照样本，重新对模型(9-1)进行回归，结果见表9-10。

表9-10 的结果基本和表 9-4、表 9-5 的回归结果一致，基于 PSM 方法，私募股权投资对公司 IPO 前 2 年盈余管理影响回归中系数显著为负，而在 IPO 后 2 年私募股权投资的系数显著为正，这表明我国私募股权投资是策略性地影响公司 IPO 前后的盈余管理，在 IPO 前降低盈余管理，之后盈余进行反转，并且在公司 IPO 后，私募股权投资退出前提高盈余管理，从而推高股价，获得较高的退出收益，这支持了机会主义假说。

表 9-10　私募股权投资对公司 IPO 前后 2 年盈余管理的影响——基于 PSM 的回归结果

变量	IPO 前两年因变量：EM1		IPO 后两年因变量：EM1 ①	
	系数	t	系数	t
Constant	−0.242 9**	−2.46	−1.696 0***	−4.20
PE	−0.043 3*	−1.74	0.008 9*	1.89
Profit	−0.001 0	−0.03	0.001 1	0.01
Qratio	−0.021 4	−0.93	−0.001 0	−0.52
OCycle	−0.039 3	−1.26	0.026 7	1.53
Cash	0.003 1	0.02	−0.044 6	−0.44
Growth	−0.099 9***	−3.29	−0.008 4	−0.18
Lev	0.000 0	0.00	0.087 1	0.67
Size	−0.014 1	−0.23	0.135 3***	3.52
Sales	0.032 7	0.57	−0.048 8	−1.42
Age	0.000 6	0.13	−0.003 8	−1.15
Auditor	0.024 1	0.17	−0.273 4***	−2.81
State	−0.009 0	−0.10	−0.113 7**	−2.09
Gl	0.000 6	0.37	−0.002 2**	−2.06
YR	yes		yes	
IND	yes		yes	
调整的 R^2	0.064 5		0.032 3	
样本量	1 698		1 297	

注：***、**、* 分别表示在 1%、5%、10% 水平上的显著性。

在考察私募股权投资对公司 IPO 前 2 年盈余管理影响时，笔者的样本中包括私募股权投资投资期限小于 1 年的观测值，而投资期限小于 1 年的私募股权投资

---

① 因变量我们采用 EM2 对模型 1 进行回归，结果跟表 10 类似，不再报告结果。

只能影响 IPO 前 1 年的盈余管理,不能影响 IPO 前 2 年的盈余管理,因此笔者将私募股权投资投资期限小于 1 年的观测值剔除,重新对模型(9-1)回归,得到的结果见表 9-11。

表 9-11　私募股权投资对公司 IPO 前 2 年盈余管理影响的回归结果①

变量	因变量: $EM1$		因变量: $EM2$	
	系数	t	系数	t
Constant	1.151 4**	2.25	0.859 0*	1.68
PE	−0.080 0*	−1.73	−0.083 8*	−1.81
Profit	0.133 1***	2.83	0.132 8***	2.81
Qratio	0.019 4	1.61	0.018 8	1.57
OCycle	−0.050 1*	−1.73	−0.050 5*	−1.74
Cash	−0.133 7	−0.87	−0.140 5	−0.91
Growth	0.023 3	0.66	0.028 7	0.82
Lev	−0.002 0	−1.20	−0.001 6	−0.93
Size	−0.034 1	−0.58	−0.030 3	−0.52
Sales	−0.011 0	−0.20	−0.003 4	−0.06
Age	0.002 5	0.50	0.003 3	0.67
Auditor	0.061 9	0.47	0.040 7	0.31
State	0.007 2	0.09	0.012 2	0.15
G1	0.001 1	0.68	0.001 1	0.67
YR	yes		yes	
IND	yes		yes	
调整的 R^2	0.093 2		0.091 5	
样本量	1 838		1 838	

注: ***、**、* 分别表示在 1%、5%、10% 水平上的显著性。

由表 9-11 可知,当因变量采用 $EM1$ 和 $EM2$ 衡量时,PE 的系数都显著为负,这表明剔除了私募股权投资投资期限小于 1 年的观测值之后,私募股权投资仍能降低公司 IPO 前 2 年的盈余管理,并不改变前文的结论。其他变量的回归结果跟表 9-4 中的结果类似,不再重复解释。

---

① 此表中样本为剔除私募股权投资投资期限小于 1 年的观测之后的样本。此外,在考察私募股权投资特征对 IPO 前 2 年盈余管理时,我们也将样本做了同样处理,重新对模型(9-8)回归,得到的结果跟表 9-6 类似,这里不再报告。

第七节　主要结论

　　本章对私募股权投资参与的公司在新股发行过程中的盈余管理问题进行了研究。笔者研究发现，相对无私募股权投资参与的公司，有私募股权投资参与的公司在 IPO 前 2 年盈余管理程度较低，而在 IPO 后 2 年盈余管理程度较高，这表明私募股权投资为了获得更高的退出收益，策略性地影响公司的盈余管理，在公司 IPO 前降低盈余管理，IPO 之后盈余进行反转，并提高 IPO 之后的盈余管理，推高私募股权投资退出时的股价，从而获得较高的退出收益。笔者进一步研究发现，外资背景的私募股权投资无论是在 IPO 前还是 IPO 后都能够降低公司的盈余管理，说明外资背景的私募股权投资更能发挥监督作用，这支持了代理假说，而非外资背景的私募股权投资支持机会主义假说，在 IPO 后 2 年提高公司的盈余管理，以获得较高的退出收益。此外，私募股权投资的投资规模也能够影响公司 IPO 前后的盈余管理，私募股权投资的持股比例越大，越能策略性地影响公司的盈余管理，另外，私募股权投资的投资期限、联合投资以及是否派驻董事对公司盈余管理的策略性影响并不明显。总之，我国私募股权投资的行为支持了机会主义假说，而外资背景的私募股权投资支持代理假说，这说明外资背景的私募股权投资相比内资背景的私募股权投资更能发挥监督作用，提高被投资公司的价值，因此应提高我国私募股权投资自身团队的建设，同时政策制定部门应加强相关的制度规范私募股权投资的内部管理，提高其服务质量，进而提高融资效率和企业价值。

第十章 研究结论与政策建议

第一节 研究结论

一、主要结论

私募股权投资作为一种重要的融资方式,不仅为被投资企业提供资金,还对企业的经营活动产生影响。本书研究私募股权投资进入企业之后,对公司治理、债务契约以及会计实践活动的影响,主要得到以下结论:

(一)私募股权投资与公司治理

笔者研究了私募股权投资对被投资企业高管薪酬契约的影响。研究发现,私募股权投资参与的上市公司薪酬业绩敏感度普遍高于无私募股权投资参与的上市公司。从股权性质角度考虑,外资背景的私募股权投资较非外资背景的私募股权投资参与的上市公司薪酬业绩敏感度更高;而国有背景的私募股权投资较民营背景的私募股权投资参与的上市公司薪酬业绩敏感度更高。进一步研究显示,私募股权投资持股比例越高、投资期限越长、投资该公司的私募股权数量越多,被投资公司的薪酬业绩敏感度越高。

另外,笔者从专业化董事角度检验了私募股权投资对被投资公司治理的影响。研究发现,私募股权投资自身的特征,包括私募股权投资背景、投资规模、投资期限以及联合投资,都能够影响私募股权投资是否向被投资企业派驻董事。此外,公司的股权特征,包括第一大股权持股比例以及 CEO 持股比例都能影响私募股权投资派驻董事的概率。这表明私募股权投资向被投资公司派驻董事不仅受到私募股权自身特征的影响还受到公司特征的影响。此外,笔者考察了私募股权投资派驻董事对公司董事会结构的影响,研究发现,有私募股权投资派驻董事的公司相对无私募股权投资派驻董事的公司董事会规模较大,专业化董事较多且专业化董事比例较高,这表明私募股权投资影响被投资公司董事会的途径是通过向公司派驻董事以增加董事会中专业化董事比例。同时,笔者考察了私募股权投资向被投资企业派驻董事的经济后果,研究了私募股权投资通过派驻董事影响公司专业化董事比例进而对公司业绩产生的影响,研究结果表明,相比无私募股权投资派驻董事的公司,有私募股权投资派驻董事的公司专业化董事比例和公司业绩之间的敏感程度较高,表明私募股权投资通过影响被投资公司董事会结构,完善公司治理机制来进一步提高公司业绩。

(二) 私募股权投资与债务契约

本书从信号理论出发,基于债权人和债务人之间的信息不对称,检验了私募股权投资的参与在上市公司债券融资过程中所发挥的信号作用,即私募股权投资是否能够影响被投资企业的债务契约,具体分为私募股权投资对上市公司债务融资数量、债务融资成本和债务期限结构的影响。首先,有私募股权投资参与的公司相比于无私募股权投资参与的公司,其获得的银行借款更多,包括总借款增量、长期借款增量和短期借款增量,这表明私募股权投资的参与在上市公司债务融资中发挥了积极的信号作用,有助于企业获得银行借款。其次,检验了私募股权投资对被投资公司债务融资成本的影响,研究结果发现,私募股权投资的参与显著降低了企业的债务融资成本,表现为有私募股权投资参与的公司相比于无私募股权投资参与的公司,债务融资成本更低,表明私募股权投资的参与向债权人发出了有关公司质量的积极信号,从而降低了债权人的风险索偿。再次,检验了私募股权投资对被投资公司债务期限结构的影响,结果发现有私募股权投资参与的公司其长期借款比例显著高于无私募股权投资参与的公司,即私募股权投资的参与有利于提高长期借款比例,改善债务期限结构。最后,进一步研究发现,私募股权投资的特征也影响被投资公司的债务契约,国有背景、私募股权投资持股比例、参与的私募股权投资数量和投资期限等特征能显著影响被投资公司的债务融资数量、债务融资成本和债务期限结构。

(三) 私募股权投资与股利政策

笔者研究发现,有私募股权投资参与的公司更倾向于分配现金股利,且现金股利支付率较高,这表明私募股权投资不仅影响公司现金股利的分配倾向,还影响现金股利的分配力度。进一步研究发现,私募股权投资的特征同样影响公司的现金股利政策,具体来说,外资背景、投资规模越大、投资期限越长和联合投资的私募股权投资参与的公司更倾向于分配现金股利且现金股利支付率较高。笔者的结论表明:外资背景的私募股权投资更能影响公司的股利政策;私募股权投资的投资规模越大,投资期限越长,越有动力影响公司管理层的决策,从而提高公司的现金股利支付率。此外,联合投资的私募股权投资对公司的现金股利政策影响更大,这主要是因为多家 PE 机构能够共同监督管理层,使其做出有利的决策。

(四) 私募股权投资与新股分析师关注

本书研究发现,私募股权投资支持的企业能够吸引到更多的证券分析师关注,并且证券分析师的预测也更加准确,这与私募股权投资的认证假说和市场能力假说相符。从股权性质角度考虑,相比非外资背景的私募股权投资,外资背景的私募股权投资支持的企业在上市时受到更多的证券分析师关注,并且分析师预测准确度也更高。此外,参与上市公司的私募股权投资机构越多,对该上市公司关注的证券分析师越多,但并未发现对分析师预测准度的显著影响。

(五) 私募股权投资与盈余管理

本书对私募股权投资参与的公司在新股发行过程中的盈余管理问题进行了研究。研究发现,相比无私募股权投资参与的公司,有私募股权投资参与的公司在 IPO 前 2 年盈余管理程度较低,而在 IPO 后 2 年盈余管理程度较高,这表明私募股权投资为了获得更高的退出收益,策略性地影响公司的盈余管理,在公司 IPO 前降低盈余管理,IPO 之后盈余进行反转,并提高 IPO 之后的盈余管理,推高私募股权投资退出时的股价,从而获得较高的退出收益。进一步研究发现,外资背景的私募股权投资无论是在 IPO 前还是 IPO 后都能够降低公司的盈余管理,说明外资背景的私募股权投资更能发挥监督职能,这支持了代理假说,而非外资背景的私募股权投资支持机会主义假说,在 IPO 后 2 年提高公司的盈余管理,以获得较高的退出收益。此外,私募股权投资的投资规模也能够影响公司 IPO 前后的盈余管理,私募股权投资的持股比例越大,越能策略性地影响公司的盈余管理,另外,私募股权投资的投资期限、联合投资以及是否派驻董事对公司盈余管理策略性影响并不明显。总之,我国私募股权投资的行为支持了机会主义假说,而外资背景的私募股权投资支持代理假说。

二、研究局限

本书的研究局限主要有以下两个方面:

(1) 本书的研究样本局限于私募股权投资以 IPO 方式退出的公司,所获得的研究结论在私募股权投资以其他方式退出的公司中是否成立有待进一步的检验。另外在研究私募股权投资对被投资公司治理以及债务契约影响时,笔者无法获得公司 IPO 前董事会和银行借款的详细信息,这可能会在一定程度上影响对研究结论的深入讨论。

(2) 研究私募股权投资对被投资公司的影响往往面临如何控制内生性的问题,如公司的特征可能与公司的董事会、债务契约以及会计实践活动有关,而公司的特征又可能影响到私募股权投资对公司投资的决策，即存在内生性问题。本书虽然使用了Heckman(1979)二步法以及Rosenbaum和Rubin(1993)的倾向评分配比法(PSM)来处理内生性问题，但是还需更多的理论和计量方法来佐证。

第二节 政策建议

根据实证研究发现的结果，笔者提出如下政策建议。

一、大力发展本土私募股权投资，提高我国私募股权投资团队的服务质量

我国私募股权投资发展时间较短，我国私募股权投资从兴起到发展至今仅20多年时间，但目前我国已成为全球私募股权投资发展最快的地区之一。然而与发展较早的欧美国家的私募股权投资相比，我国私募股权投资仍处于快速成长的阶段。Leeds和Sunderland(2003)认为，新兴市场私募股权投资的很多方面都是模仿美国的，包括资金筹集策略、组织结构、投资过程等，但由于潜在的制度环境不同，所取得的效果并不一定相同。笔者发现，外资背景的私募股权投资更适合监督被投资公司的管理层，从而降低公司IPO前后的盈余管理，这支持了代理假说；而非外资背景的私募股权投资在其退出前提高公司的盈余管理，这支持了机会主义假说。这说明外资背景的私募股权投资更能起到监督作用，从而提高公司的价值。一般来说，外资背景的私募股权投资的管理团队大多具有海外投资经历，并且具有良好的行业背景和长期从业经验。而我国私募股权投资的管理团队多是财务和投行出身，虽然在资本运作和财务方面比较有优势，但是对于投资的行业认识并不够专业。因此，我国私募股权投资应加大对人力资本的投资，并且学习成功的外资私募股权投资的运作模式和管理方法，提高我国私募股权投资团队的服务质量。

二、发展多层次的资本市场，完善我国私募股权投资的退出渠道

我国私募股权投资绝大多数采取IPO的方式退出，本书的研究样本就是私募股权投资以IPO方式退出的观测值。这主要源于我国2009年10月推出创业板，极大地丰富了我国私募股权投资退出的渠道。然而单一的退出渠道势会影响私募股权投资的发展，因此，应完善我国私募股权投资的退出渠道，具体建议如下：一方面，建立健全和私募股权投资有关的法律监管体系，我国目前还没有专门的私募股权投资法规，应尽快出台专门的法规以保证私募股权投资的良性发展，也能为私募股权投资的退出提供良好的法律监管环境。另一方面，加快产权交易市场的建

设,产权交易市场具有门槛低、限制条件少等特点,能够使私募股权投资在该市场快速完成资本退出。然而目前的产权交易市场主要由地方政府建立的地方性交易市场组成,交易机构领导以政府官员为主,缺乏市场化和创新力。因此,应加快产权交易市场建设,进而发展其为一个稳定成熟的全国性的三板市场,形成多层次资本市场体系,为我国私募股权投资退出渠道多元化提供完善的交易平台。

参 考 文 献

[1] 白晓宇. 上市公司信息披露政策对分析师预测的多重影响研究[J]. 金融研究, 2009(4): 92-112.

[2] 曹和平. 中国私募股权市场发展报告(2010)[M]. 北京: 社会科学文献出版社, 2010.

[3] 陈工孟, 俞欣, 寇祥河. 风险投资参与对中资企业首次公开发行折价的影响——不同证券市场的比较[J]. 经济研究, 2011(5): 74-85.

[4] 程凤朝, 张炯. 基于内部评级系统的私募股权基金价值评估研究[J]. 会计研究, 2009(10): 60-67.

[5] 储一昀, 仓勇涛. 财务分析师预测的价格可信吗? ——来自中国证券市场的经验证据[J]. 管理世界, 2008(3): 58-69.

[6] 党红. 关于股改前后现金股利影响因素的实证研究[J]. 会计研究, 2008(6): 63-71.

[7] 窦尔翔. 私募股权投资基金教程: PE(F)的价值创造: 理论与案例[M]. 北京: 经济科学出版社, 2011.

[8] 杜沔, 王良成. 我国上市公司配股前后业绩变化及其影响因素的实证研究[J]. 管理世界, 2006(3): 114-121.

[9] 方军雄. Pre-IPO券商股权投资: 鉴证功能还是独立受损? [J]. 证券市场导报, 2012(1): 59-69.

[10] 方军雄. 我国上市公司信息披露透明度与证券分析师预测[J]. 金融研究, 2007(6): 136-148.

[11] 方军雄. 我国上市公司高管的薪酬存在粘性吗? [J]. 经济研究, 2009(3): 110-124.

[12] 高正平. 全视角观PE——探索PE中国化之路[M]. 北京: 中国金融出版社, 2009.

[13] 胡奕明, 唐松莲. 审计、信息透明度与银行贷款利率[J]. 审计研究, 2007(6): 74-85.

[14] 黄娟娟, 沈艺峰. 上市公司的股利政策究竟迎合了谁的需要——来自中国上市公司的经验数据[J]. 会计研究, 2007(8): 36-43.

[15] 黄少安, 张岗. 中国上市公司股权融资偏好分析[J]. 经济研究, 2001(11): 12-20.

[16] 蒋琰. 权益成本、债务成本与公司治理: 影响差异性研究[J]. 管理世界, 2009(11): 144-155.

[17] 雷光勇, 李帆, 金鑫. 股权分置改革、经理薪酬与会计业绩敏感度[J]. 中国会计评论, 2010(1): 17-30.

[18] 李常青, 魏志华, 吴世农. 半强制分红政策的市场反应研究[J]. 经济研究, 2010(3):

144-155.

[19] 李丹,贾宁.盈余质量、制度环境与分析师预测[J].中国会计评论,2009(4):351-370.

[20] 李广子,刘力.债务融资成本与民营信贷歧视[J].金融研究,2009(12):137-150.

[21] 李礼,王曼舒,齐寅峰.股利政策由谁决定及其选择动因——基于中国非国有上市公司的问卷调查分析[J].金融研究,2006(1):74-85.

[22] 李增泉,孙铮,任强.所有权安排与现金股利政策——来自我国上市公司的经验证据[J].中国会计与财务研究,2004(4):48-93.

[23] 李增泉.激励机制与企业绩效:一项基于上市公司的实证研究[J].会计研究,2000(1):24-30.

[24] 廖秀梅.会计信息的信贷决策有用性:基于所有权制度制约的研究[J].会计研究,2007(5):31-38.

[25] 林舒,魏明海.中国 A 股发行公司首次公开募股过程中的盈利管理[J].中国会计与财务研究,2000(2):87-130.

[26] 刘淑莲,胡燕鸿.中国上市公司现金分红实证分析[J].会计研究,2003(4):29-35.

[27] 陆正飞,魏涛.配股后业绩下降:盈余管理后果与真实业绩滑坡[J].会计研究,2006(8):52-59.

[28] 陆正飞,祝继高,孙便霞.盈余管理、会计信息与银行债务契约[J].管理世界,2008(3):152-158.

[29] 吕厚军.私募股权基金治理中的反向代理问题研究[J].现代管理科学,2007(12):112-114.

[30] 吕长江,王克敏.上市公司股利政策的实证分析[J].经济研究,1999(12):31-39.

[31] 潘从文,张志海,潘希宏.信号发送、投资者识别与私募股权资本市场[J].经济管理,2010(5):137-142.

[32] 孙铮,李增泉,王景斌.所有权性质、会计信息与债务契约——来自我国上市公司的经验证据[J].管理世界,2006(10):100-107.

[33] 孙铮,刘凤委,李增泉.市场化程度、政府干预与企业债务期限结构——来自我国上市公司的经验证据[J].经济研究,2005(5):52-63.

[34] 田利辉.国有股权对上市公司绩效影响的 U 型曲线和政府股东两手论[J].经济研究,2005(10):48-58.

[35] 王化成,李春玲,卢闯.控股股东对上市公司现金股利政策影响的实证研究[J].管理世界,2007(1):122-127.

[36] 王克敏,王志超.高管控制权、报酬与盈余管理——基于中国上市公司的实证研究[J].管理世界,2007(7):111-119.

[37] 王玉涛,王彦超.业绩预告信息对分析师预测行为有影响吗?[J].金融研究,2012(6):193-206.

[38] 王志强,张玮婷.上市公司财务灵活性、再融资期权与股利迎合策略研究[C].中国实证会

计国际研讨会.2011：151-163.

[39] 魏刚,蒋义宏.中国上市公司股利分配问卷调查报告[J].经济科学,2001(4)：79-87.

[40] 魏刚,肖泽忠,Nick,等.独立董事背景与公司经营绩效[J].经济研究,2007(3)：92-105.

[41] 魏刚.高级管理层激励与上市公司经营绩效[J].经济研究,2000(3)：32-39.

[42] 吴超鹏,吴世农,程静雅,等.风险投资对上市公司投融资行为影响的实证研究[J].经济研究,2012(1)：105-119.

[43] 夏斌.中国"私募基金"报告[J].金融研究,2001(8)：66-73.

[44] 肖泽忠,邹宏.中国上市公司资本结构的影响因素和股权融资偏好[J].经济研究,2008(6)：119-134.

[45] 谢军.股利政策、第一大股东和公司成长性：自由现金流理论还是掏空理论[J].会计研究,2006(4)：53-59.

[46] 徐浩萍,陈超.会计盈余质量、新股定价与长期绩效——来自中国IPO市场发行制度改革后的证据[J].管理世界,2009(8)：25-38.

[47] 姚立杰,夏冬林.我国银行能识别借款企业的盈余质量吗？[J].审计研究,2009(3)：91-96.

[48] 叶有明.股权投资基金运作：PE价值创造的流程[M].上海：复旦大学出版社,2009.

[49] 于静霞.盈余管理与银行债务融资成本的实证研究——来自A股市场的经验证据[J].财政研究,2011(11)：68-72.

[50] 袁萍,刘士余,高峰.关于中国上市公司董事会、监事会与公司业绩的研究[J].金融研究,2006(6)：23-32.

[51] 袁天荣,苏红亮.上市公司超能力派现的实证研究[J].会计研究,2004(10)：63-70.

[52] 张文魁.私募资本市场：作用、风险与对诈骗的防范[J].经济研究,2001(5)：74-77.

[53] 张学勇,廖理.风险投资背景与公司IPO：市场表现与内在机理[J].经济研究,2011(6)：118-132.

[54] 张子炜,李曜,徐莉.私募股权资本与创业板企业上市前盈余管理[J].证券市场导报,2012(2)：60-70.

[55] 章卫东.定向增发新股与盈余管理——来自中国证券市场的经验证据[J].管理世界,2010(1)：54-63.

[56] 朱明秀.我国上市公司股权结构与股利政策关系的实证研究[J].审计与经济研究,2005,20(3)：87-90.

[57] 祝继高,王春飞.金融危机对公司现金股利政策的影响研究——基于股权结构的视角[J].会计研究,2013(2)：38-44.

[58] AHMED A S, BILLINGS B K, MORTONR M, et al. The role of accounting conservatism in mitigating bondholder-shareholder conflicts over dividend policy and in reducing debt costs[J]. Accounting Review, 2002, 77(4)：867-890.

[59] ALLEN F, MICHAELY R. Payout Policy[J]. Handbook of the Economics of Finance,

2003(11): 337-429.

[60] AMBARISH R, JOHN K, WILLIAMS J. Efficient signalling with dividends and investments[J]. Journal of Finance, 2012, 42(2): 321-343.

[61] ANDERSON R C, MANSI S A, REEB D M. Board characteristics, accounting report integrity, and the cost of debt[J]. Journal of Accounting & Economics, 2004, 37(3): 315-342.

[62] ARMSTRONG C, JAGOLINZER A, LARCKER D. Chief executive officer equity incentives and accounting irregularities[J]. Journal of Accounting Research, 2010, 48(2): 225-271.

[63] BAKER G P, HALL B J. CEO incentives and firm size[J]. Journal of Labor Economics, 2004, 22(4): 767-798.

[64] BAKER H K, VEIT E T, POWELLG E. Factors influencing dividend policy decisions of Nasdaq firms[J]. Financial Review, 2001, 36(3): 19-38.

[65] BAKER M, GOMPERS P A. An analysis of executive compensation, ownership, and control in closely held firms[J]. working paper. 1999.

[66] BAKER M, GOMPERS P A. The determinants of board structure at the initial public offering[J]. Journal of Law & Economics, 2003, 46(2): 569-598.

[67] BALL R, ROBIN A, SADKA G. Is financial reporting shaped by equity markets or by debt markets? An international study of timeliness and conservatism[J]. Review of Accounting Studies, 2008, 13(2-3): 168-205.

[68] BALL R, SHIVAKUMAR L. Earnings quality in UK private firms: comparative loss recognition timeliness[J]. Journal of Accounting & Economics, 2005, 39(1): 83-128.

[69] BALL R, SHIVAKUMAR L. Earnings quality at initial public offerings[J]. Journal of Accounting & Economics, 2008, 45(2-3): 324-349.

[70] BALL R, KOTHARI S P, ROBIN A. The effect of international institutional factors on properties of accounting earnings[J]. Journal of Accounting and Economics, 2000, 29(1): 1-51.

[71] BARRY C B, MUSCARELLA C J, III J W P, et al. The role of venture capital in the creation of public companies: Evidence from the going-public process[J]. Journal of Financial Economics, 1990, 27(2): 447-471.

[72] BASU S. The conservatism principle and the asymmetric timeliness of earnings[J]. Journal of Accounting and Economics, 1997,24 (1): 3-37.

[73] BEATTY A L, KE B, PETRONI K R. Earnings management to avoid earnings declines across publicly and privately held banks[J]. Accounting Review, 2002, 77(3): 547-570.

[74] BENEISH M D. Detecting GAAP violation: implications for assessing earnings management among firms with extreme financial performance[J]. Journal of Accounting &

Public Policy，1997，16(16)：271-309.

[75] BHARATH S T, SUNDER J, SUNDER S V. Accounting quality and debt contracting[J]. Accounting Review, 2008, 83(1)：1-28.

[76] BHUSHAN R. Firm characteristics and analyst following[J]. Journal of Accounting & Economics, 2006, 11(2)：255-274.

[77] BOEKER W, WILTBANK R. New venture evolution and managerial capabilities[J]. Organization Science, 2005(16)：123-133.

[78] BOTTAZZI L, RIN M D, HELLMANN T. Who are the active investors?：Evidence from venture capital[J]. Journal of Financial Economics, 2008, 89(3)：488-512.

[79] BOUBAKER S, LAB GORRE F. Ownership structure, corporate governance and analyst following：A study of French listed firms[J]. Journal of Banking & Finance, 2008, 32(6)：961-976.

[80] BRADLEY D J, JORDAN B D, RITTER J R. Analyst behavior following IPOs：The "bubble period" Evidence[J]. Review of Financial Studies, 2008, 21 (1)：101-133.

[81] BRANDER J A, EGAN E J, HELLMANN T F. Government sponsored versus private venture capital：Canadian evidence[M]. National Bureau of Economic Research, Inc, 2010.

[82] BRENNAN M J, HUGHES P J. Stock prices and the supply of information[J]. Journal of Finance, 1991, 46(5)：1665-1691.

[83] ZHONGLAN DAI, BUSHMAN R M, WEINING ZHANG. Management team incentive alignment and firm value[J]. Ssrn Electronic Journal, 2012(6).

[84] CAO J, LERNER J. The performance of reverse leveraged buyouts[J]. Journal of Financial Economics, 2009, 91 (2)：139-157.

[85] CELIKYURT U, SEVILIR M, SHIVDASANI A. Venture capitalists on boards of mature public firms[J]. Review of Financial Studies, 2014, 27(1)：56-101.

[86] CHEMMANUR T J, LOUTSKINA E. The role of venture capital backing in initial public offerings：certification, screening, or market power? [J]. Ssrn Electronic Journal, 2006 (4).

[87] CHEN, GUOLI, HAMBRIC, DONALD C, POLLOCK, TIMOTHY G. Puttin' on the Ritz：Pre-IPO enlistment of prestigious affiliates as deadline-induced remediation[J]. Academy of Management Journal, 2008, 51 (5)：954-975.

[88] CORNELLI F, KARAKAŞ O. Private equity and corporate governance：Do LBOs have more effective boards? [J]. Social Science Electronic Publishing, 2008, 10(6)：699.

[89] TEHRANIAN H, CORNETT M M, MARCUS A J, ET AL. Earnings management, corporate governance, and true financial performance[J]. Ssrn Electronic Journal, 2006 (3).

[90] COTTER J F, PECK S W. The structure of debt and active equity investors：The case of

the buyout specialist[J]. Journal of Financial Economics, 2001, 59(1): 101-147.

[91] COVRIG V, LOW B S. The relevance of analysts' earnings forecasts in Japan[J]. Journal of Business Finance & Accounting, 2005, 32(7-8): 1437-1463.

[92] CUMMING D, SIEGEL D S, WRIGHT M. Private equity, leveraged buyouts and governance[J]. Journal of Corporate Finance, 2007, 13(4): 439-460.

[93] DEFOND M L, JIAMBALVO J. Debt covenant violation and manipulation of accruals[J]. Journal of Accounting & Economics, 1994, 17(1-2): 145-176.

[94] DEGEORGE F, ZECKHAUSER R. The reverse LBO decision and firm performance: theory and evidence[J]. Journal of Finance, 1993, 48(4): 1323-1348.

[95] DEMIRG KUNT A, MAKSIMOVIC V. Law, finance, and firm growth[J]. Journal of Finance, 1998, 53(6): 2107-2137.

[96] SERDAR DIN. Politicians and banks: political influences on government-owned banks in emerging markets[J]. Journal of Financial Economics, 2005, 77(2): 453-479.

[97] DUCHARME L L, MALATESTA P H, SEFCIK S E. Earnings management, stock issues, and shareholder lawsuits [J]. Journal of Financial Economics, 2004, 71 (1): 27-49.

[98] DURNEV A, KIM E H. To steal or not to steal: firm attributes, legal environment, and valuation[J]. Journal of Finance, 2005, 60(3): 1461-1493.

[99] EHRLICH S B, DE NOBLE A F, MOORE T, et al. After the cash arrives: a comparative sudy of venture capital and private investor involvement in entrepreneurial firms[J]. Journal of Business Venturing, 1994, 9: 67-82.

[100] ERTUGRUL M, HEGDE S. Board compensation practices and agency costs of debt[J]. Journal of Corporate Finance, 2008, 14(5): 512-531.

[101] FAMA E. AND M. JENSEN. Separation of ownership and control[J]. Journal of Law and Economics, 1983, 26: 301-325.

[102] FAMA E F, FRENCH K R. Disappearing dividends: changing firm characteristics or lower propensity to pay? [J]. Journal of Applied Corporate Finance, 2001, 14 (1): 67-79.

[103] FRANCIS J, LAFOND R, OLSSON P, et al. Costs of capital and earnings attributes[J]. Social Science Electronic Publishing, 2003, 79.

[104] FRANCIS J, LAFOND R, OLSSON P, et al. The market pricing of accruals quality[J]. Journal of Accounting & Economics, 2005, 39(2): 295-327.

[105] FRIED V H, BRUTON G D, HISRICH R D. Strategy and the board of directors in venture capital-backed firms[J]. Journal of Business Venturing, 1998, 13(6): 493-503.

[106] GARG S. Board-level strategic decision making: the CEO's perspective[J]. Academy of Management, 2012(3).

［107］ GARG G. Venture boards: distinctive monitoring and implications for firm performance ［J］. Academy of Management Review，2013，38(1)：páigs. 90-108.

［108］ GERTNER R H，KAPLAN S N. The value maximizing board［J］. Social Science Electronic Publishing，1996，117(35)：52-84.

［109］ GIVOLY D，HAYN C. Natarajan，measuring reporting conservatism［J］. The Accounting Review，2007，82(1)：65-106.

［110］ DAN G，HAYN C K，KATZ S P. Does public ownership of equity improve earnings quality？［J］. Accounting Review，2010，85(1)：195-225.

［111］ GOMPERS P A. Optimal investment，monitoring，and the staging of venture capital［J］. Journal of Finance，1995，50(5)：1461-1489.

［112］ GOMPERS P A. Grandstanding in the venture capital industry［J］. Journal of Financial Economics，1996(42)：133-156.

［113］ GOMPERS P A，LERNER J，BLAIR M M，et al. What drives venture capital fundraising？［J］. Brookings Papers on Economic Activity Microeconomics，1998，1998 (1)：149-204.

［114］ GULER I. Throwing good money after bad？ Political and institutional influences on sequential decision making in the venture capital industry［J］. Administrative Science Quarterly，2007，52(2)：248-285.

［115］ HALLEN B L. The causes and consequences of the initial network positions of new organizations：From whom do entrepreneurs receive investments？［J］. Administrative Science Quarterly，2008(53)：685-718.

［116］ HEALY P M，WAHLEN J M. A review of the earnings management literature and its implications for standard setting［J］. Social Science Electronic Publishing，1999，13(4)：365-383.

［117］ Heckman J J. Sample selection bias specification error［J］. Econometrica，1979，47(1)：153-162.

［118］ HELLMANN T，PURI M. The interaction between product market and financing strategy：the role of venture capital［J］. Review of Financial Studies，2000，13(4)：959-984.

［119］ HELLMANN T，PURI M. Venture capital and the professionalization of start — up firms：empirical evidence［J］. Journal of Finance，2002，57(1)：169-197.

［120］ HOCHBERG Y V. Venture capital and corporate governance in the newly public firm［J］. Review of Finance，2002，16(2)：429-480.

［121］ HOLLAND J，JOHANSON U. Value — relevant information on corporate intangibles — creation，use，and barriers in capital markets — "between a rock and a hard place"［J］. Journal of Intellectual Capital，2003，4(4)：465-486.

[122] H LMSTROM B. Moral hazard and observability[J]. Bell Journal of Economics, 1979, 10 (1): 74-91.

[123] HOLTHAUSEN R W, LEFTWICH R W. The economic consequences of accounting choice implications of costly contracting and monitoring[J]. Journal of Accounting & Economics, 1983, 5(2): 77-117.

[124] KEITH A, HOUGHTON. Audit reports: their impact on the loan decision process and outcome: an experiment[J]. Accounting & Business Research, 1983, 14(53): 15-20.

[125] HSU D H. What do entrepreneurs pay for venture capital affiliation? [J]. Journal of Finance, 2004, 59(4): 1805-1844.

[126] JENSEN M C. Eclipse of the public corporation[J]. Social Science Electronic Publishing, 1999, 67(5): 61-74.

[127] JENSEN M C, MURPHY K J. Performance pay and top-management incentives[J]. Journal of Political Economy, 1990, 98(2): 225-264.

[128] JENSEN M C, MECKLING W H. Theory of the firm: managerial behavior, agency costs and ownership structure[J]. Social Science Electronic Publishing, 1979, 3(4): 305-360.

[129] JENSEN M C. Agency costs of free cash flow, corporate finance, and takeovers[J]. American Economic Review, 1999, 76(2): 323-329.

[130] JENSEN M C. Eclipse of the public corporation[J]. Social Science Electronic Publishing, 1999, 67(5): 61-74.

[131] JOHN K, WILLIAMS J. Dividends, dilution, and taxes: a signaling equilibrium[J]. Journal of Finance, 1985(40): 1053-1070.

[132] JOHNSON W C, SOHL J E, IPOs and Pre-IPO shareholders: angels versus venture capitalists, working paper. 2008.

[133] KAPLAN S N, STROMBERG P, How do venture capitalists choose and manage their investments?, working paper. 2000.

[134] KAPLAN S N, STR MBERG P. Financial contracting theory meets the real world: an empirical analysis of venture capital contracts[J]. Review of Economic Studies, 2003, 70 (2): 281-315.

[135] KAPLAN S N, STR MBERG P Characteristics, contracts, and actions: evidence from venture capitalist analyses[J]. Journal of Finance, 2004, 59(5): 2177-2210.

[136] KAPLAN S. The effects of management buyouts on operating performance and value[J]. Journal of Financial Economics, 1989, 24(2): 217-254.

[137] KAPLAN S. Managementbuyouts: evidence on taxes as a source of value[J]. The Journal of Finance, 1989, 44(3).

[138] KAPLAN S N. SunGard data systems, case. University of Chicago. 2005. available at http: //faculty. chicagogsb. edu/steven. kaplan/research/tm/tm. html.

[139] KATO K, LOEWENSTEIN U. The ex-dividend-day behavior of stock prices: the case of Japan[J]. Review of Financial Studies, 1995, 8(3): 817-847.

[140] KATZ S P. Earnings quality and ownership structure: the role of private equity sponsors [J]. Nber Working Papers, 2008, 84(3): 623-658.

[141] KHWAJA A I, MIAN A. Do lenders favor politically connected firms? rent provision in an emerging financial market[J]. Quarterly Journal of Economics, 2005, 120 (4): 1371-1411.

[142] KIM J B, SONG B Y, TSUI J S L. Auditor quality, tenure, and bank loan pricing[J]. social science electronic publishing, 2006(6).

[143] KOTHARI S P, LEONE A J, WASLEY C E. Performance matched discretionary accrual measures[J]. Journal of Accounting & Economics, 2005, 39(1): 163-197.

[144] LA PORTA R, LOPEZ F, SHLEIFER A, et al. Government ownership of banks[J]. Journal of Finance, 2002, 57(1): 265-361.

[145] LA PORTA R, LOPEZ F, SHLEIFER A, et al. Agency problems and dividend policies around the world[J]. Journal of Finance, 2000, 55: 1-33.

[146] LANG M H, LINS K V, MILLER D P Concentrated control, analyst following, and valuation: do analysts matter most when investors are protected least? [J]. Journal of Accounting Research, 2004, 42(3): 589-623.

[147] LAWRENCE A, MINUTTIMEZA M, ZHANG P. Can big 4 versus non-big 4 differences in audit-quality proxies be attributed to client characteristics? [J]. Social Science Electronic Publishing, 2011, 86(1): 259-286.

[148] Lee P M, WAHAL S. Grandstanding, certification and the underpricing of venture capital backed IPOs[J]. Journal of Financial Economics, 2004, 73(2): 375-407.

[149] LEEDS R, SUNDERLAND J. Private Equity Investing in Emerging Markets[J]. Journal of Applied Corporate Finance, 2010, 15(4): 111-119.

[150] LEFTWICH R. Accounting information in private markets: Evidence from private lending agreements[J]. Accounting Review, 1983, 58(1): 23-42.

[151] LEITHNER S, ZIMMERMANN H. Market value and aggregate dividends: a reappraisal of recent tests, and evidence from european markets[J]. Swiss Journal of Economics & Statistics, 1993, 129(129): 99-122.

[152] LERNER J. Venture capitalists and the decision to go public[J]. Journal of Financial Economics, 1994, 35(3): 293-316.

[153] LERNER J. Venture capitalists and the oversight of private firms[J]. Journal of Finance, 1995, 50(1): 301-318.

[154] LIBBY R. Bankers' and auditors' perceptions of the message communicated by the audit report[J]. Journal of Accounting Research, 1979, 17(1): 99-122.

[155] LINTNER J. Distribution of incomes of corporations among dividends, retained earnings, and taxes[J]. American Economic Review, 1956, 46(2): 97-113.

[156] LOUGHRAN T, RITTER J R. Why has IPO under pricing increased overtime? [J]. Financial Management, 2004(33).

[157] MACMILLAN I C, SIEGEL R, NARASIMHA P N S. Criteria used by venture capitalists to evaluate new venture proposals[J]. Journal of Business Venturing, 1985, 1 (1): 119-128.

[158] OZKAN A. Ownership structure and dividend policy: Evidence from Italian firms[J]. European Journal of Finance, 2006, 12(3): 265-282.

[159] MANSI S A, MAXWELL W F, MILLER D P. Does auditor quality and tenure matter to investors? Evidence from the bond market[J]. Journal of Accounting Research, 2004, 42 (4): 755-793.

[160] MEGGINSON W L, WEISS K A. Venture capitalist certification in initial public offerings [J]. Journal of Finance, 1991, 46(3): 879-903.

[161] MILLER M H, MODIGLIANI F. Dividend policy, growth, and the valuation of shares [J]. Journal of Business, 1961, 34(4): 411-433.

[162] MORSFIELD S G, TAN C E L. Do venture capitalists influence the decision to manage earnings in initial public offerings? [J]. Accounting Review, 2006, 81(5): 1119-1150.

[163] MYERS, C. Determinants of corporate borrowing[J]. Journal of Financial Economics, 1977, 5(3): 147-175.

[164] NAHATA R. Venture capital reputation and investment performance[J]. Journal of Financial Economics, 2008, 90(2): 127-151.

[165] SIMONS T, RENNEBOOG L. Public-to-private transactions: Ibos, mbos, mbis and ibos [J]. Social Science Electronic Publishing, 2005, 2005-98(2005-023): 1-51.

[166] WRIGHT M, SIMONS T, RENNEBOOG L. Why do public firms go private in the UK? [J]. Social Science Electronic Publishing, 2004.

[167] COOK R D, WEISBERG S. The central role of the propensity score in observational studies for causal effects[J]. Biometrika, 1983, 70(1): 41-55.

[168] ROSENSTEIN M T, COLLINS J J, LUCA C J D. A practical method for calculating largest Lyapunov exponents from small data sets[M]. Elsevier Science Publishers B. V. 1993.

[169] ROZEFF M S. Growth, beta and agency costs as determinants of dividend payout ratios [J]. Journal of Financial Research, 1982, 5(3): 249-259.

[170] SAPIENZA P. The effects of government ownership on bank lending[J]. Journal of Financial Economics, 2004, 72(2): 357-384.

[171] SCHERR F C, HULBURT H M. The debt maturity structure of small firms[J].

Financial Management, 2001, 30(1): 85-111.

[172] ALBEVERIO S, KONDRATIEV Y, LYTVYNOV E, et al. The maturity structure of debt: determinants and effects on firms' performance — evidence from the United Kingdom and Italy[J]. Policy Research Working Paper, 1997, 11(42): 1-39(39).

[173] STUART T E, HOANG H, HYBELS R C. Interorganizational endorsements and the performance of entrepreneurial ventures[J]. Administrative Science Quarterly, 1999, 44(2): 315-349.

[174] SUCHARD, J. The impact of venture capital backing on the corporate governance of Australian initial public offerings[J]. Journal of Banking and Finance, 2009, 33(4): 765-774.

[175] TEOH, S H, WELCH I, WONG T J. Earnings management and the long-run market performance of initial public offerings[J]. Journal of Finance, 1998(53): 1935-1974.

[176] THOMSEN S, PEDERSEN T, KVIST H K. Blockholder ownership: Effects on firm value in market and control based governance systems[J]. Journal of Corporate Finance, 2006, 12(2): 246-269.

[177] WASSERMAN N, BOEKER W. Mentoring and monitoring: boards of directors and CEO in new ventures[C]. Harvard Business School, working paper, 2010.

[178] WATTS R L, ZIMMERMAN J L. Positive accounting theory: A ten year perspective[J]. Accounting Review, 1990, 65(1): 131-156.

[179] SUNWAI W. Does venture capitalist quality affect corporate governance? [J]. Dissertations & Theses-Gradworks, 2007(7).

[180] WRIGHT M, BURROWS A, BALL R, et al. The Implications of Alternative Investment Vehicles for Corporate Governance: A Survey of Empirical Research, Report prepared for the Steering Group on Corporate Governance[J]. 2007(5).

[181] MIKE WRIGHT, KEN ROBBIE, BRIAN CHIPLIN, et al. The development of an organisational innovation: Management buy-outs in the UK, 1980—1997[J]. Business History, 2000, 42(4): 137-184.

[182] XIE B, III W N D, DADALT P J. Earnings management and corporate governance: the role of the board and the audit committee[J]. Journal of Corporate Finance, 2003, 9(3): 295-316.

附　　录

私募股权投资相关的法律法规

◆《中华人民共和国企业所得税法》

◆《中华人民共和国合伙企业法》(2006 年)

◆《关于创业投资引导基金规范设立与运作的指导意见》(2008 年)

◆《私募投资基金管理人登记和基金备案办法(试行)》(2017 年)

◆《私募投资基金管理人内部控制指引》(2017 年)

◆《私募投资基金信息披露管理办法》(2017 年)

◆《私募投资基金合同指引 1 号(契约型私募投资基金合同内容与格式指引)》(2016 年)

◆《私募投资基金合同指引 2 号(公司章程必备条款指引)》(2016 年)

◆《私募投资基金合同指引 3 号(合伙协议必备条款指引)》(2016 年)

◆《私募投资基金监督管理暂行办法》(2014 年)

◆《创业投资企业管理暂行办法》(2005 年)

◆《国家发展和改革委员会办公厅关于进一步做好股权投资企业备案管理工作的通知》(发改办财金〔2013〕694 号)

◆《国家发展和改革委员会关于加强创业投资企业备案管理严格规范创业投资企业募资行为的通知》(发改财金〔2009〕1827 号)

◆《国家税务总局关于实施创业投资企业所得税优惠问题的通知》(国税发〔2009〕87 号)

◆《财政部　国家税务总局关于创业投资企业和天使投资个人有关税收试点政策的通知》

中华人民共和国企业所得税法

（2007 年 3 月 16 日第十届全国人民代表大会第五次会议通过）

第一章 总 则

第一条 在中华人民共和国境内，企业和其他取得收入的组织（以下统称企业）为企业所得税的纳税人，依照本法的规定缴纳企业所得税。

个人独资企业、合伙企业不适用本法。

第二条 企业分为居民企业和非居民企业。

本法所称居民企业，是指依法在中国境内成立，或者依照外国（地区）法律成立但实际管理机构在中国境内的企业。

本法所称非居民企业，是指依照外国（地区）法律成立且实际管理机构不在中国境内，但在中国境内设立机构、场所的，或者在中国境内未设立机构、场所，但有来源于中国境内所得的企业。

第三条 居民企业应当就其来源于中国境内、境外的所得缴纳企业所得税。

非居民企业在中国境内设立机构、场所的，应当就其所设机构、场所取得的来源于中国境内的所得，以及发生在中国境外但与其所设机构、场所有实际联系的所得，缴纳企业所得税。

非居民企业在中国境内未设立机构、场所的，或者虽设立机构、场所但取得的所得与其所设机构、场所没有实际联系的，应当就其来源于中国境内的所得缴纳企业所得税。

第四条 企业所得税的税率为 25％。

非居民企业取得本法第三条第三款规定的所得，适用税率为 20％。

第二章 应纳税所得额

第五条 企业每一纳税年度的收入总额，减除不征税收入、免税收入、各项扣除以及允许弥补的以前年度亏损后的余额，为应纳税所得额。

第六条 企业以货币形式和非货币形式从各种来源取得的收入，为收入总额。包括：

（一）销售货物收入；

（二）提供劳务收入；

（三）转让财产收入；

（四）股息、红利等权益性投资收益；

（五）利息收入；

（六）租金收入；

（七）特许权使用费收入；

（八）接受捐赠收入；

（九）其他收入。

第七条　收入总额中的下列收入为不征税收入：

（一）财政拨款；

（二）依法收取并纳入财政管理的行政事业性收费、政府性基金；

（三）国务院规定的其他不征税收入。

第八条　企业实际发生的与取得收入有关的、合理的支出，包括成本、费用、税金、损失和其他支出，准予在计算应纳税所得额时扣除。

第九条　企业发生的公益性捐赠支出，在年度利润总额 12% 以内的部分，准予在计算应纳税所得额时扣除。

第十条　在计算应纳税所得额时，下列支出不得扣除：

（一）向投资者支付的股息、红利等权益性投资收益款项；

（二）企业所得税税款；

（三）税收滞纳金；

（四）罚金、罚款和被没收财物的损失；

（五）本法第九条规定以外的捐赠支出；

（六）赞助支出；

（七）未经核定的准备金支出；

（八）与取得收入无关的其他支出。

第十一条　在计算应纳税所得额时，企业按照规定计算的固定资产折旧，准予扣除。

下列固定资产不得计算折旧扣除：

（一）房屋、建筑物以外未投入使用的固定资产；

（二）以经营租赁方式租入的固定资产；

（三）以融资租赁方式租出的固定资产；

（四）已足额提取折旧仍继续使用的固定资产；

（五）与经营活动无关的固定资产；

（六）单独估价作为固定资产入账的土地；

（七）其他不得计算折旧扣除的固定资产。

第十二条　在计算应纳税所得额时,企业按照规定计算的无形资产摊销费用,准予扣除。

下列无形资产不得计算摊销费用扣除:

(一)自行开发的支出已在计算应纳税所得额时扣除的无形资产;

(二)自创商誉;

(三)与经营活动无关的无形资产;

(四)其他不得计算摊销费用扣除的无形资产。

第十三条　在计算应纳税所得额时,企业发生的下列支出作为长期待摊费用,按照规定摊销的,准予扣除:

(一)已足额提取折旧的固定资产的改建支出;

(二)租入固定资产的改建支出;

(三)固定资产的大修理支出;

(四)其他应当作为长期待摊费用的支出。

第十四条　企业对外投资期间,投资资产的成本在计算应纳税所得额时不得扣除。

第十五条　企业使用或者销售存货,按照规定计算的存货成本,准予在计算应纳税所得额时扣除。

第十六条　企业转让资产,该项资产的净值,准予在计算应纳税所得额时扣除。

第十七条　企业在汇总计算缴纳企业所得税时,其境外营业机构的亏损不得抵减境内营业机构的盈利。

第十八条　企业纳税年度发生的亏损,准予向以后年度结转,用以后年度的所得弥补,但结转年限最长不得超过五年。

第十九条　非居民企业取得本法第三条第三款规定的所得,按照下列方法计算其应纳税所得额:

(一)股息、红利等权益性投资收益和利息、租金、特许权使用费所得,以收入全额为应纳税所得额;

(二)转让财产所得,以收入全额减除财产净值后的余额为应纳税所得额;

(三)其他所得,参照前两项规定的方法计算应纳税所得额。

第二十条　本章规定的收入、扣除的具体范围、标准和资产的税务处理的具体办法,由国务院财政、税务主管部门规定。

第二十一条　在计算应纳税所得额时,企业财务、会计处理办法与税收法律、行政法规的规定不一致的,应当依照税收法律、行政法规的规定计算。

第三章　应　纳　税　额

第二十二条　企业的应纳税所得额乘以适用税率,减除依照本法关于税收优惠的规定减免和抵免的税额后的余额,为应纳税额。

第二十三条　企业取得的下列所得已在境外缴纳的所得税税额,可以从其当期应纳税额中抵免,抵免限额为该项所得依照本法规定计算的应纳税额;超过抵免限额的部分,可以在以后五个年度内,用每年度抵免限额抵免当年应抵税额后的余额进行抵补:

(一)居民企业来源于中国境外的应税所得;

(二)非居民企业在中国境内设立机构、场所,取得发生在中国境外但与该机构、场所有实际联系的应税所得。

第二十四条　居民企业从其直接或者间接控制的外国企业分得的来源于中国境外的股息、红利等权益性投资收益,外国企业在境外实际缴纳的所得税税额中属于该项所得负担的部分,可以作为该居民企业的可抵免境外所得税税额,在本法第二十三条规定的抵免限额内抵免。

第四章　税　收　优　惠

第二十五条　国家对重点扶持和鼓励发展的产业和项目,给予企业所得税优惠。

第二十六条　企业的下列收入为免税收入:

(一)国债利息收入;

(二)符合条件的居民企业之间的股息、红利等权益性投资收益;

(三)在中国境内设立机构、场所的非居民企业从居民企业取得与该机构、场所有实际联系的股息、红利等权益性投资收益;

(四)符合条件的非营利组织的收入。

第二十七条　企业的下列所得,可以免征、减征企业所得税:

(一)从事农、林、牧、渔业项目的所得;

(二)从事国家重点扶持的公共基础设施项目投资经营的所得;

(三)从事符合条件的环境保护、节能节水项目的所得;

(四)符合条件的技术转让所得;

(五)本法第三条第三款规定的所得。

第二十八条　符合条件的小型微利企业,减按20%的税率征收企业所得税。

国家需要重点扶持的高新技术企业,减按15%的税率征收企业所得税。

第二十九条　民族自治地方的自治机关对本民族自治地方的企业应缴纳的企

业所得税中属于地方分享的部分，可以决定减征或者免征。自治州、自治县决定减征或者免征的，须报省、自治区、直辖市人民政府批准。

第三十条 企业的下列支出，可以在计算应纳税所得额时加计扣除：

（一）开发新技术、新产品、新工艺发生的研究开发费用；

（二）安置残疾人员及国家鼓励安置的其他就业人员所支付的工资。

第三十一条 创业投资企业从事国家需要重点扶持和鼓励的创业投资，可以按投资额的一定比例抵扣应纳税所得额。

第三十二条 企业的固定资产由于技术进步等原因，确需加速折旧的，可以缩短折旧年限或者采取加速折旧的方法。

第三十三条 企业综合利用资源，生产符合国家产业政策规定的产品所取得的收入，可以在计算应纳税所得额时减计收入。

第三十四条 企业购置用于环境保护、节能节水、安全生产等专用设备的投资额，可以按一定比例实行税额抵免。

第三十五条 本法规定的税收优惠的具体办法，由国务院规定。

第三十六条 根据国民经济和社会发展的需要，或者由于突发事件等原因对企业经营活动产生重大影响的，国务院可以制定企业所得税专项优惠政策，报全国人民代表大会常务委员会备案。

第五章　源　泉　扣　缴

第三十七条 对非居民企业取得本法第三条第三款规定的所得应缴纳的所得税，实行源泉扣缴，以支付人为扣缴义务人。税款由扣缴义务人在每次支付或者到期应支付时，从支付或者到期应支付的款项中扣缴。

第三十八条 对非居民企业在中国境内取得工程作业和劳务所得应缴纳的所得税，税务机关可以指定工程价款或者劳务费的支付人为扣缴义务人。

第三十九条 依照本法第三十七条、第三十八条规定应当扣缴的所得税，扣缴义务人未依法扣缴或者无法履行扣缴义务的，由纳税人在所得发生地缴纳。纳税人未依法缴纳的，税务机关可以从该纳税人在中国境内其他收入项目的支付人应付的款项中，追缴该纳税人的应纳税款。

第四十条 扣缴义务人每次代扣的税款，应当自代扣之日起七日内缴入国库，并向所在地的税务机关报送扣缴企业所得税报告表。

第六章　特别纳税调整

第四十一条 企业与其关联方之间的业务往来，不符合独立交易原则而减少企业或者其关联方应纳税收入或者所得额的,税务机关有权按照合理方法调整。

企业与其关联方共同开发、受让无形资产,或者共同提供、接受劳务发生的成本,在计算应纳税所得额时应当按照独立交易原则进行分摊。

第四十二条　企业可以向税务机关提出与其关联方之间业务往来的定价原则和计算方法,税务机关与企业协商、确认后,达成预约定价安排。

第四十三条　企业向税务机关报送年度企业所得税纳税申报表时,应当就其与关联方之间的业务往来,附送年度关联业务往来报告表。

税务机关在进行关联业务调查时,企业及其关联方,以及与关联业务调查有关的其他企业,应当按照规定提供相关资料。

第四十四条　企业不提供与其关联方之间业务往来资料,或者提供虚假、不完整资料,未能真实反映其关联业务往来情况的,税务机关有权依法核定其应纳税所得额。

第四十五条　由居民企业,或者由居民企业和中国居民控制的设立在实际税负明显低于本法第四条第一款规定税率水平的国家(地区)的企业,并非由于合理的经营需要而对利润不作分配或者减少分配的,上述利润中应归属于该居民企业的部分,应当计入该居民企业的当期收入。

第四十六条　企业从其关联方接受的债权性投资与权益性投资的比例超过规定标准而发生的利息支出,不得在计算应纳税所得额时扣除。

第四十七条　企业实施其他不具有合理商业目的的安排而减少其应纳税收入或者所得额的,税务机关有权按照合理方法调整。

第四十八条　税务机关依照本章规定作出纳税调整,需要补征税款的,应当补征税款,并按照国务院规定加收利息。

第七章　征　收　管　理

第四十九条　企业所得税的征收管理除本法规定外,依照《中华人民共和国税收征收管理法》的规定执行。

第五十条　除税收法律、行政法规另有规定外,居民企业以企业登记注册地为纳税地点;但登记注册地在境外的,以实际管理机构所在地为纳税地点。

居民企业在中国境内设立不具有法人资格的营业机构的,应当汇总计算并缴纳企业所得税。

第五十一条　非居民企业取得本法第三条第二款规定的所得,以机构、场所所在地为纳税地点。非居民企业在中国境内设立两个或者两个以上机构、场所的,经税务机关审核批准,可以选择由其主要机构、场所汇总缴纳企业所得税。

非居民企业取得本法第三条第三款规定的所得,以扣缴义务人所在地为纳税地点。

第五十二条 除国务院另有规定外,企业之间不得合并缴纳企业所得税。

第五十三条 企业所得税按纳税年度计算。纳税年度自公历1月1日起至12月31日止。

企业在一个纳税年度中间开业,或者终止经营活动,使该纳税年度的实际经营期不足十二个月的,应当以其实际经营期为一个纳税年度。

企业依法清算时,应当以清算期间作为一个纳税年度。

第五十四条 企业所得税分月或者分季预缴。

企业应当自月份或者季度终了之日起十五日内,向税务机关报送预缴企业所得税纳税申报表,预缴税款。

企业应当自年度终了之日起五个月内,向税务机关报送年度企业所得税纳税申报表,并汇算清缴,结清应缴应退税款。

企业在报送企业所得税纳税申报表时,应当按照规定附送财务会计报告和其他有关资料。

第五十五条 企业在年度中间终止经营活动的,应当自实际经营终止之日起六十日内,向税务机关办理当期企业所得税汇算清缴。

企业应当在办理注销登记前,就其清算所得向税务机关申报并依法缴纳企业所得税。

第五十六条 依照本法缴纳的企业所得税,以人民币计算。所得以人民币以外的货币计算的,应当折合成人民币计算并缴纳税款。

第八章 附 则

第五十七条 本法公布前已经批准设立的企业,依照当时的税收法律、行政法规规定,享受低税率优惠的,按照国务院规定,可以在本法施行后五年内,逐步过渡到本法规定的税率;享受定期减免税优惠的,按照国务院规定,可以在本法施行后继续享受到期满为止,但因未获利而尚未享受优惠的,优惠期限从本法施行年度起计算。

法律设置的发展对外经济合作和技术交流的特定地区内,以及国务院已规定执行上述地区特殊政策的地区内新设立的国家需要重点扶持的高新技术企业,可以享受过渡性税收优惠,具体办法由国务院规定。

国家已确定的其他鼓励类企业,可以按照国务院规定享受减免税优惠。

第五十八条 中华人民共和国政府同外国政府订立的有关税收的协定与本法

有不同规定的,依照协定的规定办理。

　　第五十九条　国务院根据本法制定实施条例。

　　第六十条　本法自 2008 年 1 月 1 日起施行。1991 年 4 月 9 日第七届全国人民代表大会第四次会议通过的《中华人民共和国外商投资企业和外国企业所得税法》和 1993 年 12 月 13 日国务院发布的《中华人民共和国企业所得税暂行条例》同时废止。

中华人民共和国合伙企业法

1997 年 2 月 23 日第八届全国人民代表大会常务委员会第二十四次会议通过
2006 年 8 月 27 日第十届全国人民代表大会常务委员会第二十三次会议修订。

第一章 总 则

第一条 为了规范合伙企业的行为，保护合伙企业及其合伙人、债权人的合法权益，维护社会经济秩序，促进社会主义市场经济的发展，制定本法。

第二条 本法所称合伙企业，是指自然人、法人和其他组织依照本法在中国境内设立的普通合伙企业和有限合伙企业。

普通合伙企业由普通合伙人组成，合伙人对合伙企业债务承担无限连带责任。本法对普通合伙人承担责任的形式有特别规定的，从其规定。

有限合伙企业由普通合伙人和有限合伙人组成，普通合伙人对合伙企业债务承担无限连带责任，有限合伙人以其认缴的出资额为限对合伙企业债务承担责任。

第三条 国有独资公司、国有企业、上市公司以及公益性的事业单位、社会团体不得成为普通合伙人。

第四条 合伙协议依法由全体合伙人协商一致、以书面形式订立。

第五条 订立合伙协议、设立合伙企业，应当遵循自愿、平等、公平、诚实信用原则。

第六条 合伙企业的生产经营所得和其他所得，按照国家有关税收规定，由合伙人分别缴纳所得税。

第七条 合伙企业及其合伙人必须遵守法律、行政法规，遵守社会公德、商业道德，承担社会责任。

第八条 合伙企业及其合伙人的合法财产及其权益受法律保护。

第九条 申请设立合伙企业，应当向企业登记机关提交登记申请书、合伙协议书、合伙人身份证明等文件。

合伙企业的经营范围中有属于法律、行政法规规定在登记前须经批准的项目的，该项经营业务应当依法经过批准，并在登记时提交批准文件。

第十条 申请人提交的登记申请材料齐全、符合法定形式，企业登记机关能够当场登记的，应予当场登记，发给营业执照。

除前款规定情形外，企业登记机关应当自受理申请之日起二十日内，作出是否登记的决定。予以登记的,发给营业执照;不予登记的,应当给予书面答复,并说明理由。

第十一条　合伙企业的营业执照签发日期,为合伙企业成立日期。

合伙企业领取营业执照前,合伙人不得以合伙企业名义从事合伙业务。

第十二条　合伙企业设立分支机构,应当向分支机构所在地的企业登记机关申请登记,领取营业执照。

第十三条　合伙企业登记事项发生变更的,执行合伙事务的合伙人应当自作出变更决定或者发生变更事由之日起十五日内,向企业登记机关申请办理变更登记。

第二章　普通合伙企业

第一节　合伙企业设立

第十四条　设立合伙企业,应当具备下列条件:

(一)有二个以上合伙人。合伙人为自然人的,应当具有完全民事行为能力;

(二)有书面合伙协议;

(三)有合伙人认缴或者实际缴付的出资;

(四)有合伙企业的名称和生产经营场所;

(五)法律、行政法规规定的其他条件。

第十五条　合伙企业名称中应当标明"普通合伙"字样。

第十六条　合伙人可以用货币、实物、知识产权、土地使用权或者其他财产权利出资,也可以用劳务出资。

合伙人以实物、知识产权、土地使用权或者其他财产权利出资,需要评估作价的,可以由全体合伙人协商确定,也可以由全体合伙人委托法定评估机构评估。

合伙人以劳务出资的,其评估办法由全体合伙人协商确定,并在合伙协议中载明。

第十七条　合伙人应当按照合伙协议约定的出资方式、数额和缴付期限,履行出资义务。

以非货币财产出资的,依照法律、行政法规的规定,需要办理财产权转移手续的,应当依法办理。

第十八条　合伙协议应当载明下列事项:

(一)合伙企业的名称和主要经营场所的地点;

(二)合伙目的和合伙经营范围;

(三)合伙人的姓名或者名称、住所;

（四）合伙人的出资方式、数额和缴付期限；

（五）利润分配、亏损分担方式；

（六）合伙事务的执行；

（七）入伙与退伙；

（八）争议解决办法；

（九）合伙企业的解散与清算；

（十）违约责任。

第十九条 合伙协议经全体合伙人签名、盖章后生效。合伙人按照合伙协议享有权利，履行义务。

修改或者补充合伙协议，应当经全体合伙人一致同意；但是，合伙协议另有约定的除外。

合伙协议未约定或者约定不明确的事项，由合伙人协商决定；协商不成的，依照本法和其他有关法律、行政法规的规定处理。

第二节 合伙企业财产

第二十条 合伙人的出资、以合伙企业名义取得的收益和依法取得的其他财产，均为合伙企业的财产。

第二十一条 合伙人在合伙企业清算前，不得请求分割合伙企业的财产；但是，本法另有规定的除外。

合伙人在合伙企业清算前私自转移或者处分合伙企业财产的，合伙企业不得以此对抗善意第三人。

第二十二条 除合伙协议另有约定外，合伙人向合伙人以外的人转让其在合伙企业中的全部或者部分财产份额时，须经其他合伙人一致同意。

合伙人之间转让在合伙企业中的全部或者部分财产份额时，应当通知其他合伙人。

第二十三条 合伙人向合伙人以外的人转让其在合伙企业中的财产份额的，在同等条件下，其他合伙人有优先购买权；但是，合伙协议另有约定的除外。

第二十四条 合伙人以外的人依法受让合伙人在合伙企业中的财产份额的，经修改合伙协议即成为合伙企业的合伙人，依照本法和修改后的合伙协议享有权利，履行义务。

第二十五条 合伙人以其在合伙企业中的财产份额出质的，须经其他合伙人一致同意；未经其他合伙人一致同意，其行为无效，由此给善意第三人造成损失的，由行为人依法承担赔偿责任。

第三节 合伙事务执行

第二十六条 合伙人对执行合伙事务享有同等的权利。

按照合伙协议的约定或者经全体合伙人决定,可以委托一个或者数个合伙人对外代表合伙企业,执行合伙事务。

作为合伙人的法人、其他组织执行合伙事务的,由其委派的代表执行。

第二十七条　依照本法第二十六条第二款规定委托一个或者数个合伙人执行合伙事务的,其他合伙人不再执行合伙事务。

不执行合伙事务的合伙人有权监督执行事务合伙人执行合伙事务的情况。

第二十八条　由一个或者数个合伙人执行合伙事务的,执行事务合伙人应当定期向其他合伙人报告事务执行情况以及合伙企业的经营和财务状况,其执行合伙事务所产生的收益归合伙企业,所产生的费用和亏损由合伙企业承担。

合伙人为了解合伙企业的经营状况和财务状况,有权查阅合伙企业会计账簿等财务资料。

第二十九条　合伙人分别执行合伙事务的,执行事务合伙人可以对其他合伙人执行的事务提出异议。提出异议时,应当暂停该项事务的执行。如果发生争议,依照本法第三十条规定作出决定。

受委托执行合伙事务的合伙人不按照合伙协议或者全体合伙人的决定执行事务的,其他合伙人可以决定撤销该委托。

第三十条　合伙人对合伙企业有关事项作出决议,按照合伙协议约定的表决办法办理。合伙协议未约定或者约定不明确的,实行合伙人一人一票并经全体合伙人过半数通过的表决办法。

本法对合伙企业的表决办法另有规定的,从其规定。

第三十一条　除合伙协议另有约定外,合伙企业的下列事项应当经全体合伙人一致同意:

(一) 改变合伙企业的名称;

(二) 改变合伙企业的经营范围、主要经营场所的地点;

(三) 处分合伙企业的不动产;

(四) 转让或者处分合伙企业的知识产权和其他财产权利;

(五) 以合伙企业名义为他人提供担保;

(六) 聘任合伙人以外的人担任合伙企业的经营管理人员。

第三十二条　合伙人不得自营或者同他人合作经营与本合伙企业相竞争的业务。

除合伙协议另有约定或者经全体合伙人一致同意外,合伙人不得同本合伙企业进行交易。

合伙人不得从事损害本合伙企业利益的活动。

第三十三条 合伙企业的利润分配、亏损分担，按照合伙协议的约定办理；合伙协议未约定或者约定不明确的，由合伙人协商决定；协商不成的，由合伙人按照实缴出资比例分配、分担；无法确定出资比例的，由合伙人平均分配、分担。

合伙协议不得约定将全部利润分配给部分合伙人或者由部分合伙人承担全部亏损。

第三十四条 合伙人按照合伙协议的约定或者经全体合伙人决定，可以增加或者减少对合伙企业的出资。

第三十五条 被聘任的合伙企业的经营管理人员应当在合伙企业授权范围内履行职务。

被聘任的合伙企业的经营管理人员，超越合伙企业授权范围履行职务，或者在履行职务过程中因故意或者重大过失给合伙企业造成损失的，依法承担赔偿责任。

第三十六条 合伙企业应当依照法律、行政法规的规定建立企业财务、会计制度。

第四节　合伙企业与第三人关系

第三十七条 合伙企业对合伙人执行合伙事务以及对外代表合伙企业权利的限制，不得对抗善意第三人。

第三十八条 合伙企业对其债务，应先以其全部财产进行清偿。

第三十九条 合伙企业不能清偿到期债务的，合伙人承担无限连带责任。

第四十条 合伙人由于承担无限连带责任，清偿数额超过本法第三十三条第一款规定的其亏损分担比例的，有权向其他合伙人追偿。

第四十一条 合伙人发生与合伙企业无关的债务，相关债权人不得以其债权抵销其对合伙企业的债务；也不得代位行使合伙人在合伙企业中的权利。

第四十二条 合伙人的自有财产不足清偿其与合伙企业无关的债务的，该合伙人可以以其从合伙企业中分取的收益用于清偿；债权人也可以依法请求人民法院强制执行该合伙人在合伙企业中的财产份额用于清偿。

人民法院强制执行合伙人的财产份额时，应当通知全体合伙人，其他合伙人有优先购买权；其他合伙人未购买，又不同意将该财产份额转让给他人的，依照本法第五十一条的规定为该合伙人办理退伙结算，或者办理削减该合伙人相应财产份额的结算。

第五节　入　伙、退　伙

第四十三条 新合伙人入伙，除合伙协议另有约定外，应当经全体合伙人一致同意，并依法订立书面入伙协议。

订立入伙协议时，原合伙人应当向新合伙人如实告知原合伙企业的经营状况和财务状况。

第四十四条 入伙的新合伙人与原合伙人享有同等权利,承担同等责任。入伙协议另有约定的,从其约定。

新合伙人对入伙前合伙企业的债务承担无限连带责任。

第四十五条 合伙协议约定合伙期限的,在合伙企业存续期间,有下列情形之一的,合伙人可以退伙:

(一)合伙协议约定的退伙事由出现;

(二)经全体合伙人一致同意;

(三)发生合伙人难以继续参加合伙的事由;

(四)其他合伙人严重违反合伙协议约定的义务。

第四十六条 合伙协议未约定合伙期限的,合伙人在不给合伙企业事务执行造成不利影响的情况下,可以退伙,但应当提前三十日通知其他合伙人。

第四十七条 合伙人违反本法第四十五条、第四十六条的规定退伙的,应当赔偿由此给合伙企业造成的损失。

第四十八条 合伙人有下列情形之一的,当然退伙:

(一)作为合伙人的自然人死亡或者被依法宣告死亡;

(二)个人丧失偿债能力;

(三)作为合伙人的法人或者其他组织依法被吊销营业执照、责令关闭、撤销,或者被宣告破产;

(四)法律规定或者合伙协议约定合伙人必须具有相关资格而丧失该资格;

(五)合伙人在合伙企业中的全部财产份额被人民法院强制执行。

合伙人被依法认定为无民事行为能力人或者限制民事行为能力人的,经其他合伙人一致同意,可以依法转为有限合伙人,普通合伙企业依法转为有限合伙企业。其他合伙人未能一致同意的,该无民事行为能力或者限制民事行为能力的合伙人退伙。

退伙事由实际发生之日为退伙生效日。

第四十九条 合伙人有下列情形之一的,经其他合伙人一致同意,可以决议将其除名:

(一)未履行出资义务;

(二)因故意或者重大过失给合伙企业造成损失;

(三)执行合伙事务时有不正当行为;

(四)发生合伙协议约定的事由。

对合伙人的除名决议应当书面通知被除名人。被除名人接到除名通知之日,除名生效,被除名人退伙。

被除名人对除名决议有异议的,可以自接到除名通知之日起三十日内,向人民法院起诉。

第五十条 合伙人死亡或者被依法宣告死亡的,对该合伙人在合伙企业中的财产份额享有合法继承权的继承人,按照合伙协议的约定或者经全体合伙人一致同意,从继承开始之日起,取得该合伙企业的合伙人资格。

有下列情形之一的,合伙企业应当向合伙人的继承人退还被继承合伙人的财产份额:

(一) 继承人不愿意成为合伙人;

(二) 法律规定或者合伙协议约定合伙人必须具有相关资格,而该继承人未取得该资格;

(三) 合伙协议约定不能成为合伙人的其他情形。

合伙人的继承人为无民事行为能力人或者限制民事行为能力人的,经全体合伙人一致同意,可以依法成为有限合伙人,普通合伙企业依法转为有限合伙企业。全体合伙人未能一致同意的,合伙企业应当将被继承合伙人的财产份额退还该继承人。

第五十一条 合伙人退伙,其他合伙人应当与该退伙人按照退伙时的合伙企业财产状况进行结算,退还退伙人的财产份额。退伙人对给合伙企业造成的损失负有赔偿责任的,相应扣减其应当赔偿的数额。

退伙时有未了结的合伙企业事务的,待该事务了结后进行结算。

第五十二条 退伙人在合伙企业中财产份额的退还办法,由合伙协议约定或者由全体合伙人决定,可以退还货币,也可以退还实物。

第五十三条 退伙人对基于其退伙前的原因发生的合伙企业债务,承担无限连带责任。

第五十四条 合伙人退伙时,合伙企业财产少于合伙企业债务的,退伙人应当依照本法第三十三条第一款的规定分担亏损。

第六节 特殊的普通合伙企业

第五十五条 以专业知识和专门技能为客户提供有偿服务的专业服务机构,可以设立为特殊的普通合伙企业。

特殊的普通合伙企业是指合伙人依照本法第五十七条的规定承担责任的普通合伙企业。

特殊的普通合伙企业适用本节规定;本节未作规定的,适用本章第一节至第五节的规定。

第五十六条　特殊的普通合伙企业名称中应当标明"特殊普通合伙"字样。

第五十七条　一个合伙人或者数个合伙人在执业活动中因故意或者重大过失造成合伙企业债务的,应当承担无限责任或者无限连带责任,其他合伙人以其在合伙企业中的财产份额为限承担责任。

合伙人在执业活动中非因故意或者重大过失造成的合伙企业债务以及合伙企业的其他债务,由全体合伙人承担无限连带责任。

第五十八条　合伙人执业活动中因故意或者重大过失造成的合伙企业债务,以合伙企业财产对外承担责任后,该合伙人应当按照合伙协议的约定对给合伙企业造成的损失承担赔偿责任。

第五十九条　特殊的普通合伙企业应当建立执业风险基金、办理职业保险。

执业风险基金用于偿付合伙人执业活动造成的债务。执业风险基金应当单独立户管理。具体管理办法由国务院规定。

第三章　有限合伙企业

第六十条　有限合伙企业及其合伙人适用本章规定;本章未作规定的,适用本法第二章第一节至第五节关于普通合伙企业及其合伙人的规定。

第六十一条　有限合伙企业由二个以上五十个以下合伙人设立;但是,法律另有规定的除外。

有限合伙企业至少应当有一个普通合伙人。

第六十二条　有限合伙企业名称中应当标明"有限合伙"字样。

第六十三条　合伙协议除符合本法第十八条的规定外,还应当载明下列事项:

(一)普通合伙人和有限合伙人的姓名或者名称、住所;

(二)执行事务合伙人应具备的条件和选择程序;

(三)执行事务合伙人权限与违约处理办法;

(四)执行事务合伙人的除名条件和更换程序;

(五)有限合伙人入伙、退伙的条件、程序以及相关责任;

(六)有限合伙人和普通合伙人相互转变程序。

第六十四条　有限合伙人可以用货币、实物、知识产权、土地使用权或者其他财产权利作价出资。

有限合伙人不得以劳务出资。

第六十五条　有限合伙人应当按照合伙协议的约定按期足额缴纳出资;未按期足额缴纳的,应当承担补缴义务,并对其他合伙人承担违约责任。

第六十六条　有限合伙企业登记事项中应当载明有限合伙人的姓名或者名称

及认缴的出资数额。

第六十七条 有限合伙企业由普通合伙人执行合伙事务。执行事务合伙人可以要求在合伙协议中确定执行事务的报酬及报酬提取方式。

第六十八条 有限合伙人不执行合伙事务，不得对外代表有限合伙企业。

有限合伙人的下列行为，不视为执行合伙事务：

（一）参与决定普通合伙人入伙、退伙；

（二）对企业的经营管理提出建议；

（三）参与选择承办有限合伙企业审计业务的会计师事务所；

（四）获取经审计的有限合伙企业财务会计报告；

（五）对涉及自身利益的情况，查阅有限合伙企业财务会计账簿等财务资料；

（六）在有限合伙企业中的利益受到侵害时，向有责任的合伙人主张权利或者提起诉讼；

（七）执行事务合伙人怠于行使权利时，督促其行使权利或者为了本企业的利益以自己的名义提起诉讼；

（八）依法为本企业提供担保。

第六十九条 有限合伙企业不得将全部利润分配给部分合伙人；但是，合伙协议另有约定的除外。

第七十条 有限合伙人可以同本有限合伙企业进行交易；但是，合伙协议另有约定的除外。

第七十一条 有限合伙人可以自营或者同他人合作经营与本有限合伙企业相竞争的业务；但是，合伙协议另有约定的除外。

第七十二条 有限合伙人可以将其在有限合伙企业中的财产份额出质；但是，合伙协议另有约定的除外。

第七十三条 有限合伙人可以按照合伙协议的约定向合伙人以外的人转让其在有限合伙企业中的财产份额，但应当提前三十日通知其他合伙人。

第七十四条 有限合伙人的自有财产不足清偿其与合伙企业无关的债务的，该合伙人可以以其从有限合伙企业中分取的收益用于清偿；债权人也可以依法请求人民法院强制执行该合伙人在有限合伙企业中的财产份额用于清偿。

人民法院强制执行有限合伙人的财产份额时，应当通知全体合伙人。在同等条件下，其他合伙人有优先购买权。

第七十五条 有限合伙企业仅剩有限合伙人的，应当解散；有限合伙企业仅剩普通合伙人的，转为普通合伙企业。

第七十六条 第三人有理由相信有限合伙人为普通合伙人并与其交易的，该有限合伙人对该笔交易承担与普通合伙人同样的责任。

有限合伙人未经授权以有限合伙企业名义与他人进行交易,给有限合伙企业或者其他合伙人造成损失的,该有限合伙人应当承担赔偿责任。

第七十七条　新入伙的有限合伙人对入伙前有限合伙企业的债务,以其认缴的出资额为限承担责任。

第七十八条　有限合伙人有本法第四十八条第一款第一项、第三项至第五项所列情形之一的,当然退伙。

第七十九条　作为有限合伙人的自然人在有限合伙企业存续期间丧失民事行为能力的,其他合伙人不得因此要求其退伙。

第八十条　作为有限合伙人的自然人死亡、被依法宣告死亡或者作为有限合伙人的法人及其他组织终止时,其继承人或者权利承受人可以依法取得该有限合伙人在有限合伙企业中的资格。

第八十一条　有限合伙人退伙后,对基于其退伙前的原因发生的有限合伙企业债务,以其退伙时从有限合伙企业中取回的财产承担责任。

第八十二条　除合伙协议另有约定外,普通合伙人转变为有限合伙人,或者有限合伙人转变为普通合伙人,应当经全体合伙人一致同意。

第八十三条　有限合伙人转变为普通合伙人的,对其作为有限合伙人期间有限合伙企业发生的债务承担无限连带责任。

第八十四条　普通合伙人转变为有限合伙人的,对其作为普通合伙人期间合伙企业发生的债务承担无限连带责任。

第四章　合伙企业解散、清算

第八十五条　合伙企业有下列情形之一的,应当解散:

(一) 合伙期限届满,合伙人决定不再经营;

(二) 合伙协议约定的解散事由出现;

(三) 全体合伙人决定解散;

(四) 合伙人已不具备法定人数满三十天;

(五) 合伙协议约定的合伙目的已经实现或者无法实现;

(六) 依法被吊销营业执照、责令关闭或者被撤销;

(七) 法律、行政法规规定的其他原因。

第八十六条　合伙企业解散,应当由清算人进行清算。

清算人由全体合伙人担任;经全体合伙人过半数同意,可以自合伙企业解散事由出现后十五日内指定一个或者数个合伙人,或者委托第三人,担任清算人。

自合伙企业解散事由出现之日起十五日内未确定清算人的，合伙人或者其他利害关系人可以申请人民法院指定清算人。

第八十七条 清算人在清算期间执行下列事务：

（一）清理合伙企业财产，分别编制资产负债表和财产清单；

（二）处理与清算有关的合伙企业未了结事务；

（三）清缴所欠税款；

（四）清理债权、债务；

（五）处理合伙企业清偿债务后的剩余财产；

（六）代表合伙企业参加诉讼或者仲裁活动。

第八十八条 清算人自被确定之日起十日内将合伙企业解散事项通知债权人，并于六十日内在报纸上公告。债权人应当自接到通知书之日起三十日内，未接到通知书的自公告之日起四十五日内，向清算人申报债权。

债权人申报债权，应当说明债权的有关事项，并提供证明材料。清算人应当对债权进行登记。

清算期间，合伙企业存续，但不得开展与清算无关的经营活动。

第八十九条 合伙企业财产在支付清算费用和职工工资、社会保险费用、法定补偿金以及缴纳所欠税款、清偿债务后的剩余财产，依照本法第三十三条第一款的规定进行分配。

第九十条 清算结束，清算人应当编制清算报告，经全体合伙人签名、盖章后，在十五日内向企业登记机关报送清算报告，申请办理合伙企业注销登记。

第九十一条 合伙企业注销后，原普通合伙人对合伙企业存续期间的债务仍应承担无限连带责任。

第九十二条 合伙企业不能清偿到期债务的，债权人可以依法向人民法院提出破产清算申请，也可以要求普通合伙人清偿。

合伙企业依法被宣告破产的，普通合伙人对合伙企业债务仍应承担无限连带责任。

第五章 法 律 责 任

第九十三条 违反本法规定，提交虚假文件或者采取其他欺骗手段，取得合伙企业登记的，由企业登记机关责令改正，处以五千元以上五万元以下的罚款；情节严重的，撤销企业登记，并处以五万元以上二十万元以下的罚款。

第九十四条 违反本法规定，合伙企业未在其名称中标明"普通合伙"、"特殊普通合伙"或者"有限合伙"字样的，由企业登记机关责令限期改正，处以二千元以上一万元以下的罚款。

第九十五条　违反本法规定，未领取营业执照，而以合伙企业或者合伙企业分支机构名义从事合伙业务的，由企业登记机关责令停止，处以五千元以上五万元以下的罚款。

合伙企业登记事项发生变更时，未依照本法规定办理变更登记的，由企业登记机关责令限期登记；逾期不登记的，处以二千元以上二万元以下的罚款。

合伙企业登记事项发生变更，执行合伙事务的合伙人未按期申请办理变更登记的，应当赔偿由此给合伙企业、其他合伙人或者善意第三人造成的损失。

第九十六条　合伙人执行合伙事务，或者合伙企业从业人员利用职务上的便利，将应当归合伙企业的利益据为己有的，或者采取其他手段侵占合伙企业财产的，应当将该利益和财产退还合伙企业；给合伙企业或者其他合伙人造成损失的，依法承担赔偿责任。

第九十七条　合伙人对本法规定或者合伙协议约定必须经全体合伙人一致同意始得执行的事务擅自处理，给合伙企业或者其他合伙人造成损失的，依法承担赔偿责任。

第九十八条　不具有事务执行权的合伙人擅自执行合伙事务，给合伙企业或者其他合伙人造成损失的，依法承担赔偿责任。

第九十九条　合伙人违反本法规定或者合伙协议的约定，从事与本合伙企业相竞争的业务或者与本合伙企业进行交易的，该收益归合伙企业所有；给合伙企业或者其他合伙人造成损失的，依法承担赔偿责任。

第一百条　清算人未依照本法规定向企业登记机关报送清算报告，或者报送清算报告隐瞒重要事实，或者有重大遗漏的，由企业登记机关责令改正。由此产生的费用和损失，由清算人承担和赔偿。

第一百零一条　清算人执行清算事务，牟取非法收入或者侵占合伙企业财产的，应当将该收入和侵占的财产退还合伙企业；给合伙企业或者其他合伙人造成损失的，依法承担赔偿责任。

第一百零二条　清算人违反本法规定，隐匿、转移合伙企业财产，对资产负债表或者财产清单作虚假记载，或者在未清偿债务前分配财产，损害债权人利益的，依法承担赔偿责任。

第一百零三条　合伙人违反合伙协议的，应当依法承担违约责任。

合伙人履行合伙协议发生争议的，合伙人可以通过协商或者调解解决。不愿通过协商、调解解决或者协商、调解不成的，可以按照合伙协议约定的仲裁条款或者事后达成的书面仲裁协议，向仲裁机构申请仲裁。合伙协议中未订立仲裁条款，事后又没有达成书面仲裁协议的，可以向人民法院起诉。

第一百零四条　有关行政管理机关的工作人员违反本法规定，滥用职权、徇私舞弊、收受贿赂、侵害合伙企业合法权益的，依法给予行政处分。

第一百零五条　违反本法规定，构成犯罪的，依法追究刑事责任。

第一百零六条　违反本法规定，应当承担民事赔偿责任和缴纳罚款、罚金，其财产不足以同时支付的，先承担民事赔偿责任。

第六章　附　则

第一百零七条　非企业专业服务机构依据有关法律采取合伙制的，其合伙人承担责任的形式可以适用本法关于特殊的普通合伙企业合伙人承担责任的规定。

第一百零八条　外国企业或者个人在中国境内设立合伙企业的管理办法由国务院规定。

第一百零九条　本法自 2007 年 6 月 1 日起施行。

关于创业投资引导基金规范设立与运作的指导意见

为贯彻《国务院关于实施〈国家中长期科学和技术发展规划纲要(2006—2020年)〉若干配套政策的通知》(国发〔2006〕6号)精神,配合《创业投资企业管理暂行办法》(发展改革委等十部委令2005年第39号)实施,促进创业投资引导基金(以下简称引导基金)的规范设立与运作,扶持创业投资企业发展,现提出如下意见:

一、引导基金的性质与宗旨

引导基金是由政府设立并按市场化方式运作的政策性基金,主要通过扶持创业投资企业发展,引导社会资金进入创业投资领域。引导基金本身不直接从事创业投资业务。

引导基金的宗旨是发挥财政资金的杠杆放大效应,增加创业投资资本的供给,克服单纯通过市场配置创业投资资本的市场失灵问题。特别是通过鼓励创业投资企业投资处于种子期、起步期等创业早期的企业,弥补一般创业投资企业主要投资于成长期、成熟期和重建企业的不足。

二、引导基金的设立与资金来源

地市级以上人民政府有关部门可以根据创业投资发展的需要和财力状况设立引导基金。其设立程序为:由负责推进创业投资发展的有关部门和财政部门共同提出设立引导基金的可行性方案,报同级人民政府批准后设立。各地应结合本地实际情况制订和不断完善引导基金管理办法,管理办法由财政部门和负责推进创业投资发展的有关部门共同研究提出。

引导基金应以独立事业法人的形式设立,由有关部门任命或派出人员组成的理事会行使决策管理职责,并对外行使引导基金的权益和承担相应义务与责任。

引导基金的资金来源:支持创业投资企业发展的财政性专项资金;引导基金的投资收益与担保收益;闲置资金存放银行或购买国债所得的利息收益;个人、企业或社会机构无偿捐赠的资金等。

三、引导基金的运作原则与方式

引导基金应按照"政府引导、市场运作,科学决策、防范风险"的原则进行投资运作,扶持对象主要是按照《创业投资企业管理暂行办法》规定程序备案的在中国境内设立的各类创业投资企业。在扶持创业投资企业设立与发展的过程中,要创新管理模式,实现政府政策意图和所扶持创业投资企业按市场原则运作的有效结合;要探索建立科学合理的决策、考核机制,有效防范风险,实现引导基金自身的可持续发展;引导基金不用于市场已经充分竞争的领域,不与市场争利。

引导基金的运作方式:(一)参股。引导基金主要通过参股方式,吸引社会资本共同发起设立创业投资企业。(二)融资担保。根据信贷征信机构提供的信用报告,对历史信用记录良好的创业投资企业,可采取提供融资担保方式,支持其通过债权融资增强投资能力。(三)跟进投资或其他方式。产业导向或区域导向较强的引导基金,可探索通过跟进投资或其他方式,支持创业投资企业发展并引导其投资方向。其中,跟进投资仅限于当创业投资企业投资创业早期企业或需要政府重点扶持和鼓励的高新技术等产业领域的创业企业时,引导基金可以按适当股权比例向该创业企业投资,但不得以"跟进投资"之名,直接从事创业投资运作业务,而应发挥商业性创业投资企业发现投资项目、评估投资项目和实施投资管理的作用。

引导基金所扶持的创业投资企业,应当在其公司章程或有限合伙协议等法律文件中,规定以一定比例资金投资于创业早期企业或需要政府重点扶持和鼓励的高新技术等产业领域的创业企业。引导基金应当监督所扶持创业投资企业按照规定的投资方向进行投资运作,但不干预所扶持创业投资企业的日常管理。引导基金不担任所扶持公司型创业投资企业的受托管理机构或有限合伙型创业投资企业的普通合伙人,不参与投资设立创业投资管理企业。

四、引导基金的管理

引导基金应当遵照国家有关预算和财务管理制度的规定,建立完善的内部管理制度和外部监管与监督制度。引导基金可以专设管理机构负责引导基金的日常管理与运作事务,也可委托符合资质条件的管理机构负责引导基金的日常管理与运作事务。

引导基金受托管理机构应当符合下列资质条件:(1)具有独立法人资格;(2)其管理团队具有一定的从业经验,具有较高的政策水平和管理水平;(3)最近3年以上持续保持良好的财务状况;(4)没有受过行政主管机关或者司法机关重大处罚的不良纪录;(5)严格按委托协议管理引导基金资产。

引导基金应当设立独立的评审委员会,对引导基金支持方案进行独立评审,以确保引导基金决策的民主性和科学性。评审委员会成员由政府有关部门、创业投资行业自律组织的代表以及社会专家组成,成员人数应当为单数。其中,创业投行业自律组织的代表和社会专家不得少于半数。引导基金拟扶持项目单位的人员不得作为评审委员会成员参与对拟扶持项目的评审。引导基金理事会根据评审委员会的评审结果，对拟扶持项目进行决策。

引导基金应当建立项目公示制度，接受社会对引导基金的监督，确保引导基金运作的公开性。

五、对引导基金的监管与指导

引导基金纳入公共财政考核评价体系。财政部门和负责推进创业投资发展的有关部门对所设立引导基金实施监管与指导，按照公共性原则，对引导基金建立有效的绩效考核制度，定期对引导基金政策目标、政策效果及其资产情况进行评估。

引导基金理事会应当定期向财政部门和负责推进创业投资发展的有关部门报告运作情况。运作过程中的重大事件及时报告。

六、引导基金的风险控制

应通过制订引导基金章程，明确引导基金运作、决策及管理的具体程序和规定，以及申请引导基金扶持的相关条件。申请引导基金扶持的创业投资企业，应当建立健全业绩激励机制和风险约束机制，其高级管理人员或其管理顾问机构的高级管理人员应当已经取得良好管理业绩。

引导基金章程应当具体规定引导基金对单个创业投资企业的支持额度以及风险控制制度。以参股方式发起设立创业投资企业的，可在符合相关法律法规规定的前提下，事先通过公司章程或有限合伙协议约定引导基金的优先分配权和优先清偿权，以最大限度控制引导基金的资产风险。以提供融资担保方式和跟进投资方式支持创业投资企业的，引导基金应加强对所支持创业投资企业的资金使用监管，防范财务风险。

引导基金不得用于从事贷款或股票、期货、房地产、基金、企业债券、金融衍生品等投资以及用于赞助、捐赠等支出。闲置资金只能存放银行或购买国债。

引导基金的闲置资金以及投资形成的各种资产及权益，应当按照国家有关财务规章制度进行管理。引导基金投资形成股权的退出，应按照公共财政的原则和引导基金的运作要求，确定退出方式及退出价格。

七、指导意见的组织实施

本指导意见发布后，新设立的引导基金应遵循本指导意见进行设立和运作，已设立的引导基金应按照本指导意见逐步规范运作。

私募投资基金管理人登记和基金备案办法(试行)

第一章 总 则

第一条 为规范私募投资基金业务,保护投资者合法权益,促进私募投资基金行业健康发展,根据《证券投资基金法》《中央编办关于私募股权基金管理职责分工的通知》和中国证券监督管理委员会(以下简称中国证监会)有关规定,制定本办法。

第二条 本办法所称私募投资基金(以下简称私募基金),系指以非公开方式向合格投资者募集资金设立的投资基金,包括资产由基金管理人或者普通合伙人管理的以投资活动为目的设立的公司或者合伙企业。

第三条 中国证券投资基金业协会(以下简称基金业协会)按照本办法规定办理私募基金管理人登记及私募基金备案,对私募基金业务活动进行自律管理。

第四条 私募基金管理人应当提供私募基金登记和备案所需的文件和信息,保证所提供文件和信息的真实性、准确性、完整性。

第二章 基金管理人登记

第五条 私募基金管理人应当向基金业协会履行基金管理人登记手续并申请成为基金业协会会员。

第六条 私募基金管理人申请登记,应当通过私募基金登记备案系统,如实填报基金管理人基本信息、高级管理人员及其他从业人员基本信息、股东或合伙人基本信息、管理基金基本信息。

第七条 登记申请材料不完备或不符合规定的,私募基金管理人应当根据基金业协会的要求及时补正。

申请登记期间,登记事项发生重大变化的,私募基金管理人应当及时告知基金业协会并变更申请登记内容。

第八条 基金业协会可以采取约谈高级管理人员、现场检查、向中国证监会及其派出机构、相关专业协会征询意见等方式对私募基金管理人提供的登记申请材料进行核查。

第九条 私募基金管理人提供的登记申请材料完备的,基金业协会应当自收齐登记材料之日起 20 个工作日内,以通过网站公示私募基金管理人基本情况的方式,为私募基金管理人办结登记手续。网站公示的私募基金管理人基本情况包括私募基金管理人的名称、成立时间、登记时间、住所、联系方式、主要负责人等基本信息以及基本诚信信息。

公示信息不构成对私募基金管理人投资管理能力、持续合规情况的认可，不作为基金资产安全的保证。

第十条　经登记后的私募基金管理人依法解散、被依法撤销或者被依法宣告破产的，基金业协会应当及时注销基金管理人登记。

第三章　基　金　备　案

第十一条　私募基金管理人应当在私募基金募集完毕后20个工作日内，通过私募基金登记备案系统进行备案，并根据私募基金的主要投资方向注明基金类别，如实填报基金名称、资本规模、投资者、基金合同（基金公司章程或者合伙协议，以下统称基金合同）等基本信息。

公司型基金自聘管理团队管理基金资产的，该公司型基金在作为基金履行备案手续同时，还需作为基金管理人履行登记手续。

第十二条　私募基金备案材料不完备或者不符合规定的，私募基金管理人应当根据基金业协会的要求及时补正。

第十三条　私募基金备案材料完备且符合要求的，基金业协会应当自收齐备案材料之日起20个工作日内，以通过网站公示私募基金基本情况的方式，为私募基金办结备案手续。网站公示的私募基金基本情况包括私募基金的名称、成立时间、备案时间、主要投资领域、基金管理人及基金托管人等基本信息。

第十四条　经备案的私募基金可以申请开立证券相关账户。

第四章　人　员　管　理

第十五条　私募基金管理人应当按照规定向基金业协会报送高级管理人员及其他基金从业人员基本信息及变更信息。

第十六条　从事私募基金业务的专业人员应当具备私募基金从业资格。

具备以下条件之一的，可以认定为具有私募基金从业资格：

（一）通过基金业协会组织的私募基金从业资格考试；

（二）最近三年从事投资管理相关业务；

（三）基金业协会认定的其他情形。

第十七条　私募基金管理人的高级管理人员应当诚实守信，最近三年没有重大失信记录，未被中国证监会采取市场禁入措施。

前款所称高级管理人员指私募基金管理人的董事长、总经理、副总经理、执行事务合伙人（委派代表）、合规风控负责人以及实际履行上述职务的其他人员。

第十八条 私募基金从业人员应当定期参加基金业协会或其认可机构组织的执业培训。

第五章 信 息 报 送

第十九条 私募基金管理人应当在每月结束之日起 5 个工作日内，更新所管理的私募证券投资基金相关信息，包括基金规模、单位净值、投资者数量等。

第二十条 私募基金管理人应当在每季度结束之日起 10 个工作日内，更新所管理的私募股权投资基金等非证券类私募基金的相关信息，包括认缴规模、实缴规模、投资者数量、主要投资方向等。

第二十一条 私募基金管理人应当于每年度结束之日起 20 个工作日内，更新私募基金管理人、股东或合伙人、高级管理人员及其他从业人员、所管理的私募基金等基本信息。

私募基金管理人应当于每年度四月底之前，通过私募基金登记备案系统填报经会计师事务所审计的年度财务报告。

受托管理享受国家财税政策扶持的创业投资基金的基金管理人，还应当报送所受托管理创业投资基金投资中小微企业情况及社会经济贡献情况等报告。

第二十二条 私募基金管理人发生以下重大事项的，应当在 10 个工作日内向基金业协会报告：

（一）私募基金管理人的名称、高级管理人员发生变更；

（二）私募基金管理人的控股股东、实际控制人或者执行事务合伙人发生变更；

（三）私募基金管理人分立或者合并；

（四）私募基金管理人或高级管理人员存在重大违法违规行为；

（五）依法解散、被依法撤销或者被依法宣告破产；

（六）可能损害投资者利益的其他重大事项。

第二十三条 私募基金运行期间，发生以下重大事项的，私募基金管理人应当在 5 个工作日内向基金业协会报告：

（一）基金合同发生重大变化；

（二）投资者数量超过法律法规规定；

（三）基金发生清盘或清算；

（四）私募基金管理人、基金托管人发生变更；

（五）对基金持续运行、投资者利益、资产净值产生重大影响的其他事件。

第二十四条　基金业协会每季度对私募基金管理人、从业人员及私募基金情况进行统计分析,向中国证监会报告。

第六章　自　律　管　理

第二十五条　基金业协会根据私募基金管理人所管理的基金类型设立相关专业委员会,实施差别化的自律管理。

第二十六条　基金业协会可以对私募基金管理人及其从业人员实施非现场检查和现场检查,要求私募基金管理人及其从业人员提供有关的资料和信息。私募基金管理人及其从业人员应当配合检查。

第二十七条　基金业协会建立私募基金管理人及其从业人员诚信档案,跟踪记录其诚信信息。

第二十八条　基金业协会接受对私募基金管理人或基金从业人员的投诉,可以对投诉事项进行调查、核实,并依法进行处理。

第二十九条　基金业协会可以根据当事人平等、自愿的原则对私募基金业务纠纷进行调解,维护投资者合法权益。

第三十条　私募基金管理人、高级管理人员及其他从业人员存在以下情形的,基金业协会视情节轻重可以对私募基金管理人采取警告、行业内通报批评、公开谴责、暂停受理基金备案、取消会员资格等措施,对高级管理人员及其他从业人员采取警告、行业内通报批评、公开谴责、取消从业资格等措施,并记入诚信档案。情节严重的,移交中国证监会处理:

(一)违反《证券投资基金法》及本办法规定;

(二)在私募基金管理人登记、基金备案及其他信息报送中提供虚假材料和信息,或者隐瞒重要事实;

(三)法律法规、中国证监会及基金业协会规定的其他情形。

第三十一条　私募基金管理人未按规定及时填报业务数据或者进行信息更新的,基金业协会责令改正;一年累计两次以上未按时填报业务数据、进行信息更新的,基金业协会可以对主要责任人员采取警告措施,情节严重的向中国证监会报告。

第七章　附　　则

第三十二条　本办法自 2014 年 2 月 7 日起施行,由基金业协会负责解释。

私募投资基金管理人内部控制指引

第一章 总 则

第一条 为了引导私募基金管理人加强内部控制，促进合法合规、诚信经营，提高风险防范能力，推动私募基金行业规范发展，根据《证券投资基金法》《私募投资基金监督管理暂行办法》《私募投资基金管理人登记和基金备案办法（试行）》，制定本指引。

第二条 私募基金管理人内部控制是指私募基金管理人为防范和化解风险，保证各项业务的合法合规运作，实现经营目标，在充分考虑内外部环境的基础上，对经营过程中的风险进行识别、评价和管理的制度安排、组织体系和控制措施。

第三条 私募基金管理人应当按照本指引的要求，结合自身的具体情况，建立健全内部控制机制，明确内部控制职责，完善内部控制措施，强化内部控制保障，持续开展内部控制评价和监督。私募基金管理人最高权力机构对建立内部控制制度和维持其有效性承担最终责任，经营层对内部控制制度的有效执行承担责任。

第二章 目标和原则

第四条 私募基金管理人内部控制总体目标是：

（一）保证遵守私募基金相关法律法规和自律规则；

（二）防范经营风险，确保经营业务的稳健运行；

（三）保障私募基金财产的安全、完整；

（四）确保私募基金、私募基金管理人财务和其他信息真实、准确、完整、及时。

第五条 私募基金管理人内部控制应当遵循以下原则：

（一）全面性原则。内部控制应当覆盖包括各项业务、各个部门和各级人员，并涵盖资金募集、投资研究、投资运作、运营保障和信息披露等主要环节；

（二）相互制约原则。组织结构应当权责分明、相互制约；

（三）执行有效原则。通过科学的内控手段和方法，建立合理的内控程序，维护内控制度的有效执行；

（四）独立性原则。各部门和岗位职责应当保持相对独立，基金财产、管理人固有财产、其他财产的运作应当分离；

（五）成本效益原则。以合理的成本控制达到最佳的内部控制效果，内部控制

与私募基金管理人的管理规模和员工人数等方面相匹配,契合自身实际情况;

(六)适时性原则。私募基金管理人应当定期评价内部控制的有效性,并随着有关法律法规的调整和经营战略、方针、理念等内外部环境的变化同步适时修改或完善。

第三章　基本要求

第六条　私募基金管理人建立与实施有效的内部控制,应当包括下列要素:

(一)内部环境:包括经营理念和内控文化、治理结构、组织结构、人力资源政策和员工道德素质等,内部环境是实施内部控制的基础;

(二)风险评估:及时识别、系统分析经营活动中与内部控制目标相关的风险,合理确定风险应对策略;

(三)控制活动:根据风险评估结果,采用相应的控制措施,将风险控制在可承受范围之内;

(四)信息与沟通:及时、准确地收集、传递与内部控制相关的信息,确保信息在内部、企业与外部之间进行有效沟通;

(五)内部监督:对内部控制建设与实施情况进行周期性监督检查,评价内部控制的有效性,发现内部控制缺陷或因业务变化导致内控需求有变化的,应当及时加以改进、更新。

第七条　私募基金管理人应当牢固树立合法合规经营的理念和风险控制优先的意识,培养从业人员的合规与风险意识,营造合规经营的制度文化环境,保证管理人及其从业人员诚实信用、勤勉尽责、恪尽职守。

第八条　私募基金管理人应当遵循专业化运营原则,主营业务清晰,不得兼营与私募基金管理无关或存在利益冲突的其他业务。

第九条　私募基金管理人应当健全治理结构,防范不正当关联交易、利益输送和内部人控制风险,保护投资者利益和自身合法权益。

第十条　私募基金管理人组织结构应当体现职责明确、相互制约的原则,建立必要的防火墙制度与业务隔离制度,各部门有合理及明确的授权分工,操作相互独立。

第十一条　私募基金管理人应当建立有效的人力资源管理制度,健全激励约束机制,确保工作人员具备与岗位要求相适应的职业操守和专业胜任能力。

私募基金管理人应具备至少2名高级管理人员。

第十二条　私募基金管理人应当设置负责合规风控的高级管理人员。负责合规风控的高级管理人员,应当独立地履行对内部控制监督、检查、评价、报告和建议的职能,对因失职渎职导致内部控制失效造成重大损失的,应承担相关责任。

　　第十三条 私募基金管理人应当建立科学的风险评估体系,对内外部风险进行识别、评估和分析,及时防范和化解风险。

　　第十四条 私募基金管理人应当建立科学严谨的业务操作流程,利用部门分设、岗位分设、外包、托管等方式实现业务流程的控制。

　　第十五条 授权控制应当贯穿于私募基金管理人资金募集、投资研究、投资运作、运营保障和信息披露等主要环节的始终。私募基金管理人应当建立健全授权标准和程序,确保授权制度的贯彻执行。

　　第十六条 私募基金管理人自行募集私募基金的,应设置有效机制,切实保障募集结算资金安全;私募基金管理人应当建立合格投资者适当性制度。

　　第十七条 私募基金管理人委托募集的,应当委托获得中国证监会基金销售业务资格且成为中国证券投资基金业协会(以下简称"中国基金业协会")会员的机构募集私募基金,并制定募集机构遴选制度,切实保障募集结算资金安全;确保私募基金向合格投资者募集以及不变相进行公募。

　　第十八条 私募基金管理人应当建立完善的财产分离制度,私募基金财产与私募基金管理人固有财产之间、不同私募基金财产之间、私募基金财产和其他财产之间要实行独立运作,分别核算。

　　第十九条 私募基金管理人应建立健全相关机制,防范管理的各私募基金之间的利益输送和利益冲突,公平对待管理的各私募基金,保护投资者利益。

　　第二十条 私募基金管理人应当建立健全投资业务控制,保证投资决策严格按照法律法规规定,符合基金合同所规定的投资目标、投资范围、投资策略、投资组合和投资限制等要求。

　　第二十一条 除基金合同另有约定外,私募基金应当由基金托管人托管,私募基金管理人应建立健全私募基金托管人遴选制度,切实保障资金安全。

　　基金合同约定私募基金不进行托管的,私募基金管理人应建立保障私募基金财产安全的制度措施和纠纷解决机制。

　　第二十二条 私募基金管理人开展业务外包应制定相应的风险管理框架及制度。私募基金管理人根据审慎经营原则制定其业务外包实施规划,确定与其经营水平相适宜的外包活动范围。

　　第二十三条 私募基金管理人应建立健全外包业务控制,并至少每年开展一次全面的外包业务风险评估。在开展业务外包的各个阶段,关注外包机构是否存在与外包服务相冲突的业务,以及外包机构是否采取有效的隔离措施。

　　第二十四条 私募基金管理人自行承担信息技术和会计核算等职能的,应建立相应的信息系统和会计系统,保证信息技术和会计核算等的顺利运行。

第二十五条　私募基金管理人应当建立健全信息披露控制,维护信息沟通渠道的畅通,保证向投资者、监管机构及中国基金业协会所披露信息的真实性、准确性、完整性和及时性,不存在虚假记载、误导性陈述或重大遗漏。

第二十六条　私募基金管理人应当保存私募基金内部控制活动等方面的信息及相关资料,确保信息的完整、连续、准确和可追溯,保存期限自私募基金清算终止之日起不得少于10年。

第二十七条　私募基金管理人应对内部控制制度的执行情况进行定期和不定期的检查、监督及评价,排查内部控制制度是否存在缺陷及实施中是否存在问题,并及时予以改进,确保内部控制制度的有效执行。

第四章　检查和监督

第二十八条　中国基金业协会对私募基金管理人内部控制的建立及执行情况进行监督。

第二十九条　私募基金管理人应当按照本指引要求制定相关内部控制制度,并在中国基金业协会私募基金登记备案系统填报及上传相关内部控制制度。

第三十条　中国基金业协会按照相关自律规则,对私募基金管理人的人员、内部控制、业务活动及信息披露等合规情况进行业务检查,业务检查可通过现场或非现场方式进行,私募基金管理人及相关人员应予以配合。

第三十一条　私募基金管理人未按本指引建立健全内部控制,或内部控制存在重大缺陷,导致违反相关法律法规及自律规则的,中国基金业协会可以视情节轻重对私募基金管理人及主要负责人采取书面警示、行业内通报批评、公开谴责等措施。

第五章　附　　则

第三十二条　本指引由中国基金业协会负责解释。
第三十三条　本指引自2016年2月1日起施行。

私募投资基金信息披露管理办法

第一章 总 则

第一条 为保护私募基金投资者合法权益，规范私募投资基金的信息披露活动，根据《证券投资基金法》《私募投资基金监督管理暂行办法》《私募投资基金管理人登记和基金备案办法(试行)》等法律法规及相关自律规则，制定本办法。

第二条 本办法所称的信息披露义务人，指私募基金管理人、私募基金托管人，以及法律、行政法规、中国证券监督管理委员会(以下简称中国证监会)和中国证券投资基金业协会(以下简称中国基金业协会)规定的具有信息披露义务的法人和其他组织。

同一私募基金存在多个信息披露义务人时，应在相关协议中约定信息披露相关事项和责任义务。

信息披露义务人委托第三方机构代为披露信息的，不得免除信息披露义务人法定应承担的信息披露义务。

第三条 信息披露义务人应当按照中国基金业协会的规定以及基金合同、公司章程或者合伙协议(以下统称基金合同)约定向投资者进行信息披露。

第四条 信息披露义务人应当保证所披露信息的真实性、准确性和完整性。

第五条 私募基金管理人应当按照规定通过中国基金业协会指定的私募基金信息披露备份平台报送信息。

私募基金管理人过往业绩以及私募基金运行情况将以私募基金管理人向私募基金信息披露备份平台报送的数据为准。

第六条 投资者可以登录中国基金业协会指定的私募基金信息披露备份平台进行信息查询。

第七条 信息披露义务人、投资者及其他相关机构应当依法对所获取的私募基金非公开披露的全部信息、商业秘密、个人隐私等信息负有保密义务。

中国基金业协会应当对私募基金管理人和私募基金信息严格保密。除法律法规另有规定外，不得对外披露。

第八条 中国基金业协会依据本办法对私募基金的信息披露活动进行自律管理。

第二章　一般规定

第九条　信息披露义务人应当向投资者披露的信息包括：

（一）基金合同；

（二）招募说明书等宣传推介文件；

（三）基金销售协议中的主要权利义务条款（如有）；

（四）基金的投资情况；

（五）基金的资产负债情况；

（六）基金的投资收益分配情况；

（七）基金承担的费用和业绩报酬安排；

（八）可能存在的利益冲突；

（九）涉及私募基金管理业务、基金财产、基金托管业务的重大诉讼、仲裁；

（十）中国证监会以及中国基金业协会规定的影响投资者合法权益的其他重大信息。

第十条　私募基金进行托管的，私募基金托管人应当按照相关法律法规、中国证监会以及中国基金业协会的规定和基金合同的约定，对私募基金管理人编制的基金资产净值、基金份额净值、基金份额申购赎回价格、基金定期报告和定期更新的招募说明书等向投资者披露的基金相关信息进行复核确认。

第十一条　信息披露义务人披露基金信息，不得存在以下行为：

（一）公开披露或者变相公开披露；

（二）虚假记载、误导性陈述或者重大遗漏；

（三）对投资业绩进行预测；

（四）违规承诺收益或者承担损失；

（五）诋毁其他基金管理人、基金托管人或者基金销售机构；

（六）登载任何自然人、法人或者其他组织的祝贺性、恭维性或推荐性的文字；

（七）采用不具有可比性、公平性、准确性、权威性的数据来源和方法进行业绩比较，任意使用"业绩最佳""规模最大"等相关措辞；

（八）法律、行政法规、中国证监会和中国基金业协会禁止的其他行为。

第十二条　向境内投资者募集的基金信息披露文件应当采用中文文本，应当尽量采用简明、易懂的语言进行表述。同时采用外文文本的，信息披露义务人应当保证两种文本内容一致。两种文本发生歧义时，以中文文本为准。

第三章　基金募集期间的信息披露

第十三条　私募基金的宣传推介材料(如招募说明书)内容应当如实披露基金产品的基本信息，与基金合同保持一致。如有不一致，应当向投资者特别说明。

第十四条　私募基金募集期间，应当在宣传推介材料(如招募说明书)中向投资者披露如下信息：

(一)基金的基本信息：基金名称、基金架构(是否为母子基金、是否有平行基金)、基金类型、基金注册地(如有)、基金募集规模、最低认缴出资额、基金运作方式(封闭式、开放式或者其他方式)、基金的存续期限、基金联系人和联系信息、基金托管人(如有)；

(二)基金管理人基本信息：基金管理人名称、注册地/主要经营地址、成立时间、组织形式、基金管理人在中国基金业协会的登记备案情况；

(三)基金的投资信息：基金的投资目标、投资策略、投资方向、业绩比较基准(如有)、风险收益特征等；

(四)基金的募集期限：应载明基金首轮交割日以及最后交割日事项(如有)；

(五)基金估值政策、程序和定价模式；

(六)基金合同的主要条款：出资方式、收益分配和亏损分担方式、管理费标准及计提方式、基金费用承担方式、基金业务报告和财务报告提交制度等；

(七)基金的申购与赎回安排；

(八)基金管理人最近三年的诚信情况说明；

(九)其他事项。

第四章　基金运作期间的信息披露

第十五条　基金合同中应当明确信息披露义务人向投资者进行信息披露的内容、披露频度、披露方式、披露责任以及信息披露渠道等事项。

第十六条　私募基金运行期间，信息披露义务人应当在每季度结束之日起10个工作日以内向投资者披露基金净值、主要财务指标以及投资组合情况等信息。

单只私募证券投资基金管理规模金额达到5 000万元以上的，应当持续在每月结束后5个工作日以内向投资者披露基金净值信息。

第十七条　私募基金运行期间，信息披露义务人应当在每年结束之日起4个月以内向投资者披露以下信息：

(一)报告期末基金净值和基金份额总额；

(二)基金的财务情况；

（三）基金投资运作情况和运用杠杆情况；

（四）投资者账户信息，包括实缴出资额、未缴出资额以及报告期末所持有基金份额总额等；

（五）投资收益分配和损失承担情况；

（六）基金管理人取得的管理费和业绩报酬，包括计提基准、计提方式和支付方式；

（七）基金合同约定的其他信息。

第十八条　发生以下重大事项的，信息披露义务人应当按照基金合同的约定及时向投资者披露：

（一）基金名称、注册地址、组织形式发生变更的；

（二）投资范围和投资策略发生重大变化的；

（三）变更基金管理人或托管人的；

（四）管理人的法定代表人、执行事务合伙人（委派代表）、实际控制人发生变更的；

（五）触及基金止损线或预警线的；

（六）管理费率、托管费率发生变化的；

（七）基金收益分配事项发生变更的；

（八）基金触发巨额赎回的；

（九）基金存续期变更或展期的；

（十）基金发生清盘或清算的；

（十一）发生重大关联交易事项的；

（十二）基金管理人、实际控制人、高管人员涉嫌重大违法违规行为或正在接受监管部门或自律管理部门调查的；

（十三）涉及私募基金管理业务、基金财产、基金托管业务的重大诉讼、仲裁；

（十四）基金合同约定的影响投资者利益的其他重大事项。

第五章　信息披露的事务管理

第十九条　信息披露义务人应当建立健全信息披露管理制度，指定专人负责管理信息披露事务，并按要求在私募基金登记备案系统中上传信息披露相关制度文件。

第二十条　信息披露事务管理制度应当至少包括以下事项：

（一）信息披露义务人向投资者进行信息披露的内容、披露频度、披露方式、披露责任以及信息披露渠道等事项；

（二）信息披露相关文件、资料的档案管理；

（三）信息披露管理部门、流程、渠道、应急预案及责任；

（四）未按规定披露信息的责任追究机制，对违反规定人员的处理措施。

第二十一条 信息披露义务人应当妥善保管私募基金信息披露的相关文件资料，保存期限自基金清算终止之日起不得少于 10 年。

第六章 自 律 管 理

第二十二条 中国基金业协会定期发布行业信息披露指引，指导信息披露义务人做好信息披露相关事项。

第二十三条 中国基金业协会可以对信息披露义务人披露基金信息的情况进行定期或者不定期的现场和非现场自律检查，信息披露义务人应当予以配合。

第二十四条 私募基金管理人违反本办法第十五条规定，未在基金合同约定信息披露事项的，基金备案过程中由中国基金业协会责令改正。

第二十五条 信息披露义务人违反本办法第五条、第九条、第十六条至第十八条的，投资者可以向中国基金业协会投诉或举报，中国基金业协会可以要求其限期改正。逾期未改正的，中国基金业协会可以视情节轻重对信息披露义务人及主要负责人采取谈话提醒、书面警示、要求参加强制培训、行业内谴责、加入黑名单等纪律处分。

第二十六条 信息披露义务人管理信息披露事务，违反本办法第十九条至第二十一条的规定，中国基金业协会可以要求其限期改正。逾期未改正的，中国基金业协会可以视情节轻重对信息披露义务人及主要负责人采取谈话提醒、书面警示、要求参加强制培训、行业内谴责、加入黑名单等纪律处分。

第二十七条 私募基金管理人在信息披露中存在本办法第十一条（一）、（二）、（三）、（四）、（七）所述行为的，中国基金业协会可视情节轻重对基金管理人采取公开谴责、暂停办理相关业务、撤销管理人登记或取消会员资格等纪律处分；对直接负责的主管人员和其他直接责任人员，中国基金业协会可采取要求参加强制培训、行业内谴责、加入黑名单、公开谴责、认为不适当人选、暂停或取消基金从业资格等纪律处分，并记入诚信档案。情节严重的，移交中国证监会处理。

第二十八条 私募基金管理人在一年之内两次被采取谈话提醒、书面警示、要求限期改正等纪律处分的，中国基金业协会可对其采取加入黑名单、公开谴责等纪律处分；在两年之内两次被采取加入黑名单、公开谴责等纪律处分的，由中国基金业协会移交中国证监会处理。

第七章 附 则

第二十九条 本办法自公布之日起施行。

第三十条 本办法所称以上、以内,包括本数。

第三十一条 本办法由中国基金业协会负责解释。

私募投资基金合同指引 1 号

（契约型私募基金合同内容与格式指引）

第一章 总 则

第一条 根据《证券投资基金法》（以下简称《基金法》）、《私募投资基金监督管理暂行办法》（以下简称《私募办法》）、《私募投资基金管理人登记和基金备案办法（试行）》及其他相关规定，制定本指引。

第二条 私募基金管理人通过契约形式募集设立私募证券投资基金的，应当按照本指引制定私募投资基金合同（以下简称"基金合同"）；私募基金管理人通过契约形式募集设立私募股权投资基金、创业投资基金和其他类型投资基金应当参考本指引制定私募投资基金合同。

第三条 基金合同的名称中须标识"私募基金""私募投资基金"字样。

第四条 基金合同当事人应当遵循平等自愿、诚实信用、公平原则订立基金合同，维护投资者合法权益，不得损害国家利益和社会公共利益。

第五条 基金合同不得含有虚假内容或误导性陈述。

第六条 私募基金进行托管的，私募基金管理人、基金托管人以及投资者三方应当根据本指引要求共同签订基金合同；基金合同明确约定不托管的，应当根据本指引要求在基金合同中明确保障私募基金财产安全的制度措施、保管机制和纠纷解决机制。

第七条 对于本指引有明确要求的，基金合同中应当载明本指引规定的相关内容。在不违反《基金法》《私募办法》以及相关法律法规的前提下，基金合同当事人可以根据实际情况约定本指引规定内容之外的事项。本指引某些具体要求对当事人确不适用的，当事人可对相应内容做出合理调整和变动，但管理人应在《风险揭示书》中向投资者进行特别揭示，并在基金合同报送中国基金业协会备案时出具书面说明。

第二章 基金合同正文

第一节 前 言

第八条 基金合同应订明订立基金合同的目的、依据和原则。

第二节 释 义

第九条 应对基金合同中具有特定法律含义的词汇作出明确的解释和说明。

第三节　声明与承诺

第十条　订明私募基金管理人、私募基金托管人及私募基金投资者的声明与承诺，并用加粗字体在合同中列明，包括但不限于：

私募基金管理人保证在募集资金前已在中国基金业协会登记为私募基金管理人，并列明管理人登记编码。私募基金管理人应当向投资者进一步声明，中国基金业协会为私募基金管理人和私募基金办理登记备案不构成对私募基金管理人投资能力、持续合规情况的认可；不作为对基金财产安全的保证。私募基金管理人保证已在签订本合同前揭示了相关风险；已经了解私募基金投资者的风险偏好、风险认知能力和承受能力。私募基金管理人承诺按照恪尽职守、诚实信用、谨慎勤勉的原则管理运用基金财产，不对基金活动的盈利性和最低收益作出承诺。

私募基金托管人承诺按照恪尽职守、诚实信用、谨慎勤勉的原则安全保管基金财产，并履行合同约定的其他义务。

私募基金投资者声明其为符合《私募办法》规定的合格投资者，保证财产的来源及用途符合国家有关规定，并已充分理解本合同条款，了解相关权利义务，了解有关法律法规及所投资基金的风险收益特征，愿意承担相应的投资风险；私募基金投资者承诺其向私募基金管理人提供的有关投资目的、投资偏好、投资限制、财产收入情况和风险承受能力等基本情况真实、完整、准确、合法，不存在任何重大遗漏或误导。前述信息资料如发生任何实质性变更，应当及时告知私募基金管理人或募集机构。私募基金投资者知晓，私募基金管理人、私募基金托管人及相关机构不应对基金财产的收益状况做出任何承诺或担保。

第四节　私募基金的基本情况

第十一条　订明私募基金的基本情况：

（一）私募基金的名称；

（二）私募基金的运作方式，具体载明封闭式、开放式或者其他方式；

（三）私募基金的计划募集总额（如有）；

（四）私募基金的投资目标和投资范围；

（五）私募基金的存续期限；

（六）私募基金份额的初始募集面值；

（七）私募基金的结构化安排（如有）；

（八）私募基金的托管事项（如有）；

（九）私募基金的外包事项，订明外包机构的名称和在中国基金业协会登记的外包业务登记编码（如有）；

（十）其他需要订明的内容。

第五节　私募基金的募集

第十二条　订明私募基金募集的有关事项，包括但不限于：

（一）私募基金的募集机构、募集对象、募集方式、募集期限；

（二）私募基金的认购事项，包括私募基金合格投资者人数上限、认购费用、认购申请的确认、认购份额的计算方式、初始认购资金的管理及利息处理方式等；

（三）私募基金份额认购金额、付款期限等；

（四）《私募投资基金募集行为管理办法》规定的投资冷静期、回访确认等内容。

第十三条　订明私募基金管理人应当将私募基金募集期间客户的资金存放于私募基金募集结算专用账户，订明账户开户行、账户名称、账户号码、监督机构等。

第六节　私募基金的成立与备案

第十四条　私募基金成立的有关事项，包括但不限于：

（一）订明私募基金合同签署的方式；

（二）私募基金成立的条件；

（三）私募基金募集失败的处理方式。

第十五条　私募基金应当按照规定向中国基金业协会履行基金备案手续。基金合同中应约定私募基金在中国基金业协会完成备案后方可进行投资运作。

第七节　私募基金的申购、赎回与转让

第十六条　订明私募基金运作期间，私募基金投资者申购和赎回私募基金的有关事项，包括但不限于：

（一）申购和赎回的开放日及时间；

（二）申购和赎回的方式、价格、程序、确认及办理机构等；

（三）申购和赎回的金额限制。投资者在私募基金存续期开放日购买私募基金份额的，首次购买金额应不低于100万元人民币（不含认/申购费）且符合合格投资者标准，已持有私募基金份额的投资者在资产存续期开放日追加购买基金份额的除外。投资者持有的基金资产净值高于100万元时，可以选择部分赎回基金份额，投资者在赎回后持有的基金资产净值不得低于100万元，投资者申请赎回基金份额时，其持有的基金资产净值低于100万元的，必须选择一次性赎回全部基金份额，投资者没有一次性全部赎回持有份额的，管理人应当将该基金份额持有人所持份额做全部赎回处理。《私募办法》第十三条列明的投资者可不适用本项。

（四）申购和赎回的费用；

（五）申购份额的计算方式、赎回金额的计算方式；

（六）巨额赎回的认定及处理方式；

（七）拒绝或暂停申购、赎回的情形及处理方式。

第十七条　基金合同中可以约定基金份额持有人之间，以及基金份额持有人向其他合格投资者转让基金份额的方式、程序和私募基金管理人的相关职责。基金份额转让须按照中国基金业协会要求进行份额登记。转让期间及转让后，持有基金份额的合格投资者数量合计不得超过法定人数。

<h3 style="text-align:center">第八节　当事人及权利义务</h3>

第十八条　订明私募基金管理人、私募基金托管人的基本情况，包括但不限于姓名/名称、住所、联系人、通讯地址、联系电话等信息。投资者基本情况可在基金合同签署页列示。

第十九条　说明私募基金应当设定为均等份额。除私募基金合同另有约定外，每份份额具有同等的合法权益。

第二十条　根据《私募办法》及其他有关规定订明私募基金管理人的权利，包括但不限于：

（一）按照基金合同约定，独立管理和运用基金财产；

（二）按照基金合同约定，及时、足额获得私募基金管理人管理费用及业绩报酬（如有）；

（三）按照有关规定和基金合同约定行使因基金财产投资所产生的权利；

（四）根据基金合同及其他有关规定，监督私募基金托管人，对于私募基金托管人违反基金合同或有关法律法规规定、对基金财产及其他当事人的利益造成重大损失的，应当及时采取措施制止；

（五）私募基金管理人为保护投资者权益，可以在法律法规规定范围内，根据市场情况对本基金的认购、申购业务规则（包括但不限于基金总规模、单个基金投资者首次认购、申购金额、每次申购金额及持有的本基金总金额限制等）进行调整；

（六）以私募基金管理人的名义，代表私募基金与其他第三方签署基金投资相关协议文件、行使诉讼权利或者实施其他法律行为。

第二十一条　根据《私募办法》及其他有关规定订明私募基金管理人的义务，包括但不限于：

（一）履行私募基金管理人登记和私募基金备案手续；

（二）按照诚实信用、勤勉尽责的原则履行受托人义务，管理和运用基金财产；

（三）制作调查问卷，对投资者的风险识别能力和风险承担能力进行评估，向符合法律法规规定的合格投资者非公开募集资金；

（四）制作风险揭示书，向投资者充分揭示相关风险；

（五）配备足够的具有专业能力的人员进行投资分析、决策，以专业化的经营方式管理和运作基金财产；

（六）建立健全内部制度,保证所管理的私募基金财产与其管理的其他基金财产和私募基金管理人的固有财产相互独立,对所管理的不同财产分别管理,分别记账、分别投资；

（七）不得利用基金财产或者职务之便,为本人或者投资者以外的人牟取利益,进行利益输送；

（八）自行担任或者委托其他机构担任基金的基金份额登记机构,委托其他基金份额登记机构办理注册登记业务时,对基金份额登记机构的行为进行必要的监督；

（九）按照基金合同约定接受投资者和私募基金托管人的监督；

（十）按照基金合同约定及时向托管人提供非证券类资产凭证或股权证明（包括股东名册和工商部门出具并加盖公章的权利证明文件）等重要文件（如有）；

（十一）按照基金合同约定负责私募基金会计核算并编制基金财务会计报告；

（十二）按照基金合同约定计算并向投资者报告基金份额净值；

（十三）根据法律法规与基金合同的规定,对投资者进行必要的信息披露,揭示私募基金资产运作情况,包括编制和向投资者提供基金定期报告；

（十四）确定私募基金份额申购、赎回价格,采取适当、合理的措施确定基金份额交易价格的计算方法符合法律法规的规定和基金合同的约定；

（十五）保守商业秘密,不得泄露私募基金的投资计划或意向等,法律法规另有规定的除外；

（十六）保存私募基金投资业务活动的全部会计资料,并妥善保存有关的合同、交易记录及其他相关资料,保存期限自私募基金清算终止之日起不得少于10年；

（十七）公平对待所管理的不同基金财产,不得从事任何有损基金财产及其他当事人利益的活动；

（十八）按照基金合同的约定确定私募基金收益分配方案,及时向投资者分配收益；

（十九）组织并参加基金财产清算小组,参与基金财产的保管、清理、估价、变现和分配；

（二十）建立并保存投资者名册；

（二十一）面临解散、依法被撤销或者被依法宣告破产时,及时报告中国基金业协会并通知私募基金托管人和基金投资者。

第二十二条 存在两个以上（含两个）管理人共同管理私募基金的,所有管理人对投资者承担连带责任。管理人之间的责任划分由基金合同进行约定,合同未约定或约定不清的,各管理人按过错承担相应的责任。

第二十三条　私募基金管理人聘用其他私募基金管理人担任投资顾问的,应当通过投资顾问协议明确约定双方权利义务和责任。私募基金管理人不得因委托而免去其作为基金管理人的各项职责。

投资顾问的条件和遴选程序,应符合法律法规和行业自律规则的规定和要求。基金合同中已订明投资顾问的,应列明因私募基金管理人聘请投资顾问对基金合同各方当事人权利义务产生影响的情况。私募基金运作期间,私募基金管理人提请聘用、更换投资顾问或调整投资顾问报酬的,应取得基金份额持有人大会的同意。

第二十四条　根据《私募办法》及其他有关规定订明私募基金托管人的权利,包括但不限于:

(一)按照基金合同的约定,及时、足额获得私募基金托管费用;

(二)依据法律法规规定和基金合同约定,监督私募基金管理人对基金财产的投资运作,对于私募基金管理人违反法律法规规定和基金合同约定、对基金财产及其他当事人的利益造成重大损失的情形,有权报告中国基金业协会并采取必要措施;

(三)按照基金合同约定,依法保管私募基金财产。

第二十五条　根据《私募办法》及其他有关规定订明私募基金托管人的义务,包括但不限于:

(一)安全保管基金财产;

(二)具有符合要求的营业场所,配备足够的、合格专职人员,负责基金财产托管事宜;

(三)对所托管的不同基金财产分别设置账户,确保基金财产的完整与独立;

(四)除依据法律法规规定和基金合同的约定外,不得为私募基金托管人及任何第三人谋取利益,不得委托第三人托管基金财产;

(五)按规定开立和注销私募基金财产的托管资金账户、证券账户、期货账户等投资所需账户(私募基金管理人和私募基金托管人另有约定的,可以按照约定履行本项义务;如果基金合同约定不托管的,由私募基金管理人履行本项义务);

(六)复核私募基金份额净值;

(七)办理与基金托管业务有关的信息披露事项;

(八)根据相关法律法规和基金合同约定复核私募基金管理人编制的私募基金定期报告,并定期出具书面意见;

（九）按照基金合同约定，根据私募基金管理人或其授权人的资金划拨指令，及时办理清算、交割事宜；

（十）根据法律法规规定，妥善保存私募基金管理业务活动有关合同、协议、凭证等文件资料；

（十一）公平对待所托管的不同基金财产，不得从事任何有损基金财产及其他当事人利益的活动；

（十二）保守商业秘密，除法律法规规定和基金合同约定外，不得向他人泄露本基金的有关信息；

（十三）根据相关法律法规要求的保存期限，保存私募基金投资业务活动的全部会计资料，并妥善保存有关的合同、交易记录及其他相关资料；

（十四）监督私募基金管理人的投资运作，发现私募基金管理人的投资指令违反法律法规的规定及基金合同约定的，应当拒绝执行，立即通知私募基金管理人；发现私募基金管理人依据交易程序已经生效的投资指令违反法律法规的规定及基金合同约定的，应当立即通知私募基金管理人；

（十五）按照私募基金合同约定制作相关账册并与基金管理人核对。

第二十六条 根据《私募办法》及其他有关规定订明投资者的权利，包括但不限于：

（一）取得基金财产收益；

（二）取得清算后的剩余基金财产；

（三）按照基金合同的约定申购、赎回和转让基金份额；

（四）根据基金合同的约定，参加或申请召集基金份额持有人大会，行使相关职权；

（五）监督私募基金管理人、私募基金托管人履行投资管理及托管义务的情况；

（六）按照基金合同约定的时间和方式获得基金信息披露资料；

（七）因私募基金管理人、私募基金托管人违反法律法规或基金合同的约定导致合法权益受到损害的，有权得到赔偿。

第二十七条 根据《私募办法》及其他有关规定订明投资者的义务，包括但不限于：

（一）认真阅读基金合同，保证投资资金的来源及用途合法；

（二）接受合格投资者确认程序，如实填写风险识别能力和承担能力调查问卷，如实承诺资产或者收入情况，并对其真实性、准确性和完整性负责，承诺为合格投资者；

（三）以合伙企业、契约等非法人形式汇集多数投资者资金直接或者间接投资于私募基金的，应向私募基金管理人充分披露上述情况及最终投资者的信息，但符合《私募办法》第十三条规定的除外；

（四）认真阅读并签署风险揭示书；

（五）按照基金合同约定缴纳基金份额的认购、申购款项，承担基金合同约定的管理费、托管费及其他相关费用；

（六）按照基金合同约定承担基金的投资损失；

（七）向私募基金管理人或私募基金募集机构提供法律法规规定的信息资料及身份证明文件，配合私募基金管理人或其募集机构的尽职调查与反洗钱工作；

（八）保守商业秘密，不得泄露私募基金的投资计划或意向等；

（九）不得违反基金合同的约定干涉基金管理人的投资行为；

（十）不得从事任何有损基金及其投资者、基金管理人管理的其他基金及基金托管人托管的其他基金合法权益的活动。

第九节　私募基金份额持有人大会及日常机构

第二十八条　列明应当召开基金份额持有人大会的情形，并订明其他可能对基金份额持有人权利义务产生重大影响需要召开基金份额持有人大会的情形：

（一）决定延长基金合同期限；

（二）决定修改基金合同的重要内容或者提前终止基金合同；

（三）决定更换基金管理人、基金托管人；

（四）决定调整基金管理人、基金托管人的报酬标准；

（五）基金合同约定的其他情形。

针对前款所列事项，基金份额持有人以书面形式一致表示同意的，可以不召开基金份额持有人大会直接作出决议，并由全体基金份额持有人在决议文件上签名、盖章。

第二十九条　按照基金合同的约定，基金份额持有人大会可以设立日常机构，行使下列职权：

（一）召集基金份额持有人大会；

（二）提请更换基金管理人、基金托管人；

（三）监督基金管理人的投资运作、基金托管人的托管活动；

（四）提请调整基金管理人、基金托管人的报酬标准；

（五）基金合同约定的其他职权。

第三十条　基金份额持有人大会日常机构应当由基金份额持有人大会选举产生。基金份额持有人大会日常机构的人员构成和更换程序应由基金合同约定。

第三十一条 根据《基金法》和其他有关规定订明基金份额持有人大会及/或日常机构的下列事项：

（一）召集人和召集方式；

（二）召开会议的通知时间、通知内容、通知方式；

（三）出席会议的方式（基金份额持有人大会可以采取现场方式召开,也可以采取通讯等方式召开）；

（四）议事内容与程序；

（五）决议形成的条件、表决方式、程序；

（六）基金合同约定的其他事项。

第三十二条 基金份额持有人大会及其日常机构不得直接参与或者干涉基金的投资管理活动。

第十节　私募基金份额的登记

第三十三条 订明私募基金管理人办理份额登记业务的各项事宜。说明私募基金管理人委托可办理私募基金份额登记业务的其他机构代为办理私募基金份额登记业务的,应当与有关机构签订委托代理协议,并订明份额登记机构的名称、外包业务登记编码、代为办理私募基金份额登记机构的权限和职责等。

第三十四条 订明全体基金份额持有人同意私募基金管理人、份额登记机构或其他份额登记义务人应当按照中国基金业协会的规定办理基金份额登记数据的备份。

第十一节　私募基金的投资

第三十五条 说明私募基金财产投资的有关事项,包括但不限于：

（一）投资目标；

（二）投资范围；

（三）投资策略；

（四）投资限制,订明按照《私募办法》、自律规则及其他有关规定和基金合同约定禁止或限制的投资事项；

（五）对于基金合同、交易行为中存在的或可能存在利益冲突的情形及处理方式进行说明；

（六）业绩比较基准（如有）；

（七）参与融资融券及其他场外证券业务的情况（如有）。

第三十六条 根据基金合同约定,可以订明私募基金管理人负责指定私募基金投资经理或投资关键人士,订明投资经理或投资关键人士的基本情况、变更条件和程序。

第三十七条 私募基金采用结构化安排的,不得违背"利益共享,风险共担"基本原则,直接或间接对结构化私募基金的持有人提供保本、保收益安排。

<h3 align="center">第十二节 私募基金的财产</h3>

第三十八条 订明与私募基金财产有关的事项,包括但不限于:

(一)私募基金财产的保管与处分

1. 说明私募基金财产应独立于私募基金管理人、私募基金托管人的固有财产,并由私募基金托管人保管。私募基金管理人、私募基金托管人不得将私募基金财产归入其固有财产。

2. 说明私募基金管理人、私募基金托管人因私募基金财产的管理、运用或者其他情形而取得的财产和收益归入私募基金财产。

3. 说明私募基金管理人、私募基金托管人可以按照合同的约定收取管理费用、托管费用以及基金合同约定的其他费用。私募基金管理人、私募基金托管人以其固有财产承担法律责任,其债权人不得对私募基金财产行使请求冻结、扣押和其他权利。私募基金管理人、私募基金托管人因依法解散、被依法撤销或者被依法宣告破产等原因进行清算的,私募基金财产不属于其清算财产。

4. 说明私募基金管理人、私募基金托管人不得违反法律法规的规定和基金合同约定擅自将基金资产用于抵押、质押、担保或设定任何形式的优先权或其他第三方权利。

5. 说明私募基金财产产生的债权不得与不属于私募基金财产本身的债务相互抵消。非因私募基金财产本身承担的债务,私募基金管理人、私募基金托管人不得主张其债权人对私募基金财产强制执行。上述债权人对私募基金财产主张权利时,私募基金管理人、私募基金托管人应明确告知私募基金财产的独立性。

(二)私募基金财产相关账户的开立和管理

私募基金管理人或私募基金托管人按照规定开立私募基金财产的托管资金账户、证券账户和期货账户等投资所需账户。证券账户和期货账户的持有人名称应当符合证券、期货登记结算机构的有关规定。开立的上述基金财产账户与私募基金管理人、私募基金托管人、私募基金募集机构和私募基金份额登记机构自有的财产账户以及其他基金财产账户相独立。

(三)私募基金未托管的,应当在本节明确保障私募基金财产安全的制度措施和纠纷解决机制。

<h3 align="center">第十三节 交易及清算交收安排</h3>

第三十九条 参照中国证监会关于证券投资基金募集结算资金管理相关规定,具体订明下列事项:

（一）选择证券、期货经纪机构的程序（如需要）；

（二）清算交收安排；

（三）资金、证券账目及交易记录的核对；

（四）申购或赎回的资金清算；

（五）其他事项。

第四十条　私募基金由基金托管人托管的，应当具体订明私募基金管理人在运用基金财产时向基金托管人发送资金划拨及其他款项收付的投资指令的事项：

（一）交易清算授权；

（二）投资指令的内容；

（三）投资指令的发送、确认及执行时间与程序；

（四）私募基金托管人依法暂缓、拒绝执行指令的情形和处理程序；

（五）私募基金管理人发送错误指令的情形和处理程序；

（六）更换被授权人的程序；

（七）指令的保管；

（八）相关的责任。

第十四节　私募基金财产的估值和会计核算

第四十一条　根据国家有关规定订明私募基金财产估值的相关事项，包括但不限于：

（一）估值目的；

（二）估值时间；

（三）估值方法；

（四）估值对象；

（五）估值程序；

（六）估值错误的处理；

（七）暂停估值的情形；

（八）基金份额净值的确认；

（九）特殊情况的处理。

第四十二条　订明私募基金的会计政策。

参照现行政策或按照基金合同约定执行，并订明以下事项，包括但不限于：

（一）会计年度、记账本位币、会计核算制度等事项；

（二）私募基金应独立建账、独立核算；私募基金管理人或其委托的外包服务机构应保留完整的会计账目、凭证并进行日常的会计核算，编制会计报表；私募基金托管人应定期与私募基金管理人就私募基金的会计核算、报表编制等进行核对。

第十五节　私募基金的费用与税收

第四十三条　订明私募基金费用的有关事项:

(一)订明私募基金财产运作过程中,从私募基金财产中支付的费用种类、费率、费率的调整、计提标准、计提方式与支付方式等;

(二)订明可列入私募基金财产费用的项目,订明私募基金管理人和私募基金托管人因未履行或未完全履行义务导致的费用支出或私募基金财产的损失,以及处理与私募基金财产运作无关的事项发生的费用等不得列入私募基金的费用;

(三)订明私募基金的管理费率和托管费率。私募基金管理人可以与私募基金投资者约定,根据私募基金的管理情况提取适当的业绩报酬;

(四)订明业绩报酬(如有)的计提原则和计算及支付方法;

(五)为基金募集、运营、审计、法律顾问、投资顾问等提供服务的基金服务机构从基金中列支相应服务费;

(六)其他费用的计提原则和计算方法。

第四十四条　根据国家有关税收规定,订明基金合同各方当事人缴税安排。

第十六节　私募基金的收益分配

第四十五条　订明私募基金收益分配政策依据现行法律法规以及基金合同约定执行,并订明有关事项,包括但不限于:

(一)收益分配原则,包括订明收益分配的基准、次数、比例、时间等;

(二)收益分配方案的确定与通知;

(三)收益分配的执行方式。

第十七节　信息披露与报告

第四十六条　订明私募基金管理人向投资者披露信息的种类、内容、频率和方式等有关事项。

第四十七条　订明私募基金管理人、私募基金托管人应当按照《私募投资基金信息披露管理办法》的规定及基金合同约定如实向投资者披露以下事项:

(一)基金投资情况;

(二)资产负债情况;

(三)投资收益分配;

(四)基金承担的费用和业绩报酬(如有);

(五)可能存在的利益冲突、关联交易以及可能影响投资者合法权益的其他重大信息;

(六)法律法规及基金合同约定的其他事项。

第四十八条　订明私募基金管理人定期应向投资者报告经私募基金托管人复

核的基金份额净值。

第四十九条 订明全体份额持有人同意私募基金管理人或其他信息披露义务人应当按照中国基金业协会的规定对基金信息披露信息进行备份。

第十八节 风险揭示

第五十条 私募基金管理人应当单独编制《风险揭示书》私募基金投资者应充分了解并谨慎评估自身风险承受能力，并做出自愿承担风险的陈述和声明。

第五十一条 私募基金管理人应当在基金合同中向投资者说明有关法律法规，须重点揭示管理人在管理、运用或处分财产过程中，私募基金可能面临的风险，包括但不限于：

（一）私募基金的特殊风险，包括基金合同与中国基金业协会合同指引不一致所涉风险、基金未托管所涉风险、基金委托募集所涉风险、外包事项所涉风险、聘请投资顾问所涉风险、未在中国基金业协会登记备案的风险等；

（二）私募基金的一般风险，包括资金损失风险、基金运营风险、流动性风险、募集失败风险、投资标的的风险、税收风险等。

第十九节 基金合同的效力、变更、解除与终止

第五十二条 说明基金合同自签署之日起生效，合同另有约定的除外。基金合同自生效之日起对私募基金管理人、私募基金托管人、投资者具有同等的法律约束力。

第五十三条 说明基金合同的有效期限。基金合同的有效期限可为不定期或合同当事人约定的其他期限。

第五十四条 说明基金合同变更的条件、程序等。

（一）需要变更基金合同重要内容的，可由全体投资者、私募基金管理人和私募基金托管人协商一致变更；或按照基金合同的约定召开基金份额持有人大会决议通过；或按照相关法律法规规定和基金合同约定的其他方式进行变更。

（二）订明基金合同重大事项发生变更的，私募基金管理人应按照中国基金业协会要求及时向中国基金业协会报告。

第五十五条 订明基金合同解除的情形。基金合同应当根据《私募投资基金募集行为管理办法》的规定在合同中约定投资者的解除权。

第五十六条 订明基金合同终止的情形，包括但不限于下列事项：

（一）基金合同期限届满而未延期；

（二）基金份额持有人大会决定终止；

（三）基金管理人、基金托管人职责终止，在六个月内没有新基金管理人、新基金托管人承接。

第二十节　私募基金的清算

第五十七条　订明私募基金财产清算的有关事项：

（一）私募基金财产清算小组。

1. 私募基金财产清算小组组成，说明私募基金财产清算小组成员由私募基金管理人和私募基金托管人组成。清算小组可以聘用必要的工作人员；

2. 私募基金财产清算小组职责，说明私募基金财产清算小组负责私募基金财产的保管、清理、估价、变现和分配。私募基金财产清算小组可以依法进行必要的民事活动。

（二）订明私募基金财产清算的程序。

（三）订明清算费用的来源和支付方式。

（四）订明私募基金财产清算剩余资产的分配，依据私募基金财产清算的分配方案，将私募基金财产清算后的全部剩余资产扣除私募基金财产清算费用后，按私募基金的份额持有人持有的计划份额比例进行分配；基金合同另有约定的除外。

（五）订明私募基金财产清算报告的告知安排。

（六）私募基金财产清算账册及文件的保存，说明私募基金财产清算账册及文件由私募基金管理人保存 10 年以上。

第五十八条　私募基金财产相关账户的注销。

订明私募基金财产清算完毕后，当事人在私募基金财产相关账户注销中的职责及相应的办理程序。

第二十一节　违 约 责 任

第五十九条　订明基金合同当事人违反基金合同应当承担的违约赔偿责任。基金合同能够继续履行的应当继续履行。

第二十二节　争 议 的 处 理

第六十条　订明发生纠纷时，当事人可以通过协商或者调解予以解决。当事人不愿通过协商、调解解决或者协商、调解不成的，可以根据基金合同的约定或者事后达成的书面仲裁条款向仲裁机构申请仲裁，或向人民法院起诉。

第二十三节　其 他 事 项

第六十一条　订明基金合同需要约定的其他事项。

第三章　附　　则

第六十二条　本指引由中国基金业协会负责解释。

第六十三条　本指引自 2016 年 7 月 15 日起施行。

私募投资基金合同指引 2 号

（公司章程必备条款指引）

一、根据《证券投资基金法》（以下简称《基金法》）、《公司法》《公司登记管理条例》《私募投资基金监督管理暂行办法》（以下简称《私募办法》）、《私募投资基金管理人登记和基金备案办法（试行）》（以下简称《登记备案办法》）及其他相关规定，制定本指引。

二、私募基金管理人通过有限责任公司或股份有限公司形式募集设立私募投资基金的，应当按照本指引制定公司章程。章程中应当载明本指引规定的必备条款，本指引必备条款未尽事宜，可以参考私募投资基金合同指引 1 号的相关内容。投资者签署的公司章程应当满足相关法律、法规对公司章程的法定基本要求。

三、本指引所称公司型基金是指投资者依据《公司法》，通过出资形成一个独立的公司法人实体（以下简称"公司"），由公司自行或者通过委托专门的基金管理人机构进行管理的私募投资基金。公司型基金的投资者既是基金份额持有者又是公司股东，按照公司章程行使相应权利、承担相应义务和责任。

四、私募基金管理人及私募基金投资者应在公司章程首页用加粗字体进行如下声明与承诺，包括但不限于：

私募基金管理人保证在募集资金前已在中国基金业协会登记为私募基金管理人，并列明管理人登记编码。私募基金管理人应当向投资者进一步声明，中国基金业协会为私募基金管理人和私募基金办理登记备案不构成对私募基金管理人投资能力、持续合规情况的认可；不作为对基金财产安全的保证。私募基金管理人保证已在签订本合同前揭示了相关风险；已经了解私募基金投资者的风险偏好、风险认知能力和承受能力。私募基金管理人承诺按照恪尽职守、诚实信用、谨慎勤勉的原则管理运用基金财产，不对基金活动的盈利性和最低收益作出承诺。

私募基金投资者声明其为符合《私募办法》规定的合格投资者，保证财产的来源及用途符合国家有关规定，并已充分理解本合同条款，了解相关权利义务，了解有关法律法规及所投资基金的风险收益特征，愿意承担相应的投资风险；私募基金投资者承诺其向私募基金管理人提供的有关投资目的、投资偏好、投资限制、财产收入情况和风险承受能力等基本情况真实、完整、准确、合法，不存在任何重大遗漏或误导。

五、公司型基金的章程应当具备如下条款：

（一）【基本情况】章程应列明公司的基本信息，包括但不限于公司的名称、住所、注册资本、存续期限、经营范围（应含有"基金管理""投资管理""资产管理""股权投资""创业投资"等能体现私募投资基金性质的字样）、股东姓名/名称、住所、法定代表人等，同时可以对变更该等信息的条件作出说明。

（二）【股东出资】章程应列明股东的出资方式、数额、比例和缴付期限。

（三）【股东的权利义务】章程应列明股东的基本权利、义务及股东行使知情权的具体方式。

（四）【入股、退股及转让】章程应列明股东增资、减资、入股、退股及股权转让的条件及程序。

（五）【股东（大）会】章程应列明股东（大）会的职权、召集程序及议事规则等。

（六）【高级管理人员】章程应列明董事会或执行董事、监事（会）及其他高级管理人员的产生办法、职权、召集程序、任期及议事规则等。

（七）【投资事项】章程应列明本公司型基金的投资范围、投资策略、投资运作方式、投资限制、投资决策程序、关联方认定标准及对关联方投资的回避制度、投资后对被投资企业的持续监控、投资风险防范、投资退出等。

（八）【管理方式】公司型基金可以采取自我管理，也可以委托其他私募基金管理机构管理。采取自我管理方式的，章程中应当明确管理架构和投资决策程序；采取委托管理方式的，章程中应当明确管理人的名称，并列名管理人的权限及管理费的计算和支付方式。

（九）【托管事项】公司财产进行托管的，应在章程中明确托管机构的名称或明确全体股东在托管事宜上对董事会/执行董事的授权范围，包括但不限于挑选托管人、签署托管协议等。

（十）公司全体股东一致同意不托管的，应在章程中明确约定本公司型基金不进行托管，并明确保障投资基金财产安全的制度措施和纠纷解决机制。

（十一）【利润分配及亏损分担】章程应列明公司的利润分配和亏损分担原则及执行方式。

（十二）【税务承担】章程应列明公司的税务承担事项。

（十三）【费用和支出】章程应列明公司承担的有关费用（包括税费）、受托管理人和托管机构报酬的标准及计提方式。

（十四）【财务会计制度】章程应对公司的财务会计制度作出规定，包括记账、会计年度、经会计师事务所审计的年度财务报告、公司年度投资运作基本情况及重大事件报告的编制与提交、查阅会计账簿的条件等。

（十五）【信息披露制度】章程应对本公司型基金信息披露的内容、方式、频度等内容作出规定。

（十六）【终止、解散及清算】章程应列明公司的终止、解散事由及清算程序。

（十七）【章程的修订】章程应列明章程的修订事由及程序。

（十八）【一致性】章程应明确规定当章程的内容与股东之间的出资协议或其他文件内容相冲突的，以章程为准。若章程有多个版本且内容相冲突的，以在中国基金业协会备案的版本为准。

（十九）【份额信息备份】订明全体股东同意私募基金管理人、份额登记机构或其他份额登记义务人应当按照中国基金业协会的规定办理基金份额登记（公司股东）数据的备份。

（二十）【报送披露信息】订明全体股东同意私募基金管理人或其他信息披露义务人应当按照中国基金业协会的规定对基金信息披露信息进行备份。

六、本指引由中国基金业协会负责解释，自 2016 年 7 月 15 日起施行。

私募投资基金合同指引 3 号

（合伙协议必备条款指引）

一、根据《证券投资基金法》（以下简称《基金法》）、《合伙企业法》、《合伙企业登记管理办法》、《私募投资基金监督管理暂行办法》（以下简称《私募办法》）、《私募投资基金管理人登记和基金备案办法（试行）》（以下简称《登记备案办法》）及其他相关规定，制定本指引。

二、私募基金管理人通过有限合伙形式募集设立私募投资基金的，应当按照本指引制定有限合伙协议（以下简称"合伙协议"）。合伙协议中应当载明本指引规定的必备条款，本指引必备条款未尽事宜，可以参考私募投资基金合同指引 1 号的相关内容。协议当事人订立的合伙协议应当满足相关法律、法规对合伙协议的法定基本要求。

三、本指引所称合伙型基金是指投资者依据《合伙企业法》成立有限合伙企业（以下简称"合伙企业"），由普通合伙人对合伙债务承担无限连带责任，由基金管理人具体负责投资运作的私募投资基金。

四、私募基金管理人及私募基金投资者应在合伙协议首页用加粗字体进行如下声明与承诺，包括但不限于：

私募基金管理人保证在募集资金前已在中国基金业协会登记为私募基金管理人，并列明管理人登记编码。私募基金管理人应当向投资者进一步声明，中国基金业协会为私募基金管理人和私募基金办理登记备案不构成对私募基金管理人投资能力、持续合规情况的认可；不作为对基金财产安全的保证。私募基金管理人保证已在签订本合同前揭示了相关风险；已经了解私募基金投资者的风险偏好、风险认知能力和承受能力。私募基金管理人承诺按照恪尽职守、诚实信用、谨慎勤勉的原则管理运用基金财产，不对基金活动的盈利性和最低收益作出承诺。

私募基金投资者声明其为符合《私募办法》规定的合格投资者，保证财产的来源及用途符合国家有关规定，并已充分理解本合同条款，了解相关权利义务，了解有关法律法规及所投资基金的风险收益特征，愿意承担相应的投资风险；私募基金投资者承诺其向私募基金管理人提供的有关投资目的、投资偏好、投资限制、财产收入情况和风险承受能力等基本情况真实、完整、准确、合法，不存在任何重大遗漏或误导。

五、合伙型基金的合伙协议应当具备如下条款：

（一）【基本情况】合伙协议应列明如下信息，同时可以对变更该等信息的条件作出说明：

1. 合伙企业的名称（标明"合伙企业"字样）；

2. 主要经营场所地址；

3. 合伙目的和合伙经营范围（应含有"基金管理""投资管理""资产管理""股权投资""创业投资"等能体现私募投资基金性质的字样）；

4. 合伙期限。

（二）【合伙人及其出资】合伙协议应列明普通合伙人和有限合伙人的姓名或名称、住所、出资方式、出资数额、出资比例和缴付期限，同时可以对合伙人相关信息发生变更时应履行的程序作出说明。

（三）【合伙人的权利义务】合伙协议应列明有限合伙人与普通合伙人的基本权利和义务。

（四）【执行事务合伙人】合伙协议应约定由普通合伙人担任执行事务合伙人，执行事务合伙人有权对合伙企业的财产进行投资、管理、运用和处置，并接受其他普通合伙人和有限合伙人的监督。合伙协议应列明执行事务合伙人应具备的条件及选择程序、执行事务合伙人的权限及违约处理办法、执行事务合伙人的除名条件和更换程序，同时可以对执行事务合伙人执行事务的报酬（包括绩效分成）及报酬提取方式、利益冲突及关联交易等事项做出约定。

（五）【有限合伙人】有限合伙人不执行合伙事务，不得对外代表合伙企业。但有限合伙人的下列行为，不视为执行合伙事务：

1. 参与决定普通合伙人入伙、退伙；

2. 对企业的经营管理提出建议；

3. 参与选择承办合伙企业审计业务的会计师事务所；

4. 获取经审计的合伙企业财务会计报告；

5. 对涉及自身利益的情况，查阅合伙企业财务会计账簿等财务资料；

6. 在合伙企业中的利益受到侵害时，向有责任的合伙人主张权利或者提起诉讼；

7. 执行事务合伙人怠于行使权利时，督促其行使权利或者为了合伙企业的利益以自己的名义提起诉讼；

8. 依法为合伙企业提供担保。

合伙协议可以对有限合伙人的权限及违约处理办法做出约定，但是不得做出有限合伙人以任何直接或间接方式，参与或变相参与超出前款规定的八种不视为执行合伙事务行为的约定。

（六）【合伙人会议】合伙协议应列明合伙人会议的召开条件、程序及表决方式等内容。

（七）【管理方式】合伙型基金的管理人可以是合伙企业执行事务合伙人，也可以委托给其他私募基金管理机构。合伙协议中应明确管理人和管理方式，并列明管理人的权限及管理费的计算和支付方式。

（八）【托管事项】合伙企业财产进行托管的，应在合伙协议中明确托管机构的名称或明确全体合伙人在托管事宜上对执行事务合伙人的授权范围，包括但不限于挑选托管人、签署托管协议等。全体合伙人一致同意不托管的，应在合伙协议中明确约定本合伙型基金不进行托管，并明确保障投资基金财产安全的制度措施和纠纷解决机制。

（九）【入伙、退伙、合伙权益转让和身份转变】合伙协议应列明合伙人入伙、退伙、合伙权益转让的条件、程序及相关责任，及有限合伙人和普通合伙人相互转变程序。

（十）【投资事项】合伙协议应列明本合伙型基金的投资范围、投资运作方式、投资限制、投资决策程序、关联方认定标准及关联方投资的回避制度，以及投资后对被投资企业的持续监控、投资风险防范、投资退出、所投资标的担保措施、举债及担保限制等作出约定。

（十一）【利润分配及亏损分担】合伙协议应列明与合伙企业的利润分配及亏损分担方式有关的事项，具体可以包括利润分配原则及顺序、利润分配方式、亏损分担原则及顺序等。

（十二）【税务承担】合伙协议应列明合伙企业的税务承担事项。

（十三）【费用和支出】合伙协议应列明与合伙企业费用的核算和支付有关的事项，具体可以包括合伙企业费用的计提原则、承担费用的范围、计算及支付方式、应由普通合伙人承担的费用等。

（十四）【财务会计制度】合伙协议应对合伙企业的记账、会计年度、审计、年度报告、查阅会计账簿的条件等事项作出约定。

（十五）【信息披露制度】合伙协议应对本合伙型基金信息披露的内容、方式、频度等内容作出约定。

（十六）【终止、解散与清算】合伙协议应列明合伙企业终止、解散与清算有关的事项，具体可以包括合伙企业终止、解散的条件、清算程序、清算人及任命条件、清偿及分配等。

（十七）【合伙协议的修订】合伙协议应列明协议的修订事由及程序。

（十八）【争议解决】合伙协议应列明争议的解决方式。

（十九）【一致性】合伙协议应明确规定当合伙协议的内容与合伙人之间的其他协议或文件内容相冲突的，以合伙协议为准。若合伙协议有多个版本且内容相冲突的，以在中国基金业协会备案的版本为准。

（二十）【份额信息备份】订明全体合伙人同意私募基金管理人、份额登记机构或其他份额登记义务人应当按照中国基金业协会的规定办理基金份额登记（全体合伙人）数据的备份。

（二十一）【报送披露信息】订明全体合伙人同意私募基金管理人或其他信息披露义务人应当按照中国基金业协会的规定对基金信息披露信息进行备份。

六、本指引由中国基金业协会负责解释，自 2016 年 7 月 15 日起施行。

私募投资基金监督管理暂行办法

第一章 总 则

第一条 为了规范私募投资基金活动,保护投资者及相关当事人的合法权益,促进私募投资基金行业健康发展,根据《证券投资基金法》、《国务院关于进一步促进资本市场健康发展的若干意见》,制定本办法。

第二条 本办法所称私募投资基金(以下简称私募基金),是指在中华人民共和国境内,以非公开方式向投资者募集资金设立的投资基金。

私募基金财产的投资包括买卖股票、股权、债券、期货、期权、基金份额及投资合同约定的其他投资标的。

非公开募集资金,以进行投资活动为目的设立的公司或者合伙企业,资产由基金管理人或者普通合伙人管理的,其登记备案、资金募集和投资运作适用本办法。

证券公司、基金管理公司、期货公司及其子公司从事私募基金业务适用本办法,其他法律法规和中国证券监督管理委员会(以下简称中国证监会)有关规定对上述机构从事私募基金业务另有规定的,适用其规定。

第三条 从事私募基金业务,应当遵循自愿、公平、诚实信用原则,维护投资者合法权益,不得损害国家利益和社会公共利益。

第四条 私募基金管理人和从事私募基金托管业务的机构(以下简称私募基金托管人)管理、运用私募基金财产,从事私募基金销售业务的机构(以下简称私募基金销售机构)及其他私募服务机构从事私募基金服务活动,应当恪尽职守,履行诚实信用、谨慎勤勉的义务。

私募基金从业人员应当遵守法律、行政法规,恪守职业道德和行为规范。

第五条 中国证监会及其派出机构依照《证券投资基金法》、本办法和中国证监会的其他有关规定,对私募基金业务活动实施监督管理。

设立私募基金管理机构和发行私募基金不设行政审批,允许各类发行主体在依法合规的基础上,向累计不超过法律规定数量的投资者发行私募基金。建立健全私募基金发行监管制度,切实强化事中事后监管,依法严厉打击以私募基金为名的各类非法集资活动。

建立促进经营机构规范开展私募基金业务的风险控制和自律管理制度,以及各类私募基金的统一监测系统。

第六条 中国证券投资基金业协会(以下简称基金业协会)依照《证券投资基金法》、本办法、中国证监会其他有关规定和基金业协会自律规则,对私募基金业开展行业自律,协调行业关系,提供行业服务,促进行业发展。

第二章 登记备案

第七条 各类私募基金管理人应当根据基金业协会的规定,向基金业协会申请登记,报送以下基本信息:

(一)工商登记和营业执照正副本复印件;

(二)公司章程或者合伙协议;

(三)主要股东或者合伙人名单;

(四)高级管理人员的基本信息;

(五)基金业协会规定的其他信息。

基金业协会应当在私募基金管理人登记材料齐备后的 20 个工作日内,通过网站公告私募基金管理人名单及其基本情况的方式,为私募基金管理人办结登记手续。

第八条 各类私募基金募集完毕,私募基金管理人应当根据基金业协会的规定,办理基金备案手续,报送以下基本信息:

(一)主要投资方向及根据主要投资方向注明的基金类别;

(二)基金合同、公司章程或者合伙协议。资金募集过程中向投资者提供基金招募说明书的,应当报送基金招募说明书。以公司、合伙等企业形式设立的私募基金,还应当报送工商登记和营业执照正副本复印件;

(三)采取委托管理方式的,应当报送委托管理协议。委托托管机构托管基金财产的,还应当报送托管协议;

(四)基金业协会规定的其他信息。

基金业协会应当在私募基金备案材料齐备后的 20 个工作日内,通过网站公告私募基金名单及其基本情况的方式,为私募基金办结备案手续。

第九条 基金业协会为私募基金管理人和私募基金办理登记备案不构成对私募基金管理人投资能力、持续合规情况的认可;不作为对基金财产安全的保证。

第十条 私募基金管理人依法解散、被依法撤销,或者被依法宣告破产的,其法定代表人或者普通合伙人应当在 20 个工作日内向基金业协会报告,基金业协会应当及时注销基金管理人登记并通过网站公告。

第三章 合格投资者

第十一条 私募基金应当向合格投资者募集,单只私募基金的投资者人数累计不得超过《证券投资基金法》、《公司法》、《合伙企业法》等法律规定的特定数量。

投资者转让基金份额的,受让人应当为合格投资者且基金份额受让后投资者人数应当符合前款规定。

第十二条　私募基金的合格投资者是指具备相应风险识别能力和风险承担能力,投资于单只私募基金的金额不低于 100 万元且符合下列相关标准的单位和个人:

(一)净资产不低于 1 000 万元的单位;

(二)金融资产不低于 300 万元或者最近三年个人年均收入不低于 50 万元的个人。

前款所称金融资产包括银行存款、股票、债券、基金份额、资产管理计划、银行理财产品、信托计划、保险产品、期货权益等。

第十三条　下列投资者视为合格投资者:

(一)社会保障基金、企业年金等养老基金,慈善基金等社会公益基金;

(二)依法设立并在基金业协会备案的投资计划;

(三)投资于所管理私募基金的私募基金管理人及其从业人员;

(四)中国证监会规定的其他投资者。

以合伙企业、契约等非法人形式,通过汇集多数投资者的资金直接或者间接投资于私募基金的,私募基金管理人或者私募基金销售机构应当穿透核查最终投资者是否为合格投资者,并合并计算投资者人数。但是,符合本条第(一)、(二)、(四)项规定的投资者投资私募基金的,不再穿透核查最终投资者是否为合格投资者和合并计算投资者人数。

第四章　资　金　募　集

第十四条　私募基金管理人、私募基金销售机构不得向合格投资者之外的单位和个人募集资金,不得通过报刊、电台、电视、互联网等公众传播媒体或者讲座、报告会、分析会和布告、传单、手机短信、微信、博客和电子邮件等方式,向不特定对象宣传推介。

第十五条　私募基金管理人、私募基金销售机构不得向投资者承诺投资本金不受损失或者承诺最低收益。

第十六条　私募基金管理人自行销售私募基金的,应当采取问卷调查等方式,对投资者的风险识别能力和风险承担能力进行评估,由投资者书面承诺符合合格投资者条件;应当制作风险揭示书,由投资者签字确认。

私募基金管理人委托销售机构销售私募基金的,私募基金销售机构应当采取前款规定的评估、确认等措施。

投资者风险识别能力和承担能力问卷及风险揭示书的内容与格式指引，由基金业协会按照不同类别私募基金的特点制定。

第十七条 私募基金管理人自行销售或者委托销售机构销售私募基金，应当自行或者委托第三方机构对私募基金进行风险评级，向风险识别能力和风险承担能力相匹配的投资者推介私募基金。

第十八条 投资者应当如实填写风险识别能力和承担能力问卷，如实承诺资产或者收入情况，并对其真实性、准确性和完整性负责。填写虚假信息或者提供虚假承诺文件的，应当承担相应责任。

第十九条 投资者应当确保投资资金来源合法，不得非法汇集他人资金投资私募基金。

第五章 投 资 运 作

第二十条 募集私募证券基金，应当制定并签订基金合同、公司章程或者合伙协议（以下统称基金合同）。基金合同应当符合《证券投资基金法》第九十三条、第九十四条规定。

募集其他种类私募基金，基金合同应当参照《证券投资基金法》第九十三条、第九十四条规定，明确约定各方当事人的权利、义务和相关事宜。

第二十一条 除基金合同另有约定外，私募基金应当由基金托管人托管。

基金合同约定私募基金不进行托管的，应当在基金合同中明确保障私募基金财产安全的制度措施和纠纷解决机制。

第二十二条 同一私募基金管理人管理不同类别私募基金的，应当坚持专业化管理原则；管理可能导致利益输送或者利益冲突的不同私募基金的，应当建立防范利益输送和利益冲突的机制。

第二十三条 私募基金管理人、私募基金托管人、私募基金销售机构及其他私募服务机构及其从业人员从事私募基金业务，不得有以下行为：

（一）将其固有财产或者他人财产混同于基金财产从事投资活动；

（二）不公平地对待其管理的不同基金财产；

（三）利用基金财产或者职务之便，为本人或者投资者以外的人牟取利益，进行利益输送；

（四）侵占、挪用基金财产；

（五）泄露因职务便利获取的未公开信息，利用该信息从事或者明示、暗示他人从事相关的交易活动；

（六）从事损害基金财产和投资者利益的投资活动；

（七）玩忽职守，不按照规定履行职责；

（八）从事内幕交易、操纵交易价格及其他不正当交易活动；

（九）法律、行政法规和中国证监会规定禁止的其他行为。

第二十四条　私募基金管理人、私募基金托管人应当按照合同约定，如实向投资者披露基金投资、资产负债、投资收益分配、基金承担的费用和业绩报酬、可能存在的利益冲突情况以及可能影响投资者合法权益的其他重大信息，不得隐瞒或者提供虚假信息。信息披露规则由基金业协会另行制定。

第二十五条　私募基金管理人应当根据基金业协会的规定，及时填报并定期更新管理人及其从业人员的有关信息、所管理私募基金的投资运作情况和杠杆运用情况，保证所填报内容真实、准确、完整。发生重大事项的，应当在 10 个工作日内向基金业协会报告。

私募基金管理人应当于每个会计年度结束后的 4 个月内，向基金业协会报送经会计师事务所审计的年度财务报告和所管理私募基金年度投资运作基本情况。

第二十六条　私募基金管理人、私募基金托管人及私募基金销售机构应当妥善保存私募基金投资决策、交易和投资者适当性管理等方面的记录及其他相关资料，保存期限自基金清算终止之日起不得少于 10 年。

第六章　行业自律

第二十七条　基金业协会应当建立私募基金管理人登记、私募基金备案管理信息系统。

基金业协会应当对私募基金管理人和私募基金信息严格保密。除法律法规另有规定外，不得对外披露。

第二十八条　基金业协会应当建立与中国证监会及其派出机构和其他相关机构的信息共享机制，定期汇总分析私募基金情况，及时提供私募基金相关信息。

第二十九条　基金业协会应当制定和实施私募基金行业自律规则，监督、检查会员及其从业人员的执业行为。

会员及其从业人员违反法律、行政法规、本办法规定和基金业协会自律规则的，基金业协会可以视情节轻重，采取自律管理措施，并通过网站公开相关违法违规信息。会员及其从业人员涉嫌违法违规的，基金业协会应当及时报告中国证监会。

第三十条　基金业协会应当建立投诉处理机制，受理投资者投诉，进行纠纷调解。

第七章　监　督　管　理

第三十一条　中国证监会及其派出机构依法对私募基金管理人、私募基金托管人、私募基金销售机构及其他私募服务机构开展私募基金业务情况进行统计监测和检查，依照《证券投资基金法》第一百一十四条规定采取有关措施。

第三十二条　中国证监会将私募基金管理人、私募基金托管人、私募基金销售机构及其他私募服务机构及其从业人员诚信信息记入证券期货市场诚信档案数据库；根据私募基金管理人的信用状况，实施差异化监管。

第三十三条　私募基金管理人、私募基金托管人、私募基金销售机构及其他私募服务机构及其从业人员违反法律、行政法规及本办法规定，中国证监会及其派出机构可以对其采取责令改正、监管谈话、出具警示函、公开谴责等行政监管措施。

第八章　关于创业投资基金的特别规定

第三十四条　本办法所称创业投资基金，是指主要投资于未上市创业企业普通股或者依法可转换为普通股的优先股、可转换债券等权益的股权投资基金。

第三十五条　鼓励和引导创业投资基金投资创业早期的小微企业。

享受国家财政税收扶持政策的创业投资基金，其投资范围应当符合国家相关规定。

第三十六条　基金业协会在基金管理人登记、基金备案、投资情况报告要求和会员管理等环节，对创业投资基金采取区别于其他私募基金的差异化行业自律，并提供差异化会员服务。

第三十七条　中国证监会及其派出机构对创业投资基金在投资方向检查等环节，采取区别于其他私募基金的差异化监督管理；在账户开立、发行交易和投资退出等方面，为创业投资基金提供便利服务。

第九章　法　律　责　任

第三十八条　私募基金管理人、私募基金托管人、私募基金销售机构及其他私募服务机构及其从业人员违反本办法第七条、第八条、第十一条、第十四条至第十七条、第二十四条至第二十六条规定的，以及有本办法第二十三条第一项至第七项和第九项所列行为之一的，责令改正，给予警告并处三万元以下罚款；对直接负责的主管人员和其他直接责任人员，给予警告并处三万元以下罚款；有本办法第二十三条第八项行为的，按照《证券法》和《期货交易管理条例》的有关规定处罚；构成犯罪的，依法移交司法机关追究刑事责任。

第三十九条 私募基金管理人、私募基金托管人、私募基金销售机构及其他私募服务机构及其从业人员违反法律法规和本办法规定,情节严重的,中国证监会可以依法对有关责任人员采取市场禁入措施。

第四十条 私募证券基金管理人及其从业人员违反《证券投资基金法》有关规定的,按照《证券投资基金法》有关规定处罚。

第十章 附 则

第四十一条 本办法自公布之日起施行。

创业投资企业管理暂行办法

第一章 总 则

第一条 为促进创业投资企业发展,规范其投资运作,鼓励其投资中小企业特别是中小高新技术企业,依据《中华人民共和国公司法》《中华人民共和国中小企业促进法》等法律法规,制定本办法。

第二条 本办法所称创业投资企业,系指在中华人民共和国境内注册设立的主要从事创业投资的企业组织。

前款所称创业投资,系指向创业企业进行股权投资,以期所投资创业企业发育成熟或相对成熟后主要通过股权转让获得资本增值收益的投资方式。

前款所称创业企业,系指在中华人民共和国境内注册设立的处于创建或重建过程中的成长性企业,但不含已经在公开市场上市的企业。

第三条 国家对创业投资企业实行备案管理。凡遵照本办法规定完成备案程序的创业投资企业,应当接受创业投资企业管理部门的监管,投资运作符合有关规定的可享受政策扶持。未遵照本办法规定完成备案程序的创业投资企业,不受创业投资企业管理部门的监管,不享受政策扶持。

第四条 创业投资企业的备案管理部门分国务院管理部门和省级(含副省级城市)管理部门两级。国务院管理部门为国家发展和改革委员会;省级(含副省级城市)管理部门由同级人民政府确定,报国务院管理部门备案后履行相应的备案管理职责,并在创业投资企业备案管理业务上接受国务院管理部门的指导。

第五条 外商投资创业投资企业适用《外商投资创业投资企业管理规定》。依法设立的外商投资创业投资企业,投资运作符合相关条件,可以享受本办法给予创业投资企业的相关政策扶持。

第二章 创业投资企业的设立与备案

第六条 创业投资企业可以以有限责任公司、股份有限公司或法律规定的其他企业组织形式设立。

以公司形式设立的创业投资企业,可以委托其他创业投资企业、创业投资管理顾问企业作为管理顾问机构,负责其投资管理业务。委托人和代理人的法律关系适用《中华人民共和国民法通则》、《中华人民共和国合同法》等有关法律法规。

第七条　申请设立创业投资企业和创业投资管理顾问企业,依法直接到工商行政管理部门注册登记。

第八条　在国家工商行政管理部门注册登记的创业投资企业,向国务院管理部门申请备案。

在省级及省级以下工商行政管理部门注册登记的创业投资企业,向所在地省级(含副省级城市)管理部门申请备案。

第九条　创业投资企业向管理部门备案应当具备下列条件:

(一)已在工商行政管理部门办理注册登记;

(二)经营范围符合本办法第十二条规定;

(三)实收资本不低于3 000万元人民币,或者首期实收资本不低于1 000万元人民币且全体投资者承诺在注册后的5年内补足不低于3 000万元人民币实收资本;

(四)投资者不得超过200人。其中,以有限责任公司形式设立创业投资企业的,投资者人数不得超过50人。单个投资者对创业投资企业的投资不得低于100万元人民币。所有投资者应当以货币形式出资;

(五)有至少3名具备2年以上创业投资或相关业务经验的高级管理人员承担投资管理责任。委托其他创业投资企业、创业投资管理顾问企业作为管理顾问机构负责其投资管理业务的,管理顾问机构必须有至少3名具备2年以上创业投资或相关业务经验的高级管理人员对其承担投资管理责任。

前款所称"高级管理人员",系指担任副经理及以上职务或相当职务的管理人员。

第十条　创业投资企业向管理部门备案时,应当提交下列文件:

(一)公司章程等规范创业投资企业组织程序和行为的法律文件;

(二)工商登记文件与营业执照的复印件;

(三)投资者名单、承诺出资额和已缴出资额的证明;

(四)高级管理人员名单、简历。

由管理顾问机构受托其投资管理业务的,还应提交下列文件:

(一)管理顾问机构的公司章程等规范其组织程序和行为的法律文件;

(二)管理顾问机构的工商登记文件与营业执照的复印件;

(三)管理顾问机构的高级管理人员名单、简历;

(四)委托管理协议。

第十一条　管理部门在收到创业投资企业的备案申请后,应当在5个工作日内,审查备案申请文件是否齐全,并决定是否受理其备案申请。在受理创业投资企业的备案申请后,应当在20个工作日内,审查申请人是否符合备案条件,并向其发出"已予备案"或"不予备案"的书面通知。对"不予备案"的,应当在书面通知中说明理由。

第三章　创业投资企业的投资运作

第十二条　创业投资企业的经营范围限于:

(一)创业投资业务;

(二)代理其他创业投资企业等机构或个人的创业投资业务;

(三)创业投资咨询业务;

(四)为创业企业提供创业管理服务业务;

(五)参与设立创业投资企业与创业投资管理顾问机构。

第十三条　创业投资企业不得从事担保业务和房地产业务,但是购买自用房地产除外。

第十四条　创业投资企业可以以全额资产对外投资。其中,对企业的投资,仅限于未上市企业。但是所投资的未上市企业上市后,创业投资企业所持股份的未转让部分及其配售部分不在此限。其他资金只能存放银行、购买国债或其他固定收益类的证券。

第十五条　经与被投资企业签订投资协议,创业投资企业可以以股权和优先股、可转换优先股等准股权方式对未上市企业进行投资。

第十六条　创业投资企业对单个企业的投资不得超过创业投资企业总资产的20%。

第十七条　创业投资企业应当在章程、委托管理协议等法律文件中,明确管理运营费用或管理顾问机构的管理顾问费用的计提方式,建立管理成本约束机制。

第十八条　创业投资企业可以从已实现投资收益中提取一定比例作为对管理人员或管理顾问机构的业绩报酬,建立业绩激励机制。

第十九条　创业投资企业可以事先确定有限的存续期限,但是最短不得短于7年。

第二十条　创业投资企业可以在法律规定的范围内通过债权融资方式增强投资能力。

第二十一条　创业投资企业应当按照国家有关企业财务会计制度的规定,建立健全内部财务管理制度和会计核算办法。

第四章　对创业投资企业的政策扶持

第二十二条　国家与地方政府可以设立创业投资引导基金,通过参股和提供融资担保等方式扶持创业投资企业的设立与发展。具体管理办法另行制定。

第二十三条　国家运用税收优惠政策扶持创业投资企业发展并引导其增加对中小企业特别是中小高新技术企业的投资。具体办法由国务院财税部门会同有关部门另行制定。

第二十四条　创业投资企业可以通过股权上市转让、股权协议转让、被投资企业回购等途径,实现投资退出。国家有关部门应当积极推进多层次资本市场体系建设,完善创业投资企业的投资退出机制。

第五章　对创业投资企业的监管

第二十五条　管理部门已予备案的创业投资企业及其管理顾问机构,应当遵循本办法第二、第三章各条款的规定进行投资运作,并接受管理部门的监管。

第二十六条　管理部门已予备案的创业投资企业及其管理顾问机构,应当在每个会计年度结束后的 4 个月内向管理部门提交经注册会计师审计的年度财务报告与业务报告,并及时报告投资运作过程中的重大事件。

前款所称重大事件,系指:

(一) 修改公司章程等重要法律文件;

(二) 增减资本;

(三) 分立与合并;

(四) 高级管理人员或管理顾问机构变更;

(五) 清算与结业。

第二十七条　管理部门应当在每个会计年度结束后的 5 个月内,对创业投资企业及其管理顾问机构是否遵守第二、第三章各条款规定,进行年度检查。在必要时,可在第二、第三章相关条款规定的范围内,对其投资运作进行不定期检查。

对未遵守第二、第三章各条款规定进行投资运作的,管理部门应当责令其在 30 个工作日内改正;未改正的,应当取消备案,并在自取消备案之日起的 3 年内不予受理其重新备案申请。

第二十八条　省级(含副省级城市)管理部门应当及时向国务院管理部门报告所辖地区创业投资企业的备案情况,并于每个会计年度结束后的 6 个月内报告已纳入备案管理范围的创业投资企业的投资运作情况。

第二十九条　国务院管理部门应当加强对省级(含副省级城市)管理部门的指导。对未履行管理职责或管理不善的,应当建议其改正;造成不良后果的,应当建议其追究相关管理人员的失职责任。

第三十条　创业投资行业协会依据本办法和相关法律、法规及规章,对创业投资企业进行自律管理，并维护本行业的自身权益。

第六章　附　则

第三十一条　本办法由国家发展和改革委员会会同有关部门解释。

第三十二条　本办法自 2006 年 3 月 1 日起施行。

国家发展和改革委员会办公厅关于进一步做好股权投资企业备案管理工作的通知

各省级股权投资企业备案管理部门(天津、河北、山西、内蒙古、辽宁、黑龙江、上海、江苏、浙江、安徽、福建、江西、山东、河南、湖北、湖南、广东、广西、重庆、四川、贵州、云南、西藏、陕西、甘肃、青海、宁夏、新疆、新疆兵团发展改革委,北京市金融工作局、吉林省金融办、海南省金融办):

2012年5月份,在我委召开的全国股权投资备案管理工作会议上明确要求,各省级备案管理部门应在同年10月底以前,完成本地区股权投资企业备案管理规则的立法程序。但从各省上报情况看,一些地方该项工作总体进展较为缓慢,影响了全国股权投资备案管理工作推进。为此,今年2月底,我委召开部分省(区)市股权投资备案管理工作会议,对进一步做好股权投资企业备案管理工作进行了工作部署。为落实会议有关工作要求,现就有关事项通知如下:

一、抓紧推进股权投资企业备案管理制度建设、尽快出台地方性股权投资企业备案管理规则

请各地股权投资备案管理部门加强协调、积极推进,最迟于2013年6月底前出台各地方股权投资企业备案管理规则,并以地方政府规章的形式。如果发布有困难的,可以部门规章形式发布,以便在全国范围内形成较为完备的股权投资企业备案管理制度体系。请各地方填写《全国各地方性股权投资企业备案管理规则进度表》和《已发布地方性股权投资企业备案管理规则合规情况对照表》,并于6月底前报我委。

二、全面摸清股权投资行业情况,做好"应备尽备"工作

请各地方高度重视行业摸底和风险排查工作,加强与工商管理部门的沟通与合作,全面了解本地股权投资企业发展情况,只要是以股权投资作为主营业务的,就要督促其按照有关规定将应该备案的股权投资企业尽快予以备案(以下简称"应备尽备"),不留死角。目前,按照有关工作要求,各地方都已开展了股权投资行业全面风险排查工作,并已陆续提交了工作报告。请各地方于4月底之前完成行业风险排查工作,提交股权投资行业总体情况和风险排查工作报告,并填写股权(含创业)投资企业总体情况和风险排查汇总表。

请各地方把"应备尽备"工作列为近期重点工作，深入落实《国家发展改革委办公厅关于促进股权投资企业规范发展的通知》（发改办财金〔2011〕2864号，以下简称"2864号文"）和《国家发展改革委办公关于印发全国股权投资企业备案管理工作会议纪要和股权投资企业备案文件指引/标准文本的通知》（发改办财金〔2012〕1595号）有关工作要求，在全面摸底基础上，抓紧开展"应备尽备"工作。具体要求是：

（一）各地要采取多种方式主动与股权投资企业联系（如拟定备案通知书、电话通知等），要求其在限定时期内按照有关规定履行备案手续。规模在1亿—5亿元人民币的，到省级备案管理部门备案；规模在5亿元人民币以上的，按照2864号文有关规定，限期到省级备案管理部门提交备案材料，并由省级备案管理部门出具初步审查意见，提交我委。尚未出台地方性管理规则的，也应抓紧开展在我委备案企业的材料初审和上报工作。对于在2864号文出台之前已经设立的股权投资企业，均应纳入备案管理，逐步规范其投资运作。

（二）股权投资企业投资运作不规范，不符合2864号文及地方备案管理有关规定的，应责令其限期整改，并于整改后重新提交备案申请材料。未按规定整改的，要列为"不规范运作股权投资企业"，并在相应国家或省级备案管理部门网站上予以公布。

（三）要严格按照2864号文及其备案指引文件的有关要求，规范股权投资企业和股权投资管理机构的投资运营。发现股权投资企业和股权投资管理企业参与发起或管理公募或私募证券投资基金、投资金融衍生品、发放贷款等违规行为的，要通知其限期整改。未按规定整改的，要按上款要求列为"运作管理不合规股权投资企业、运作管理不合规受托管理机构"，并在相应国家或省级备案管理部门网站上予以公布。

（四）未按期提交备案申请材料，经多次书面通知仍不履行备案手续的，要列为"规避监管股权投资企业"，并予以公布。其中，应在我委备案的，由省级备案管理部门汇总企业名单报我委。经我委审核后情况属实的，在国家发展改革委网站上予以公布。

请各地方于6月底之前，向我委提交"应备尽备"工作完成情况报告，并按季度定期更新有关工作进展情况。各地方应如实向我委提交有关行业总体情况和风险排查情况报告，一经发现瞒报、虚报情况，将予以通报批评。

三、加强股权投资行业信用体系建设，做好法人代表建立信用记录工作

鉴于建立股权投资基金法人、法人代表信用记录的前提，是选择业务基础好、

公信力强的征信机构。下一步,我们将会同人民银行选择一批适合开展基金法人、法人代表信用记录征集的专业征信机构,向市场进行推荐。在此基础上,开展股权投资基金法人、法人代表信用记录征集工作。同时,积极推进股权投资基金法人、法人代表信用记录在股权投资基金备案事项以及其他涉及行政审批事项中的应用工作。请各地认真研究本地开展股权投资行业信用体系建设工作的工作基础和突破口,培育信用工作专业队伍,加强信息互联互通建设。

四、加强股权投资企业备案管理基础设施建设,做好备案管理服务工作

(一)加强备案管理组织体系建设。目前,各地方已经确立了一名专职人员具体负责股权投资企业备案管理工作,全国股权投资企业备案管理的组织体系已经初步建立。下一步,要进一步提高备案管理工作人员的政策水平和工作能力,做好备案管理服务工作。

(二)加强备案管理信息系统建设。目前,我们已经着手开发全国股权投资企业备案管理信息系统。请各地方根据本地实际情况,加强本地股权投资企业备案管理信息系统建设。

(三)加强信息披露。近日,我们已将各省股权投资企业备案管理部门的联系方式在国家发展改革委网站上予以公布。下一步,我们将在国家发展改革委网站上增加各省股权投资企业备案情况的链接,请各地方在6月底之前充实有关备案情况。

(四)抓紧筹备成立地方性股权和创业投资协会,依托行业协会组织,一方面促进股权投资行业自律,另一方面为企业提供包括信息交流、政策咨询、专业培训等在内的各类服务。

特此通知。

国家发展和改革委员会办公厅

2013年3月18日

国家发展和改革委员会关于加强创业投资企业备案管理严格规范创业投资企业募资行为的通知

有关省、自治区、直辖市及计划单列市、副省级省会城市发展改革委,福建省经贸委,深圳市科技局:

《创业投资企业管理暂行办法》(国家发展改革委等十部委令〔2005〕第 39 号,以下简称《办法》)自 2006 年 3 月 1 日实施以来,各级创投企业备案管理部门认真履行职责,为促进创投企业规范健康发展发挥了积极作用。但是,近期市场出现了一些以"募集有限合伙基金"和"从事代理业务"等名义开展非法集资活动的苗头,个别备案创业投资企业也陷入其中。为加强对备案创业投资企业的监管,严格规范其募资行为,现根据《办法》规定,就有关事项通知如下:

一、严格把握备案条件

备案管理部门应当遵照《办法》有关规定,严格把握备案条件。对存在下列问题的创业投资企业,一律不予备案:

(一)经营范围不符合《办法》第十二条规定;

(二)实收资本与承诺资本未达到《办法》第九条第三项规定的最低要求或出资不实;

(三)投资者人数超过《中华人民共和国公司法》、《中华人民共和国合伙企业法》及《办法》第九条第四项规定的上限;或单个投资者对创业投资企业的投资不足 100 万元人民币;或多个投资者以某一个投资者名义代持创业投资企业股份或份额;

(四)不具备《办法》第九条第五项规定的高管人员人数与资质。

对不符合《办法》规定条件而已予备案的,应责令其在 30 个工作日内改正;逾期未改正的,应当取消备案。

二、规范代理业务

备案创业投资企业应当严格按照《办法》第十二条规定的经营范围专业从事创业投资业务,不得以"代理"等名义开展任何形式的非法募资活动。在按照《办法》第十二条第二项规定代理其他创业投资企业等机构或个人的创业投资业务时,应当符合下列要求:

（一）对单一机构或个人的单笔代理金额不得低于 1 000 万元；

（二）按照《民法通则》有关规定，由委托方对所代理资产行使所有权并承担相应责任；

（三）不得承诺固定收益；

（四）不得面向不特定对象，通过发布广告（包括在创业投资企业自己的网站，在社区张贴布告，在商业银行、证券公司、信托投资公司等机构的柜台投放招募说明书）和举办研讨会、讲座及其他变相公开方式进行推介。

备案管理部门发现备案创业投资企业在开展代理业务时违背上述任何要求之一的，均应责令其在 30 个工作日内改正；逾期未改正的，应当取消备案。对其中涉嫌非法集资活动的，应当及时通报当地处置非法集资牵头部门。被有关部门认定为"非法集资"的，备案管理部门应当立即取消其备案资格。

三、建立取消备案创业投资企业信息披露制度

对取消备案的创业投资企业，备案管理部门应在机关网站的创业投资企业备案网页上公告其基本信息和当事人及高管人员名单，并抄报国务院备案管理部门，由国务院备案管理部门在机关网站的创业投资企业备案网页上公告。

四、加强不定期抽查

备案管理部门应当按照《办法》第二十七条规定，在认真做好对备案创业投资企业及其管理顾问机构的年度检查工作的同时，通过不定期抽查，加强对备案创业投资企业的监管。每季度对备案创业投资企业的抽查比例不得低于 10%。

五、建立季度报告制度

省级（含副省级）备案管理部门应当按照《办法》第二十八条规定，及时向国务院备案管理部门报告所辖地区创业投资企业的备案管理情况。除应于每个会计年度结束后的 6 个月内向国务院备案管理部门提交本地区创业投资发展年度报告外，还应在每个季度末过后的 5 个工作日内，向国务院备案管理部门提交下列材料：

（一）《备案创业投资企业基本情况表》电子文本；

（二）《备案创业投资企业所管理资产情况表》电子文本；

（三）上个季度新备案创业投资企业备案通知书及备案申请材料的纸质复印件或电子文本；

（四）上个季度备案创业投资企业按照《办法》第二十六条规定所报告的投资

运作重大事件和通过不定期抽查发现的投资运作重大问题的汇总材料电子文本。

出现取消备案情形的，应当自取消备案之日起的 5 个工作日内，向国务院备案管理部门报送《取消备案创业投资企业基本情况表》电子文本。

本通知自下发之日起实施。对备案创业投资管理顾问企业的备案管理及对其募资行为的规范，按照《办法》有关规定并参照本通知执行。

各省级（含副省级）备案管理部门在今年 8 月末以前，对备案创业投资企业募资活动遵守有关规定的情况，集中开展一次专项检查，并将检查结果报我委。

国家发展和改革委员会

2009 年 7 月 10 日

国家税务总局关于实施创业投资企业所得税优惠问题的通知

各省、自治区、直辖市和计划单列市国家税务局、地方税务局：

为落实创业投资企业所得税优惠政策，促进创业投资企业的发展，根据《中华人民共和国企业所得税法》及其实施条例等有关规定，现就创业投资企业所得税优惠的有关问题通知如下：

一、创业投资企业是指依照《创业投资企业管理暂行办法》（国家发展和改革委员会等10部委令2005年第39号，以下简称《暂行办法》）和《外商投资创业投资企业管理规定》（商务部等5部委令2003年第2号）在中华人民共和国境内设立的专门从事创业投资活动的企业或其他经济组织。

二、创业投资企业采取股权投资方式投资于未上市的中小高新技术企业2年（24个月）以上，凡符合以下条件的，可以按照其对中小高新技术企业投资额的70%，在股权持有满2年的当年抵扣该创业投资企业的应纳税所得额；当年不足抵扣的，可以在以后纳税年度结转抵扣。

（一）经营范围符合《暂行办法》规定，且工商登记为"创业投资有限责任公司""创业投资股份有限公司"等专业性法人创业投资企业；

（二）按照《暂行办法》规定的条件和程序完成备案，经备案管理部门年度检查核实，投资运作符合《暂行办法》的有关规定；

（三）创业投资企业投资的中小高新技术企业，除应按照科技部、财政部、国家税务总局《关于印发〈高新技术企业认定管理办法〉的通知》（国科发火〔2008〕172号）和《关于印发〈高新技术企业认定管理工作指引〉的通知》（国科发火〔2008〕362号）的规定，通过高新技术企业认定以外，还应符合职工人数不超过500人，年销售（营业）额不超过2亿元，资产总额不超过2亿元的条件。

2007年底前按原有规定取得高新技术企业资格的中小高新技术企业，且在2008年继续符合新的高新技术企业标准的，向其投资满24个月的计算，可自创业投资企业实际向其投资的时间起计算；

（四）财政部、国家税务总局规定的其他条件。

三、中小企业接受创业投资之后，经认定符合高新技术企业标准的，应自其被认定为高新技术企业的年度起，计算创业投资企业的投资期限。该期限内中小企业接受创业投资后，企业规模超过中小企业标准，但仍符合高新技术企业标准的，不影响创业投资企业享受有关税收优惠。

四、创业投资企业申请享受投资抵扣应纳税所得额，应在其报送申请投资抵扣应纳税所得额年度纳税申报表以前，向主管税务机关报送以下资料备案：

（一）经备案管理部门核实后出具的年检合格通知书（副本）；

（二）关于创业投资企业投资运作情况的说明；

（三）中小高新技术企业投资合同或章程的复印件、实际所投资金验资报告等相关材料；

（四）中小高新技术企业基本情况（包括企业职工人数、年销售（营业）额、资产总额等)说明；

（五）由省、自治区、直辖市和计划单列市高新技术企业认定管理机构出具的中小高新技术企业有效的高新技术企业证书（复印件）。

五、本通知自 2008 年 1 月 1 日起执行。

财政部 国家税务总局关于创业投资企业和天使投资个人有关税收试点政策的通知

各省、自治区、直辖市、计划单列市财政厅(局)、国家税务局、地方税务局,新疆生产建设兵团财务局:

为进一步落实创新驱动发展战略,促进创业投资持续健康发展,现就创业投资企业和天使投资个人有关税收试点政策通知如下:

一、税收试点政策

(一)公司制创业投资企业采取股权投资方式直接投资于种子期、初创期科技型企业(以下简称初创科技型企业)满2年(24个月,下同)的,可以按照投资额的70%在股权持有满2年的当年抵扣该公司制创业投资企业的应纳税所得额;当年不足抵扣的,可以在以后纳税年度结转抵扣。

(二)有限合伙制创业投资企业(以下简称合伙创投企业)采取股权投资方式直接投资于初创科技型企业满2年的,该合伙创投企业的合伙人分别按以下方式处理:

1. 法人合伙人可以按照对初创科技型企业投资额的70%抵扣法人合伙人从合伙创投企业分得的所得;当年不足抵扣的,可以在以后纳税年度结转抵扣;

2. 个人合伙人可以按照对初创科技型企业投资额的70%抵扣个人合伙人从合伙创投企业分得的经营所得;当年不足抵扣的,可以在以后纳税年度结转抵扣。

(三)天使投资个人采取股权投资方式直接投资于初创科技型企业满2年的,可以按照投资额的70%抵扣转让该初创科技型企业股权取得的应纳税所得额;当期不足抵扣的,可以在以后取得转让该初创科技型企业股权的应纳税所得额时结转抵扣。

天使投资个人在试点地区投资多个初创科技型企业的,对其中办理注销清算的初创科技型企业,天使投资个人对其投资额的70%尚未抵扣完的,可自注销清算之日起36个月内抵扣天使投资个人转让其他初创科技型企业股权取得的应纳税所得额。

二、相关政策条件

(一)本通知所称初创科技型企业,应同时符合以下条件:

1. 在中国境内（不包括港、澳、台地区）注册成立、实行查账征收的居民企业；

2. 接受投资时，从业人数不超过 200 人，其中具有大学本科以上学历的从业人数不低于 30%；资产总额和年销售收入均不超过 3 000 万元；

3. 接受投资时设立时间不超过 5 年（60 个月，下同）；

4. 接受投资时以及接受投资后 2 年内未在境内外证券交易所上市；

5. 接受投资当年及下一纳税年度，研发费用总额占成本费用支出的比例不低于 20%。

（二）享受本通知规定税收试点政策的创业投资企业，应同时符合以下条件：

1. 在中国境内（不含港、澳、台地区）注册成立、实行查账征收的居民企业或合伙创投企业，且不属于被投资初创科技型企业的发起人；

2. 符合《创业投资企业管理暂行办法》（发展改革委等 10 部门令第 39 号）规定或者《私募投资基金监督管理暂行办法》（证监会令第 105 号）关于创业投资基金的特别规定，按照上述规定完成备案且规范运作；

3. 投资后 2 年内，创业投资企业及其关联方持有被投资初创科技型企业的股权比例合计应低于 50%；

4. 创业投资企业注册地须位于本通知规定的试点地区。

（三）享受本通知规定的税收试点政策的天使投资个人，应同时符合以下条件：

1. 不属于被投资初创科技型企业的发起人、雇员或其亲属（包括配偶、父母、子女、祖父母、外祖父母、孙子女、外孙子女、兄弟姐妹，下同），且与被投资初创科技型企业不存在劳务派遣等关系；

2. 投资后 2 年内，本人及其亲属持有被投资初创科技型企业股权比例合计应低于 50%；

3. 享受税收试点政策的天使投资个人投资的初创科技型企业，其注册地须位于本通知规定的试点地区。

（四）享受本通知规定的税收试点政策的投资，仅限于通过向被投资初创科技型企业直接支付现金方式取得的股权投资，不包括受让其他股东的存量股权。

三、管理事项及管理要求

（一）本通知所称研发费用口径，按照《财政部　国家税务总局　科技部关于完善研究开发费用税前加计扣除政策的通知》（财税〔2015〕119 号）的规定执行。

（二）本通知所称从业人数，包括与企业建立劳动关系的职工人员及企业接受的劳务派遣人员。从业人数和资产总额指标，按照企业接受投资前连续 12 个月的平均数计算,不足12个月的,按实际月数平均计算。

本通知所称销售收入,包括主营业务收入与其他业务收入;年销售收入指标,按照企业接受投资前连续12个月的累计数计算,不足12个月的,按实际月数累计计算。

本通知所称成本费用,包括主营业务成本、其他业务成本、销售费用、管理费用、财务费用。

(三)本通知所称投资额,按照创业投资企业或天使投资个人对初创科技型企业的实缴投资额确定。

合伙创投企业的合伙人对初创科技型企业的投资额,按照合伙创投企业对初创科技型企业的实缴投资额和合伙协议约定的合伙人占合伙创投企业的出资比例计算确定。合伙人从合伙创投企业分得的所得,按照《财政部 国家税务总局关于合伙企业合伙人所得税问题的通知》(财税〔2008〕159号)规定计算。

(四)天使投资个人、创业投资企业、合伙创投企业法人合伙人、被投资初创科技型企业应按规定向税务机关履行备案手续。

(五)初创科技型企业接受天使投资个人投资满2年,在上海证券交易所、深圳证券交易所上市的,天使投资个人转让该企业股票时,按照现行限售股有关规定执行,其尚未抵扣的投资额,在税款清算时一并计算抵扣。

(六)享受本通知规定的税收试点政策的纳税人,其主管税务机关对被投资企业是否符合初创科技型企业条件有异议的,可以转请被投资企业主管税务机关提供相关材料。对纳税人提供虚假资料,违规享受税收试点政策的,应按税收征管法相关规定处理,并将其列入失信纳税人名单,按规定实施联合惩戒措施。

四、执行时间及试点地区

本通知规定的企业所得税政策自2017年1月1日起试点执行,个人所得税政策自2017年7月1日起试点执行。执行日期前2年内发生的投资,在执行日期后投资满2年,且符合本通知规定的其他条件的,可以适用本通知规定的税收试点政策。

本通知所称试点地区包括京津冀、上海、广东、安徽、四川、武汉、西安、沈阳8个全面创新改革试验区域和苏州工业园区。

致　　谢

　　本书是我的博士论文的扩展，同时也是国家自然科学基金(项目批准号：71702161)和浙江省自然科学基金项目(项目批准号：17G020008LQ)的阶段性成果。书稿终告断落，掩卷思量，饮水思源，要感谢的人太多。

　　首先，要感谢我的博士生导师张然老师。能做张老师的学生，我感到非常的幸运和骄傲。在我的论文选题、写作和修改过程中，张老师倾注了大量的心血和精力。张老师不仅是我的老师，更是我的好朋友。张老师性格非常好，我生活中遇到不开心的事都会告诉她，她每次就像大姐姐一样耐心地开导我。感谢张老师对我学习和生活的关心和照顾，今后唯有更加努力才能报答老师对我的厚爱！

　　其次，要感谢我的博士后合作导师廖理老师。廖老师学识渊博、治学严谨、平易近人，用宽广的学术视野、敏锐的学术眼光将我带入了互联网金融研究的领域。博士后期间，廖老师在生活上对我十分关心，让我有相对宽松的研究环境，在此向廖老师表示深深的敬意和衷心的感谢！

　　再次，要感谢北京大学光华管理学院会计系的王立彦教授、陆正飞教授、吴联生教授、姜国华教授、岳衡教授、李怡宗教授、伍利娜老师、罗炜老师、陈磊老师和罗乐老师。正是各位老师的传业、授道，才使我对会计领域的研究有了更深的认识。特别感谢罗乐老师在一次会计前沿论坛结束后，跟我第一次聊起私募股权投资这个话题，自此我便开始关注这个领域，之后才有了我的博士论文以及本书。感谢我在北大读博和在清华做博后时的小伙伴们，是你们的帮助和鼓励，让我度过了4年博士生活和2年博士后生活。还要感谢浙江财经大学会计学院领导和同事们对我的厚爱和帮助。

　　最后，要感谢我的家人，感谢父母对我的养育之恩。没有你们，就没有我的今天。在我生完宝宝之后，父母一直帮我照顾孩子。没有你们的付出，我不可能安心工作。我真心希望你们不要那么劳累，可现阶段还要帮我带孩子，所以非常愧疚。父母对我的恩情，无以言表，默默地放在心里。感谢我的爱人郝晋峰博士对我的理解和包容，作为军嫂的我，深知你的不易。感谢我的宝贝郝运让我的人生进入了另一个阶段。

王会娟
2018 年 7 月 5 日